Let's Play
Dein Redstone-Guide

Kein Poster?

An dieser Stelle müsste ein Poster mit den wichtigsten Redstone-Rezepten zu finden sein. Ist hier kein Poster, melde dich beim Verlag: lektorat@mitp.de. Wir schicken dir dann gerne eins zu.

Daniel Braun

Let's Play
Dein Redstone-Guide

Über 45 coole Schaltungen für Minecrafter

mitp

Bibliografische Information der Deutschen Nationalbibliothek
Die Deutsche Nationalbibliothek verzeichnet diese Publikation in der Deutschen Nationalbibliografie; detaillierte bibliografische Daten sind im Internet über <http://dnb.d-nb.de> abrufbar.

Bei der Herstellung des Werkes haben wir uns zukunftsbewusst für umweltverträgliche und wiederverwertbare Materialien entschieden. Der Inhalt ist auf elementar chlorfreiem Papier gedruckt.

ISBN 978-3-7475-0844-2
4. Auflage 2024

www.mitp.de
E-Mail: mitp-verlag@sigloch.de
Telefon: +49 7953 / 7189 - 079
Telefax: +49 7953 / 7189 - 082

Lektorat: Sabine Schulz
Sprachkorrektorat: Petra Heubach-Erdmann
Coverbild: Christian Kalkert
Satz: III-satz, Kiel, www.drei-satz.de
Druck: ADverts in Riga, Lettland

Klimaneutral
Druckprodukt
ClimatePartner.com/18246-2312-1005

Inhalt

Einleitung

Liebe Leserinnen und Leser,

die Welt von Minecraft steckt voller Möglichkeiten, die es zu entdecken gilt. Einige davon sind leicht zu finden, andere sind so gut versteckt, dass viele Spieler sie gar nicht kennen. Hättest du zum Beispiel gewusst, dass man in Minecraft Luftschiffe bauen kann, die ganz von selbst durch die Luft schweben können?

Auf den folgenden gut 200 Seiten nimmt dich dieses Buch mit auf eine Reise durch die Welt der Redstone-Schaltungen, um dir ganz neue Möglichkeiten des Bauens zu zeigen. Damit du allen Schritten folgen kannst, solltest du bereits einige Minecraft-Erfahrung mitbringen. Wenn du auf der Suche nach einer Einführung bist, die zum Beispiel erklärt, wie das Craften von Gegenständen funktioniert, solltest du lieber zu *Let's Play Minecraft: Dein Praxis-Guide* greifen, da dieses Wissen in diesem Buch vorausgesetzt wird.

In Kapitel 1 geht es deshalb direkt mit einer Übersicht über die wichtigsten Redstone-Bauteile los, gefolgt von einer Liste mit Crafting-Rezepten für alle Redstone-Gegenstände. Solltest du also einmal vergessen, wie ein bestimmter Gegenstand gebaut wird, kannst du es hier schnell nachschlagen.

Das zweite Kapitel beschäftigt sich mit logischen Gattern und Schaltungen, wie zum Beispiel Taktgebern, die im späteren Verlauf immer wieder zum Bau komplexerer Schaltungen verwendet werden. Ausgerüstet mit diesem Wissen geht es im dritten Kapitel um Redstone-Schaltungen, die du in deinem Haus einsetzen kannst. Vom Türöffner über Kartenschlösser, Geheimgänge, Klingeln und Aufzüge ist für jeden Bereich deines Hauses etwas dabei. Beim Schutz deines Eigentums helfen dir die in Kapitel 4 vorgestellten Fallen.

Wie du dich mithilfe von Farmen automatisch mit Essen, Schießpulver und Ähnlichem versorgen kannst, lernst du in Kapitel 5. Wie du die so gesammelten Gegenstände auch noch automatisch abtransportieren kannst, lernst du, zusammen mit vielen anderen Tricks rund um das Thema Schienen und Loren, in Kapitel 6.

Um mächtige Waffen geht es im siebten Kapitel, hier werden Kanonen in verschiedenen Größen und Stärken gebaut. Falls du es lieber etwas friedlicher hast, kommst du aber auch auf deine Kosten, Thema in Kapitel 8 sind nämlich Notenblöcke und Musik. Solltest du aber, trotz Kanonen, noch nicht genug vom Schießen haben, kannst du mithilfe des neunten Kapitels deinen eigenen Schießstand bauen und deine Fertigkeiten mit dem Bogen verbessern.

In den Kapiteln 10 und 11 geht es um Automatisierung. Hier wird gezeigt, wie du mit Redstone-Schaltungen deine Gegenstände effizient in einem automatischen Lagerhaus organisieren – und mit einem automatischen Ofen viel Zeit beim Einschmelzen von Dingen sparen kannst.

Richtig groß wird es in Kapitel 12, denn wie du sehen wirst, geht es dort um den Bau eines Zahlendisplays, und die dafür benötigte Schaltung nimmt ganz schön viel Platz ein. Dafür ist sie aber auch sehr praktisch, zum Beispiel im Zusammenspiel mit einer Zählmaschine, die du im selben Kapitel kennenlernen wirst.

Dass nicht nur Redstone, sondern auch Wasser genutzt werden kann, um mächtige Schaltungen zu bauen, das wirst du spätestens in Kapitel 13 sehen. Und in Kombination sorgen die beiden Elemente dafür, dass selbst Schiffe fliegen lernen werden.

Ganz zum Schluss erobern wir dann noch gemeinsam die Lüfte. In Kapitel 14 geht es um den Bau von Motoren, die dann zum Antrieb von Luftschiffen verwendet werden, die nicht nur Personen, sondern auch TNT transportieren können. Damit wirst du deine Gegner garantiert überraschen!

Falls du Fragen, Anregungen, Lob oder Kritik zum Buch hast oder mir deine besten Redstone-Kreationen zeigen möchtest, kannst du mich gerne jederzeit über meine Website *www.daniel-braun.com* oder per E-Mail an *info@daniel-braun.com* kontaktieren.

Zum Schluss möchte ich mich noch bei Karl-Heinz Barzen bedanken, der mit vielen hilfreichen Tipps und Hinweisen zur Entstehung dieses Buches beigetragen hat.

Nun wünsche ich dir aber vor allem viel Spaß beim Lesen, Bauen und Entdecken!

Daniel Braun

Kapitel 1

Redstone-Grundlagen

Ob einfacher Türöffner oder ausgeklügelte Mega-Falle, in Minecraft basieren alle Schaltkreise auf dem Rohstoff Redstone. Und auch wenn du manchmal das Gefühl hast, dass Redstone schwer zu finden ist, besonders dann, wenn du gerade danach auf der Suche bist, kommt Redstone in Wirklichkeit relativ häufig vor. In diesem Kapitel lernst du die Grundlagen, die du für den Bau von Redstone-Schaltungen benötigst. Außerdem findest du am Ende des Kapitels eine Übersicht aller Redstone-Gegenstände, inklusive der zugehörigen Crafting-Rezepte.

1.1 Abbau

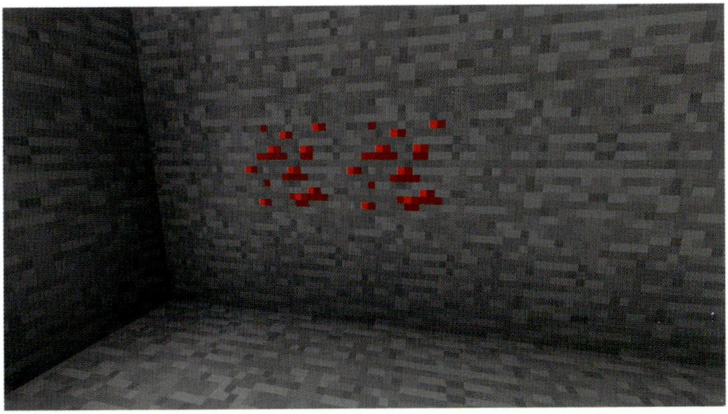

Abbildung 1.1: Zwei Blöcke Redstone-Erz

Gefunden werden kann Redstone in den untersten 16 Gesteinsschichten der Welt von Minecraft in Form von Redstone-Erz, wie es in Abbildung 1.1 zu sehen ist. In den untersten 14 Schichten macht es sogar 1,025 % aller Stein-Blöcke aus, damit kommt es dort ungefähr so häufig vor wie Kohle-Erz. Um Redstone-Erz abbauen zu können, benötigst du eine Eisen- oder Diamantspitzhacke. Durch den Abbau erhältst du vier bis fünf Stücke Redstone, die anders als zum Beispiel beim Abbau von Eisen-Erz direkt verwendet werden können und nicht erst eingeschmolzen werden müssen.

1.2 Signalübertragung

Nebeneinander auf dem Boden ausgelegt können die so gewonnenen Redstone-Stücke wie in Abbildung 1.2 eine Leitung ergeben, die Redstone-Signale übertragen kann.

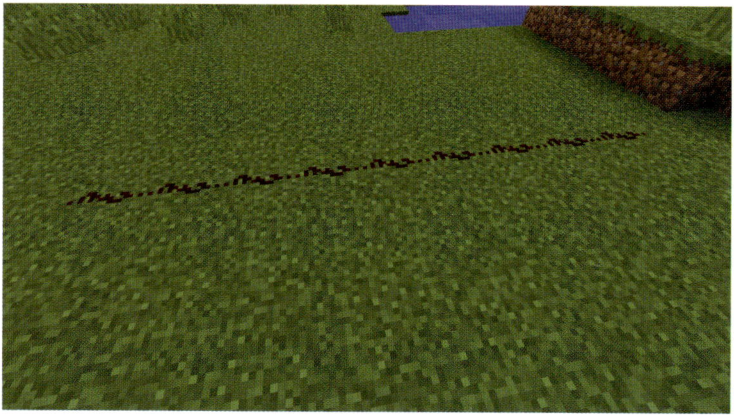

Abbildung 1.2: Redstone-Leitung

An der dunklen Farbe der Redstone-Leitung in Abbildung 1.2 ist gut zu erkennen, dass sie nicht aktiviert ist. Platziert man nun an einer beliebigen Position neben der Leitung eine Redstone-Fackel, wird das Signal der Fackel von der Leitung übertragen und sie leuchtet wie in Abbildung 1.3 hellrot auf.

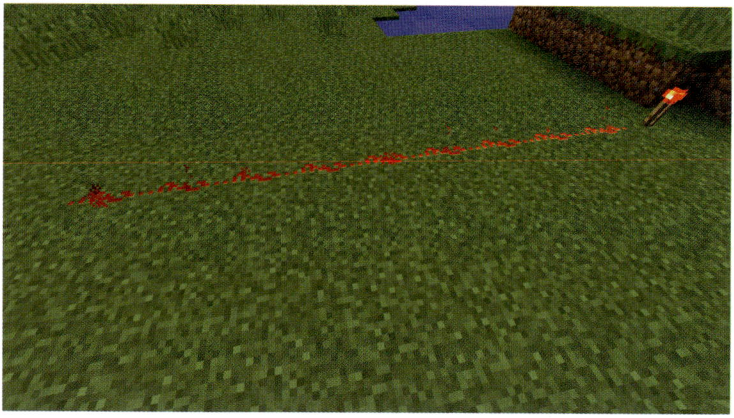

Abbildung 1.3: Aktivierte Redstone-Leitung

Leitungen können aber nicht nur gerade verlaufen, auch Knicke oder sogar Abzweigungen wie in Abbildung 1.4 sind kein Problem. Allerdings lassen sich Redstone-Signale nicht über beliebig weite Strecken übertragen. Wie ebenfalls in Abbildung 1.4 zu sehen ist, nimmt die Stärke des Signals, und damit auch die Färbung der Leitung, mit jedem Block ab, bis nach 15 Blöcken überhaupt kein Signal mehr übertragen wird.

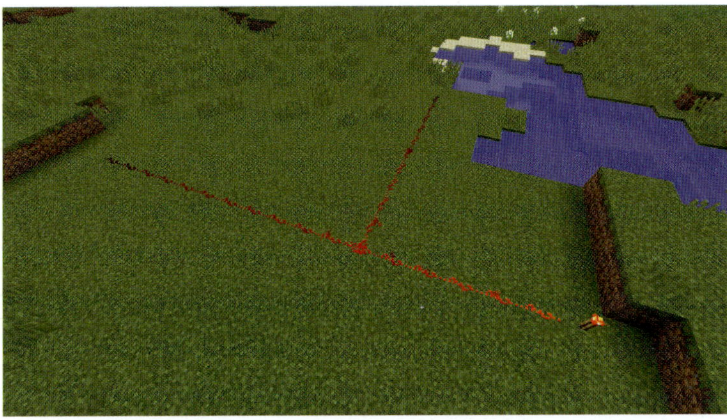

Abbildung 1.4: Lange Redstone-Leitung mit Abzweigung

Möchtest du Redstone-Signale über größere Strecken übertragen, so benötigst du dafür sogenannte Redstone-Verstärker. Abbildung 1.5 zeigt einen solchen Redstone-Verstärker im Einsatz.

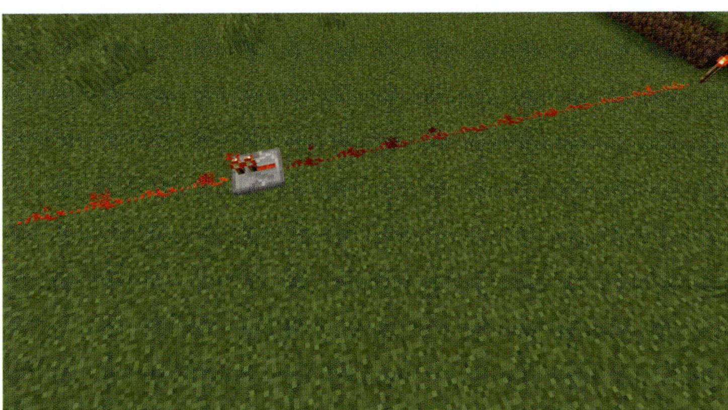

Abbildung 1.5: Redstone-Verstärker

Das von der Redstone-Fackel am rechten Bildrand kommende Signal wird im Verlauf der Strecke immer schwächer, bis es schließlich am Verstärker ankommt und danach wieder mit voller Stärke weitergeleitet wird. Von dort an kann es dann wieder bis zu 15 Blöcke weit übertragen werden, bevor ein weiterer Verstärker nötig wird.

Hinweis

Redstone-Verstärker übertragen Signale nur in eine Richtung: Das eingehende Signal muss sich immer an der Seite gegenüber der Redstone-Fackeln befinden wie in Abbildung 1.5 und wird an der Fackel-Seite wieder ausgegeben.

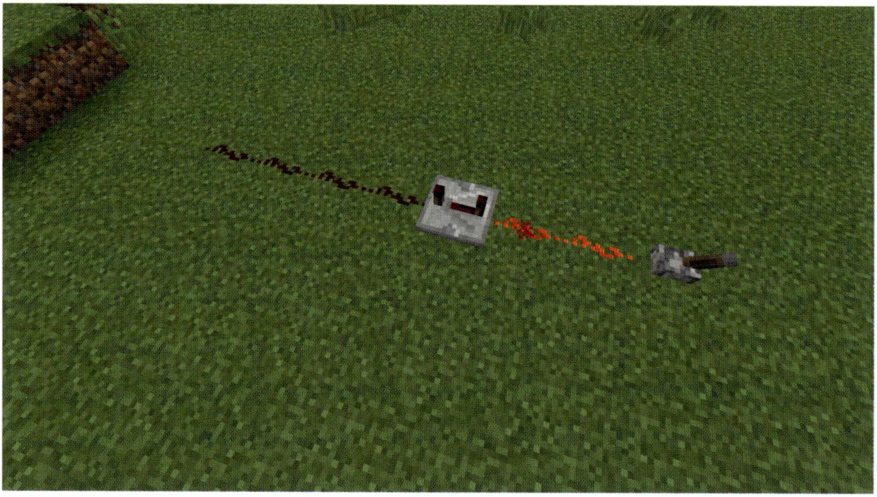

Abbildung 1.6: Redstone-Verstärker eingesetzt zur Verzögerung

Der Redstone-Verstärker kann aber auch dazu verwendet werden, um die Übertragung von Signalen zu verzögern. Wenn du mit der rechten Maustaste auf einen Redstone-Verstärker klickst, entfernen sich die beiden Redstone-Fackeln, die sich auf dem Verstärker befinden, in vier Schritten immer weiter voneinander. Je weiter sie voneinander entfernt sind, desto länger dauert es, bis ein eingehendes Signal an den Ausgang übertragen wird. Abbildung 1.6 zeigt einen Redstone-Verstärker mit maximal eingestellter Verzögerung. Der Hebel, der an den Verstärker angeschlossen ist, wurde aktiviert, deshalb leuchtet die rechte Seite der Verbindung rot auf. Durch die eingestellte Verzögerung bleibt die linke Seite hinter dem Redstone-Verstärker aber zunächst dunkel. Erst 0,4 Sekunden später leuchtet auch die linke Seite auf. Auf der höchsten Stufe beträgt die Verzögerung nämlich genau 0,4 Sekunden, auf der niedrigsten 0,1 Sekunden. Im weite-

REDSTONE REZEPTE

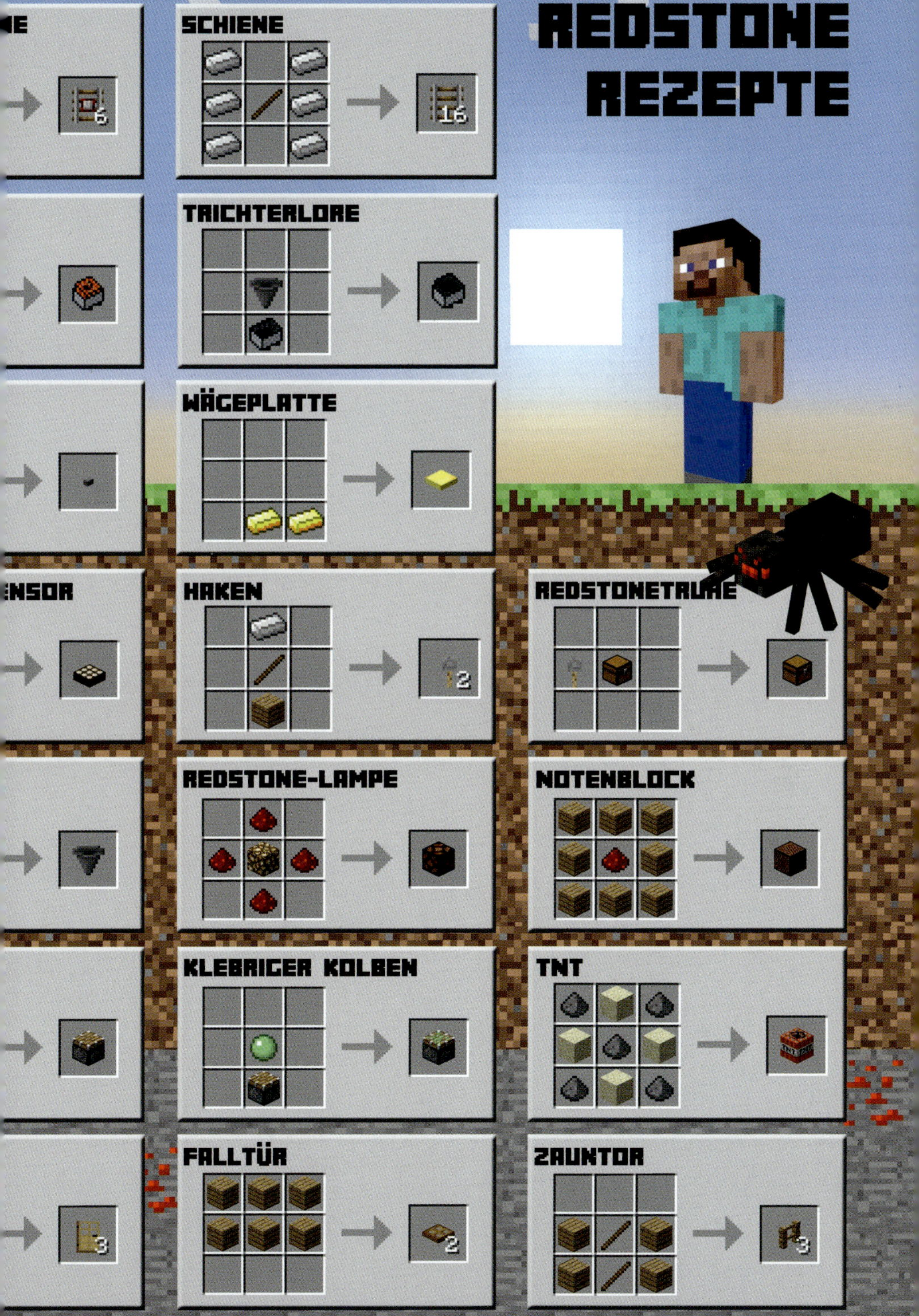

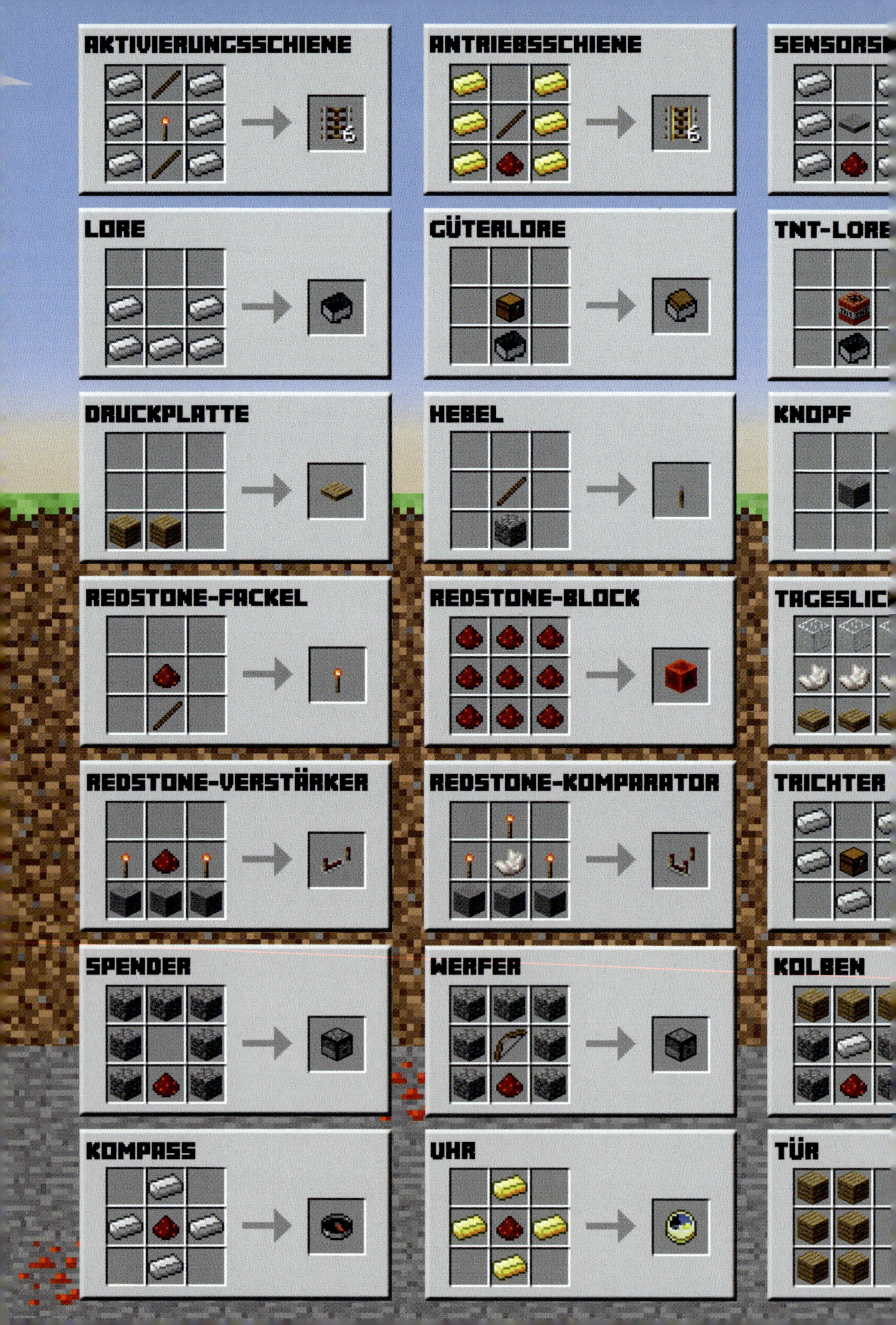
AKTIVIERUNGSSCHIENE
6
ANTRIEBSSCHIENE
6
LORE
GÜTERLORE
TNT-LORE
DRUCKPLATTE
HEBEL
KNOPF
REDSTONE-FACKEL
REDSTONE-BLOCK
REDSTONE-VERSTÄRKER
REDSTONE-KOMPARATOR
TRICHTER
SPENDER
WERFER
KOLBEN
KOMPASS
UHR
TÜR

ren Verlaufe des Buches werden dir noch einige Beispiele begegnen, wie man die Verzögerung von Signalen einsetzen kann.

Tipp
Durch das hintereinander Positionieren mehrerer Redstone-Verstärker kann die Verzögerungszeit auch über 0,4 Sekunden hinaus verlängert werden.

1.3 Signalquellen

Im letzten Abschnitt sind dir bereits zwei verschiedene Quellen für Redstone-Signale begegnet, die Redstone-Fackel und der Hebel. Die Redstone-Fackel ist die einfachste Signalquelle in Minecraft. Sie sendet ein permanentes Redstone-Signal in voller Stärke aus. Der Hebel kann mit der rechten Maustaste aktiviert und auch wieder deaktiviert werden. Im Gegensatz zur Redstone-Fackel sendet er sein Signal nicht permanent aus, sondern nur solange er aktiviert ist.

1.3.1 Redstone-Block

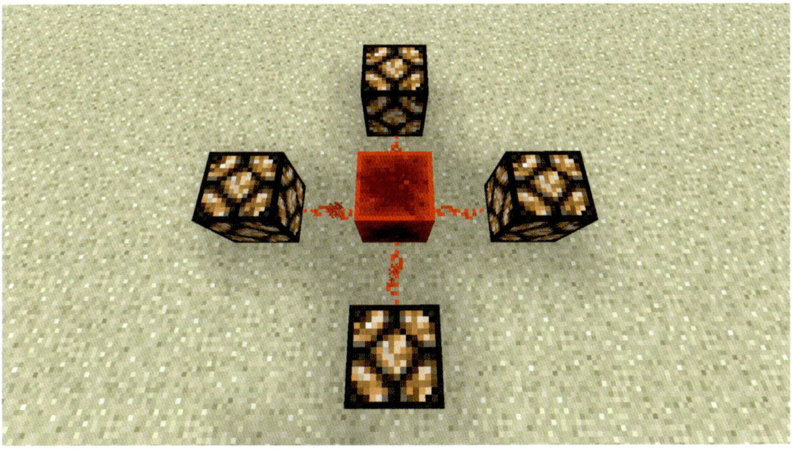

Abbildung 1.7: Redstone-Block

Der Redstone-Fackel sehr ähnlich ist der Redstone-Block, der in Abbildung 1.7 zu sehen ist. Wie die Fackel sendet er ein permanentes Signal in voller Stärke aus. Was ihn von der Fackel unterscheidet, ist allerdings, dass er mithilfe eines Kolbens bewegt werden kann, was mit der Fackel nicht möglich ist.

1.3.2 Knopf

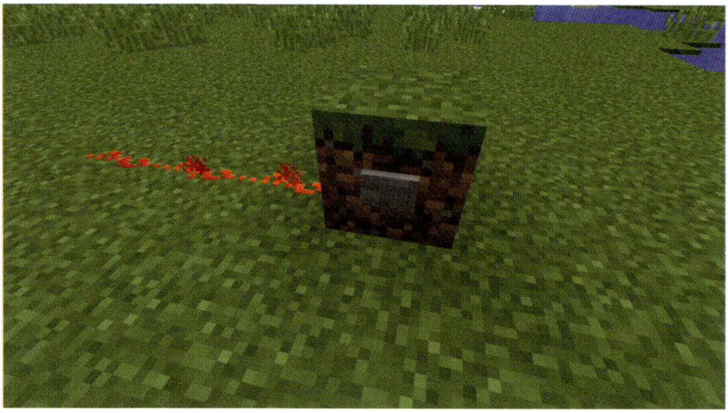

Abbildung 1.8: Stein-Knopf

Benötigst du nur ein kurzes Signal, so eignet sich der Einsatz von Knöpfen. Diese können aus Holz oder wie in Abbildung 1.8 aus Stein sein. Betätigt man den Knopf mit der rechten Maustaste, so gibt er für eine Sekunde ein Redstone-Signal ab.

1.3.3 Druckplatte

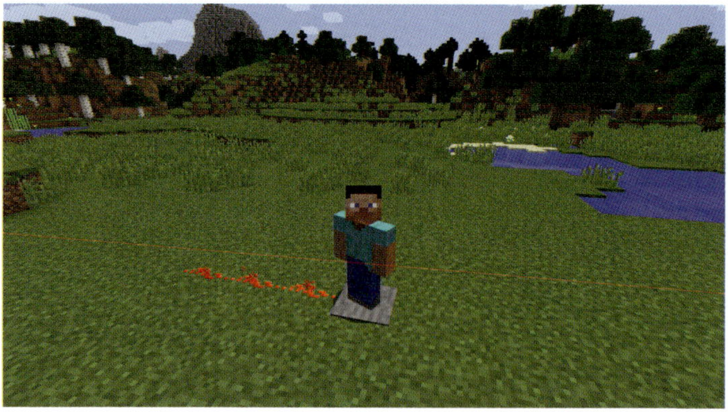

Abbildung 1.9: Steindruckplatte

Wenn du statt der Hände lieber die Füße zur Bedienung nutzen möchtest, sind Druckplatten das richtige Mittel. Es gibt sie, wie Knöpfe, in einer Stein- und einer Holz-Ausführung. Sie geben ein Signal ab, solange ein Spieler, ein Tier oder ein Monster auf der Platte steht.

1.3.4 Stolperdraht

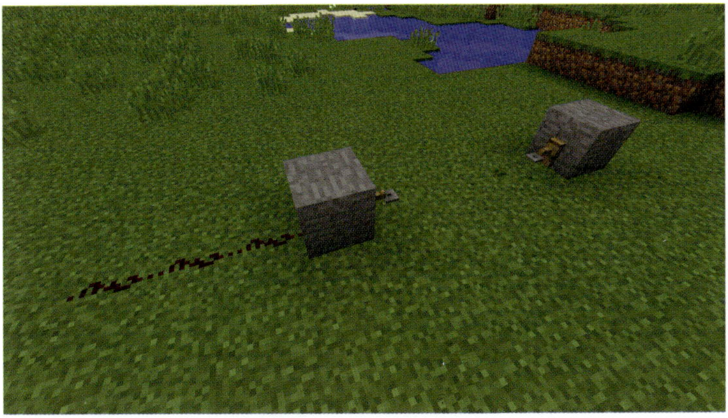

Abbildung 1.10: Stolperdraht

Ganz ähnlich wie die Druckplatte funktioniert der Stolperdraht: Zwei Haken an gegenüberliegenden Blöcken positionieren, dazwischen ein Seil platzieren und fertig ist der Stolperdraht, zu sehen in Abbildung 1.10.

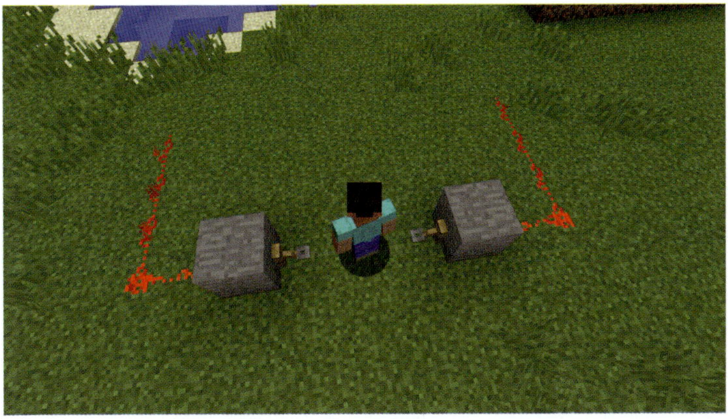

Abbildung 1.11: Aktivierter Stolperdraht

Sobald ein Spieler, Tier oder Monster den Stolperdraht berührt, gibt dieser über die beiden Haken ein Signal der Stärke 15 ab, bis der Stolperdraht wieder verlassen wird. Der Unterschied zur Druckplatte besteht im Wesentlichen darin, dass der Stolperdraht schwerer zu erkennen ist, wenn man darauf steigt, und auch mehrere Blöcke lang sein kann.

1.3.5 Sensorschiene

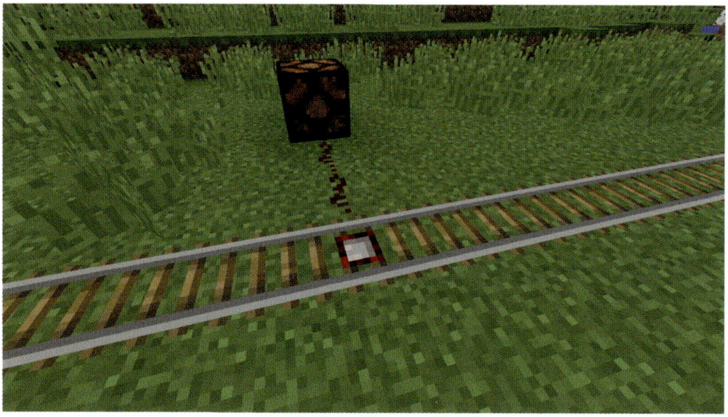

Abbildung 1.12: Sensorschiene

Zwar lässt sich Stolperdraht nicht über einer Schiene aufspannen, mit einer Sensorschiene ist es aber trotzdem möglich, zu erkennen, wann eine Lore eine bestimmte Stelle passiert. Abbildung 1.12 zeigt eine Sensorschiene, die mit einer Redstone-Lampe verbunden wurde.

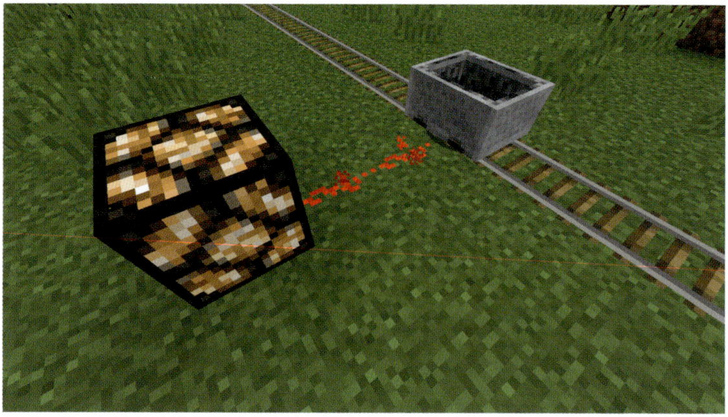

Abbildung 1.13: Lore aktiviert eine Sensorschiene

Fährt nun eine Lore über die Sensorschiene wie in Abbildung 1.13, so sendet die Sensorschiene ein Redstone-Signal der Stärke 15 aus, solange sich die Lore auf ihr befindet.

1.3.6 Wägeplatte

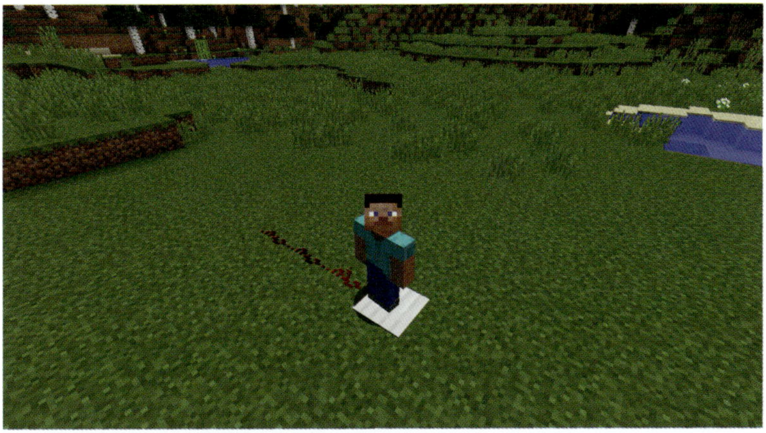

Abbildung 1.14: Wägeplatte aus Eisen

Auf den ersten Blick kaum von den Druckplatten zu unterscheiden sind die sogenannten Wägeplatten, die es in einer Version aus Eisen wie in Abbildung 1.14 und in einer Version aus Gold wie in Abbildung 1.15 gibt. Im Unterschied zur Druckplatte kann die Wägeplatte nicht nur erkennen, ob sich etwas auf ihr befindet, sondern auch, wie viel. Außerdem kann sie nicht nur von Spielern, Tieren oder Monstern ausgelöst werden, sondern auch von Gegenständen.

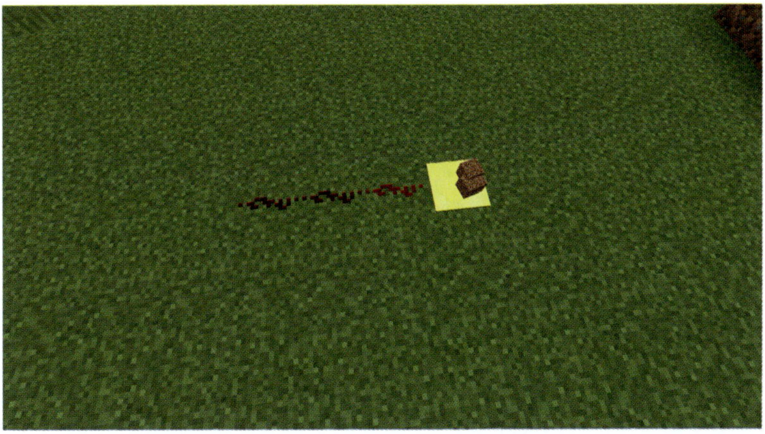

Abbildung 1.15: Wägeplatte aus Gold mit Erdblöcken

Abbildung 1.15 zeigt eine Wägeplatte aus Gold, auf der sich mehrere Erdblöcke befinden. Wie an der Färbung der Redstone-Leitung zu erkennen ist, leuchtet nur das erste Stück der Verbindung. Das Signal, das die Platte aussendet, ist also schwächer als normal und reicht nur einen Block weit, und nicht, wie normal, 15 Blöcke. Man sagt daher, das Signal hat die Stärke 1.

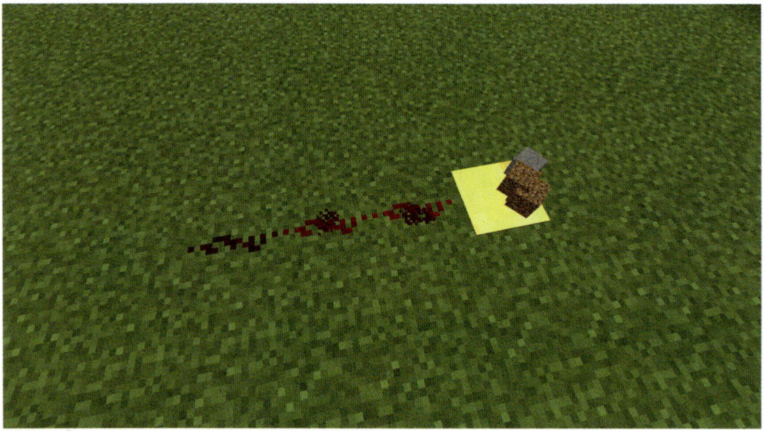

Abbildung 1.16: Wägeplatte aus Gold mit Erd- und Steinblöcken

In Abbildung 1.16 befindet sich noch einmal dieselbe Platte, diesmal ist darauf aber noch ein zusätzlicher Steinblock. Das Signal ist nun stärker und reicht zwei Blöcke weit. Wie du sehen kannst, hängt die Stärke des Signals, das von einer Wägeplatte ausgeht, also von der Anzahl verschiedener Blöcke ab, die sich darauf befinden.

Hinweis

Gegenstände, die im Inventar nur einen Platz belegen, zählt die Wägeplatte als ein Objekt. Deshalb werden zum Beispiel 64 Erdblöcke als ein Objekt gezählt. Da die maximale Stapelhöhe für Erdblöcke im Inventar genau 64 beträgt, würden 65 Erdblöcke dagegen als zwei Objekte gezählt. Andere Dinge, wie zum Beispiel Betten, lassen sich überhaupt nicht stapeln und werden deshalb auch von der Wägeplatte jeweils als einzelnes Objekt gezählt.

Mit Wägeplatten lassen sich aber nicht nur Blöcke, sondern auch Spieler, Monster, Pfeile, oder wie in Abbildung 1.17 Tiere zählen, auch wenn diese etwas schwieriger auf der Platte zu platzieren sind. Wie du in Abbildung 1.17 erkennen kannst, werden auch zwei Tiere derselben Art, in diesem Fall Kühe, als zwei gezählt und nicht wie bei der Zählung von Blöcken zusammengefasst.

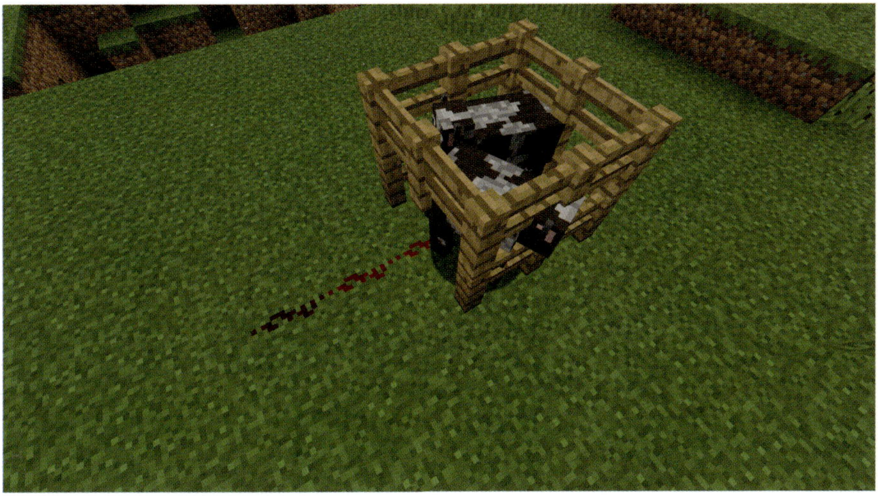

Abbildung 1.17: Zwei Kühe auf einer Wägeplatte aus Gold

Da die maximale Redstone-Signalstärke in Minecraft bei 15 liegt, können mit der Wägeplatte aus Gold nicht mehr als 15 Objekte gezählt werden beziehungsweise es lässt sich nur noch sagen, dass sich 15 oder mehr Objekte auf der Platte befinden, aber nicht mehr, wie viele genau.

Signalstärke	Anzahl Objekte auf Wägeplatte aus Gold	Anzahl Objekte auf Wägeplatte aus Eisen
1	1	1 bis 10
2	2	11 bis 20
3	3	21 bis 30
4	4	31 bis 40
5	5	41 bis 50
6	6	51 bis 60
7	7	61 bis 70
8	8	71 bis 80
9	9	81 bis 90
10	10	91 bis 100

Tabelle 1.1: Signalstärke der Wägeplatten bei verschiedenen Belastungen

Signalstärke	Anzahl Objekte auf Wägeplatte aus Gold	Anzahl Objekte auf Wägeplatte aus Eisen
11	11	101 bis 110
12	12	111 bis 120
13	13	121 bis 130
14	14	131 bis 140
15	15 oder mehr	141 oder mehr

Tabelle 1.1: Signalstärke der Wägeplatten bei verschiedenen Belastungen (Forts.)

Wie Tabelle 1.1 zeigt, funktioniert die Zählweise bei Wägeplatten aus Eisen etwas anders. Diese sind auf das Zählen größerer Mengen ausgelegt und zählen deshalb zwar bei kleinen Mengen nicht so genau wie die Version aus Gold, können dafür aber bis zu einer Menge von 140 Objekten in Zehnerschritten angeben, wie viele Objekte sich gerade auf der Platte befinden.

Tipp

Wie du unterschiedliche Signalstärken mit einer Redstone-Schaltung erkennen und nutzen kannst, erfährst du in Abschnitt 1.4, »Signale vergleichen«.

1.3.7 Tageslichtsensor

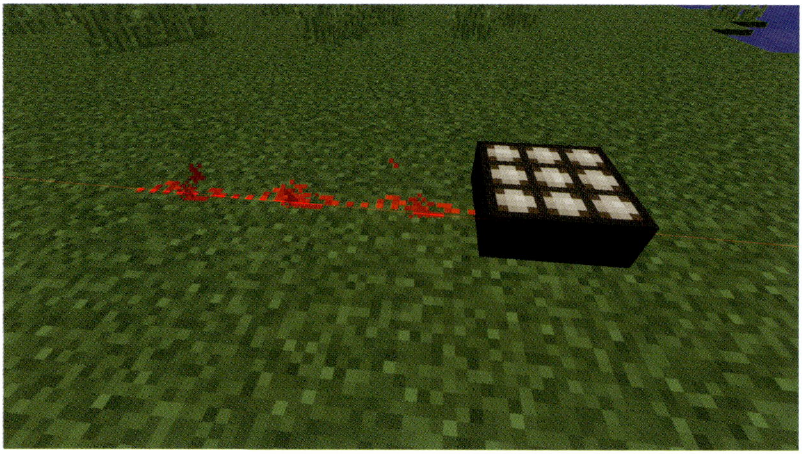

Abbildung 1.18: Tageslichtsensor

Nach einem ganz ähnlichen Prinzip wie die Wägeplatte funktioniert auch der Tageslichtsensor, nur dient er nicht dazu, Objekte zu zählen, sondern die Intensität der Sonnenlichteinstrahlung zu messen. Je nachdem wie stark die Sonne auf den Sensor scheint, hat das vom Tageslichtsensor ausgehende Signal eine Stärke zwischen 0 und 15. Das kannst du zum Beispiel dazu verwenden, Lampen zu bauen, die sich automatisch einschalten, wenn es dunkel wird, oder Türen, die sich automatisch schließen, sobald die Nacht und damit die Monster kommen.

Um zu verstehen, wann das Signal des Tageslichtsensors wie stark ist, ist es hilfreich, den Ablauf eines Tages in der Welt von Minecraft zu kennen.

Minecraft-Uhrzeit	Spieldauer	Tick	Ereignis
6:00 Uhr	0 Sekunden	0 / 24000	Tag beginnt
10:17 Uhr	3 Minuten 34 Sekunden	4284	Maximale Helligkeit wird erreicht
12:00 Uhr	5 Minuten	6000	Sonne steht im höchsten Punkt
13:42 Uhr	6 Minuten 25 Sekunden	7698	Helligkeit nimmt wieder ab
18:34 Uhr	10 Minuten 29 Sekunden	12575	Mond geht auf, Monster können ab sofort erscheinen
19:03 Uhr	10 Minuten 52 Sekunden	13048	Sonne ist komplett untergegangen
4:33 Uhr	18 Minuten 47 Sekunden	22550	Helligkeit nimmt langsam wieder zu
5:24 Uhr	19 Minuten 30 Sekunden	23400	Mond ist komplett untergegangen, Monster beginnen zu brennen

Tabelle 1.2: Tagesablauf in Minecraft

Ein Tag in der Spielwelt entspricht 20 realen Minuten, eine Stunde im Spiel dauert entsprechend also 50 Sekunden. Das Spiel zählt die Zeit intern aber nicht in Sekunden, sondern in sogenannten Ticks. Eine Minecraft-Stunde hat 1000 Ticks, oder anders ausgedrückt, 1000 Ticks dauern 50 Sekunden. Da beim Beginn eines neuen Minecraft-Spiels die Spielzeit 6 Uhr ist, beginnt die Tick-Zeitzählung bei 6 Uhr mit dem Wert 0. Tabelle 1.2 gibt an, welche Lichtverhältnisse zu welchem Zeitpunkt eines Minecraft-Tages herrschen, und verdeutlicht noch einmal die Umrechnung zwischen den verschiedenen Werten.

Signalstärke Sensor	Zeitraum bei gutem Wetter	Zeitraum bei Regen oder Schnee	Zeitraum bei Gewitter
0	19:41 bis	19:41 bis	19:41 bis
1	04:20 bis	04:20 bis	04:20 bis
2	04:48 bis	04:48 bis	04:48 bis
3	05:05 bis	05:14 bis	05:22 bis
4	05:18 bis	05:31 bis	05:42 bis
5	05:32 bis	05:47 bis	06:04 bis
6	05:47 bis	06:00 bis	06:28 bis
7	05:58 bis	06:24 bis	07:02 bis
8	06:11 bis	06:54 bis	07:44 bis
9	06:32 bis	07:26 bis	08:37 bis
10	06:56 bis	08:05 bis	09:58 bis
11	07:23 bis	08:53 bis	–
12	07:53 bis	10:07 bis	–
13	08:28 bis	–	–
14	09:11 bis	–	–
15	10:18 bis	–	–
14	13:43 bis	–	–
13	14:50 bis	–	–
12	15:34 bis	–	–
11	16:08 bis	13:54 bis	–
10	16:38 bis	15:08 bis	–
9	17:05 bis	15:56 bis	14:04 bis
8	17:29 bis	16:35 bis	15:24 bis
7	17:50 bis	17:07 bis	16:17 bis
6	18:02 bis	17:37 bis	16:59 bis
5	18:14 bis	18:01 bis	17:34 bis
4	18:29 bis	18:16 bis	17:56 bis

Tabelle 1.3: Signalstärke Tageslichtsensor, bezogen auf Uhrzeit und Wetter

Signalstärke Sensor	Zeitraum bei gutem Wetter	Zeitraum bei Regen oder Schnee	Zeitraum bei Gewitter
3	18:43 bis	18:30 bis	18:18 bis
2	18:56 bis	18:47 bis	18:40 bis
1	19:13 bis	19:13 bis	19:04 bis
0	19:41	19:41	19:41

Tabelle 1.3: Signalstärke Tageslichtsensor, bezogen auf Uhrzeit und Wetter (Forts.)

Wie Tabelle 1.3 zeigt, hängt die Signalstärke des Tageslichtsensors nicht nur von der Tageszeit im Spiel ab, sondern auch vom Wetter. An Tagen, an denen es schneit, kann zum Beispiel nie die maximale Helligkeit und damit auch nicht die maximale Signalstärke erreicht werden. Du kannst die Messung des Tageslichtsensors aber auch umkehren.

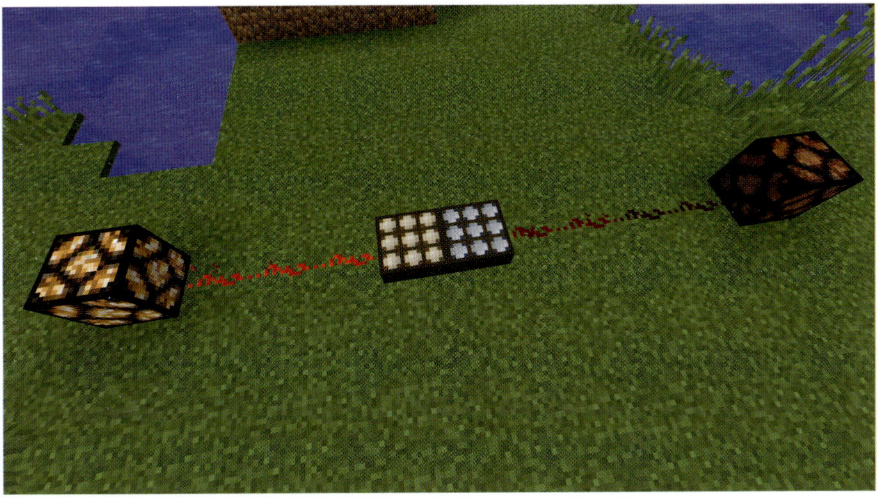

Abbildung 1.19: Tageslichtsensor (links) und Nachtlichtsensor (rechts)

Klickst du einen platzierten Tageslichtsensor mit der rechten Maustaste an, so verwandelt sich dieser in einen Nachtlichtsensor, zu erkennen an der nun bläulichen Färbung wie in Abbildung 1.19. Die Signalstärke des Nachtlichtsensors zu einer bestimmten Uhrzeit lässt sich einfach errechnen: Du subtrahierst einfach von 15 die Signalstärke, die ein Tageslichtsensor zu dieser Uhrzeit hätte. An einem sonnigen Tag hätte der Nachtlichtsensor also zum Beispiel zwischen 10:18 Uhr und 13:43 Uhr die Signalstärke 0, aber um 19:41 Uhr die Signalstärke 15.

Signalstärke Sensor	Zeitraum
0	03:40 bis
1	20:22 bis
2	20:44 bis
3	21:07 bis
4	21:30 bis
5	21:54 bis
6	22:19 bis
7	22:46 bis
8	23:14 bis
9	23:47 bis
8	00:14 bis
7	00:47 bis
6	01:16 bis
5	01:42 bis
4	02:07 bis
3	02:31 bis
2	02:54 bis
1	03:17 bis
0	03:40

Tabelle 1.4: Signalstärke eines Tageslichtsensors, der sich unter der Erde befindet

Und als wäre es bis hierher nicht schon kompliziert genug, gibt es auch noch einen dritten Modus. Befindet sich ein Lichtsensor komplett unter der Erde, zum Beispiel in einer Höhle, kann er natürlich kein Sonnenlicht messen. Anders als man vielleicht erwarten würde, sendet der Tageslichtsensor dann nicht einfach überhaupt kein Signal aus, sondern wird zu einem sogenannten Nacht**stundensensor**, nicht zu verwechseln mit dem Nacht**lichtsensor**. Dieser gibt, unabhängig vom Wetter, je nach Uhrzeit ein Signal der Stärke 0 bis 9 ab.

Auch dieser kann umgekehrt werden, indem man mit der rechten Maustaste auf den Sensor klickt. Die Umkehrung funktioniert dabei genau wie an der Oberfläche, der jeweilige Wert wird von 15 subtrahiert, sodass die Signalstärke dann zwischen 6 und 15 liegt.

1.4 Signale vergleichen

Vermutlich hast du dich schon gefragt, wozu die verschiedenen Signalstärken eigentlich gut sein sollen und wie du dir diese zunutze machen kannst. Genau das wirst du in diesem Abschnitt sehen. Beginnen wir mit einem einfachen Beispiel: Du möchtest einen Zähler bauen, der aufleuchtet, sobald mehr als zwei verschiedene Gegenstände auf einer Wägeplatte liegen.

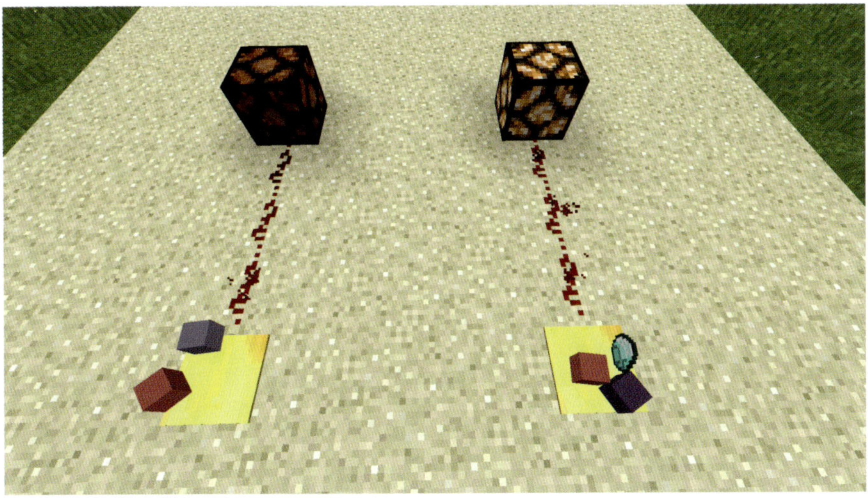

Abbildung 1.20: Einfacher Zähler für mehr als zwei verschiedene Gegenstände

Die einfache Lösung: Du verbindest eine goldene Wägeplatte mithilfe einer drei Blöcke langen Redstone-Leitung mit einer Redstone-Lampe. Liegen weniger als drei verschiedene Gegenstände auf der Platte, wie in Abbildung 1.20 auf der linken Seite zu sehen, so ist die Signalstärke nur 2 oder kleiner und reicht damit nicht bis zur Lampe. Liegen dagegen drei oder mehr Gegenstände auf der Platte, so ist die Signalstärke mindestens 3 und reicht damit, um die Lampe zum Leuchten zu bringen, wie in Abbildung 1.20 auf der rechten Seite zu sehen.

Eine weitere spannende Möglichkeit, sich unterschiedlich starke Redstone-Signale zunutze zu machen, ist der Vergleich von Signalen. Auch hierzu ein einfaches Beispiel: Wir gehen von dem Aufbau in Abbildung 1.20 aus und wollen diesmal wissen, ob auf der rechten Wägeplatte mindestens genau so viele Gegenstände liegen wie auf der linken. Anders ausgedrückt wollen wir also wissen, ob das Signal der rechten Platte mindestens so stark ist wie das Signal der linken Platte.

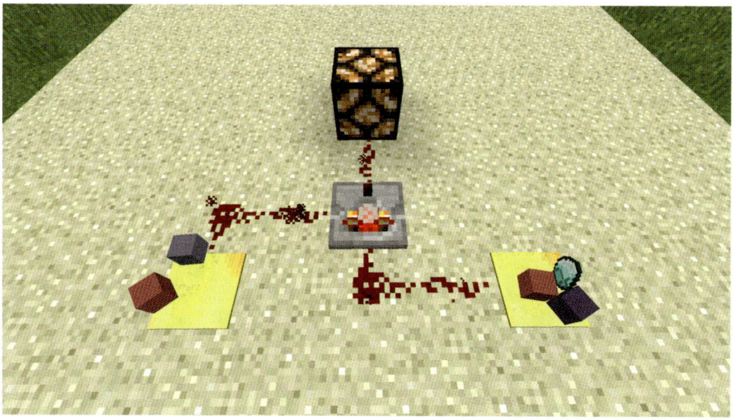

Abbildung 1.21: Redstone-Komparator

Um Redstone-Signale zu vergleichen, benötigt man einen sogenannten Redstone-Komparator, wie er in Abbildung 1.21 zu sehen ist. Vom Redstone-Komparator gehen drei verschiedene Leitungen aus: An der unteren Leitung, die an der Seite mit den beiden Redstone-Fackeln anliegt, wird das Eingangssignal angeschlossen. Seitlich am Komparator liegt das Vergleichssignal an, welche Seite dafür genutzt wird, ist dabei egal. Oben am Komparator befindet sich das Ausgangssignal. Solange das Vergleichssignal nicht stärker ist als das Eingangssignal, leitet der Redstone-Komparator das Eingangssignal zum Ausgang weiter. Sobald das Vergleichssignal jedoch stärker ist als das Eingangssignal, wird kein Ausgangssignal mehr ausgegeben.

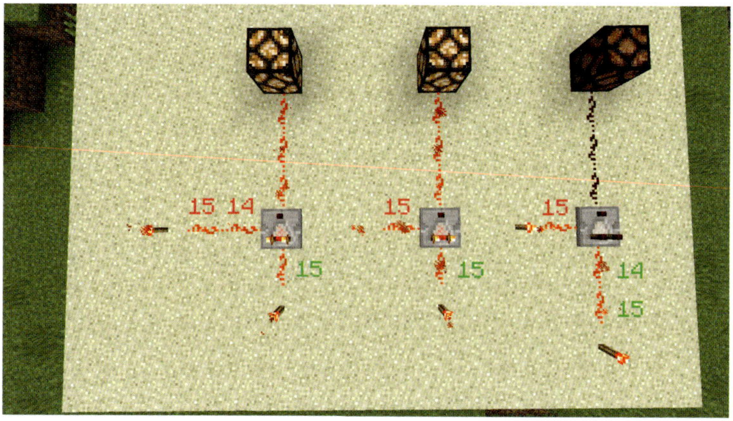

Abbildung 1.22: Redstone-Komparatoren in verschiedenen Konfigurationen

In Abbildung 1.22 wird die Funktionsweise der Redstone-Komparatoren noch einmal verdeutlicht. Die grünen Zahlen geben dabei jeweils die Signalstärke des Eingangssignals an, die roten Zahlen die Stärke des Vergleichssignals. Im ersten Fall ganz links ist das Eingangssignal stärker als das Vergleichssignal, also wird das Eingangssignal zum Ausgang weitergeleitet. Im zweiten Fall, in der Mitte, sind Eingangs- und Vergleichssignal gleich. In diesem Fall wird ebenfalls das Eingangssignal zum Ausgang geleitet. Im letzten Fall, auf der rechten Seite, ist das Vergleichssignal stärker als das Eingangssignal. In diesem Fall leitet der Komparator das Eingangssignal nicht weiter und die angeschlossene Lampe leuchtet nicht auf.

1.5 Liste der Redstone-Gegenstände

Neben den bisher vorgestellten Redstone-Gegenständen, die Signale aussenden oder vergleichen können, gibt es noch eine Vielzahl weiterer, die entweder teilweise aus Redstone bestehen oder mit Redstone betrieben werden. Da du die meisten dieser Teile aber vermutlich ohnehin schon kennst, wird an dieser Stelle nicht jedes von ihnen einzeln vorgestellt. Falls du aber einmal vergessen solltest, wie welcher Gegenstand hergestellt wird, findest du hier eine Übersicht, in der du alle wichtigen Rezepte zum Thema Redstone nachschlagen kannst.

Und selbst, falls du noch nicht alle hier vorgestellten Gegenstände kennen solltest, keine Angst. Die meisten davon werden dir im Verlaufe des Buches noch einmal begegnen und du wirst anhand konkreter Einsatzbeispiele leicht nachvollziehen können, wie sie funktionieren.

Name	Zutaten	Rezept	ID
Aktivierungsschiene	Eisenbarren (6), Stock (2), Redstone-Fackel (1)	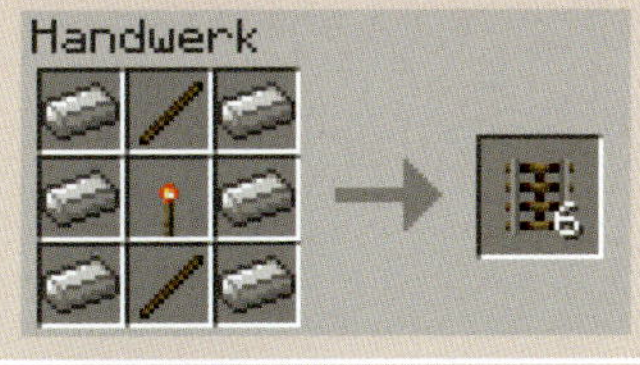	activator_rail
Antriebsschiene	Goldbarren (6), Stock (1), Redstone (1)	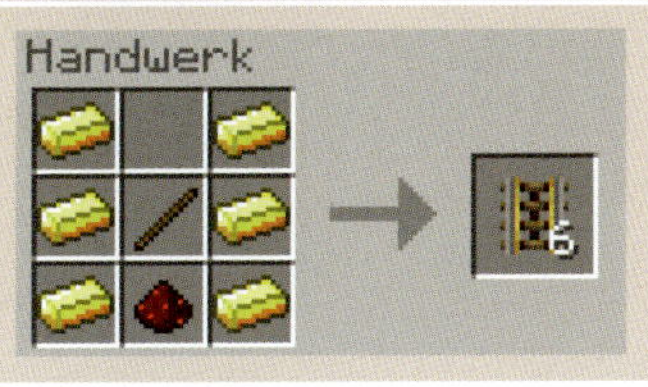	golden_rail

Tabelle 1.5: Liste der Redstone-Gegenstände mit Rezepten

Name	Zutaten	Rezept	ID
Druckplatte	Holzbretter oder Stein (2)	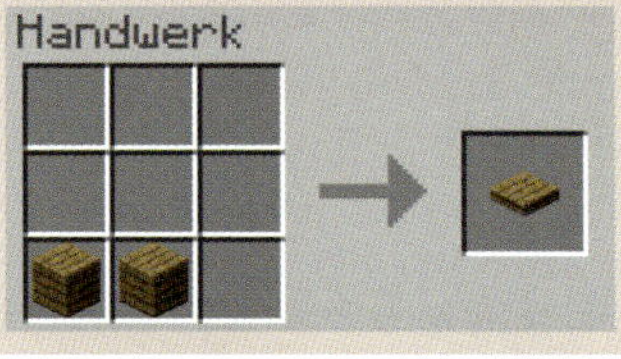	wooden_ pressure_plate, stone_pressure_ plate
Falltür	Holzbretter (6) oder Eisen-barren (4)	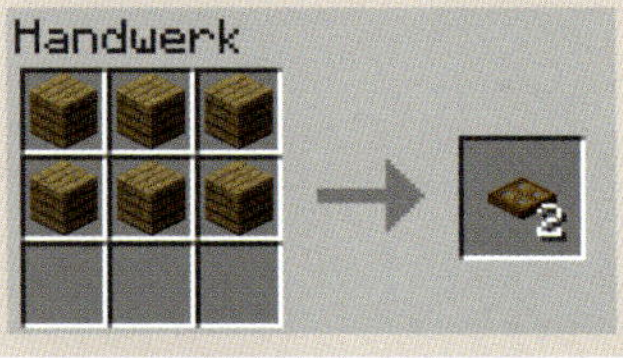	trapdoor
Güterlore	Truhe (1), Lore (1)	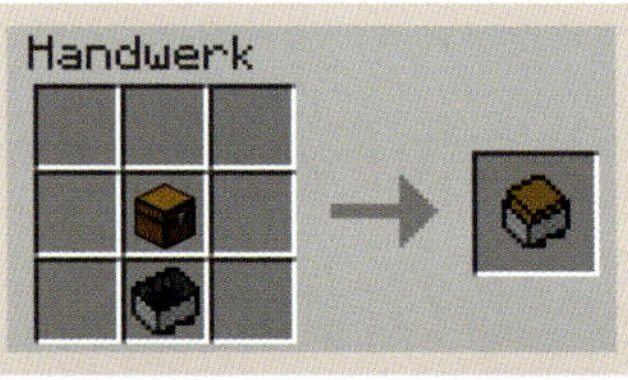	chest_minecart
Haken	Eisenbarren (1), Stock (1), Holzbretter (1)	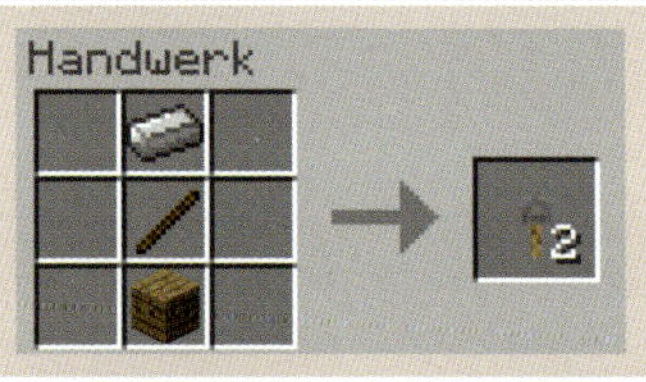	tripwire_hook
Hebel	Stock (1), Bruchstein (1)	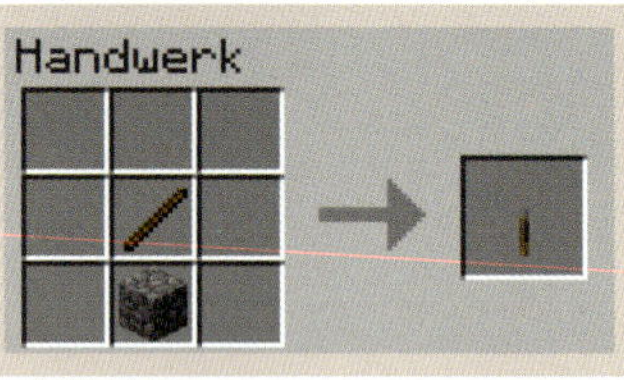	lever
Klebriger Kolben	Kolben (1), Schleimball (1)	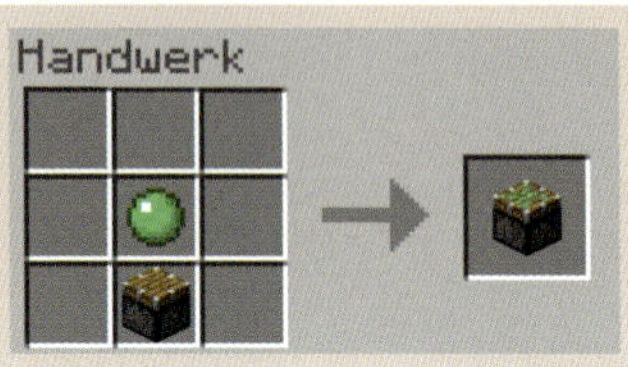	sticky_piston

Tabelle 1.5: Liste der Redstone-Gegenstände mit Rezepten (Forts.)

Name	Zutaten	Rezept	ID
Knopf	Stein (1) oder Holzbretter (1)	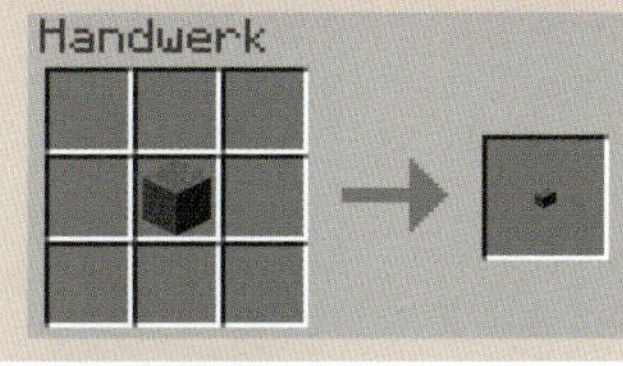	wooden_button, stone_button
Kolben	Holzbretter (3), Bruchstein (4), Eisenbarren (1), Redstone (1)	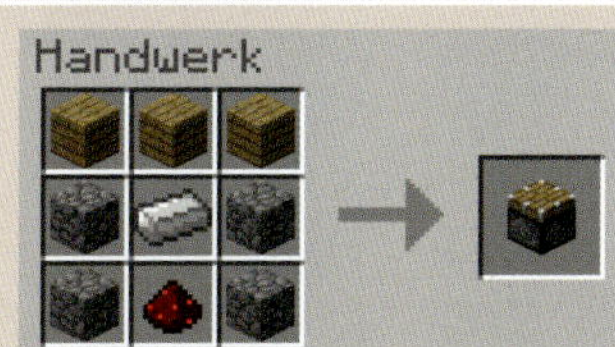	piston
Kompass	Eisenbarren (4), Redstone (1)	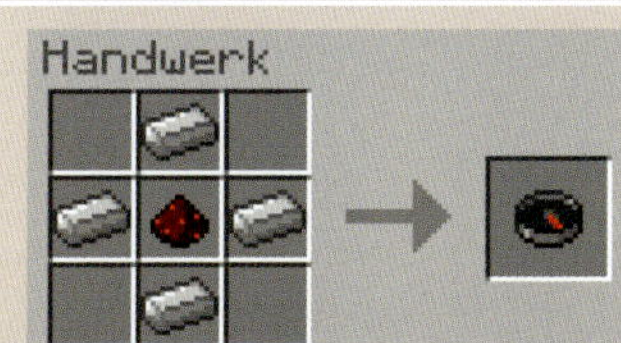	compass
Lore	Eisenbarren (5)	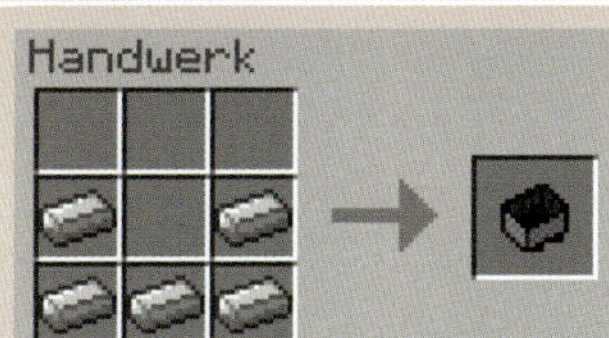	minecart
Notenblock	Holzbretter (8), Redstone (1)	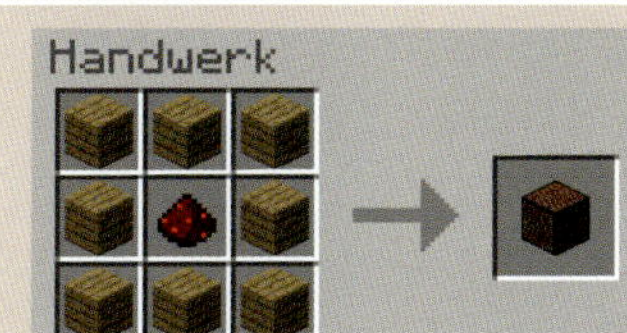	noteblock
Redstone-Block	Redstone (9)	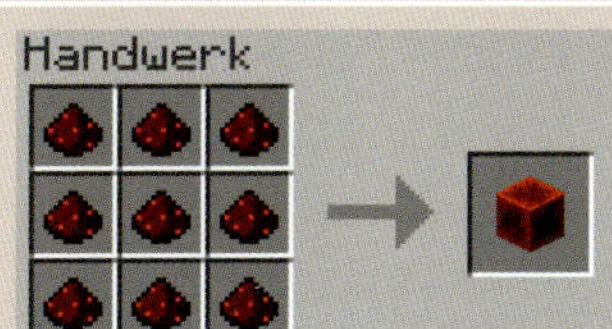	redstone_block

Tabelle 1.5: Liste der Redstone-Gegenstände mit Rezepten (Forts.)

Name	Zutaten	Rezept	ID
Redstone-Komparator	Redstone-Fackel (3), Netherquarz (1), Stein (3)	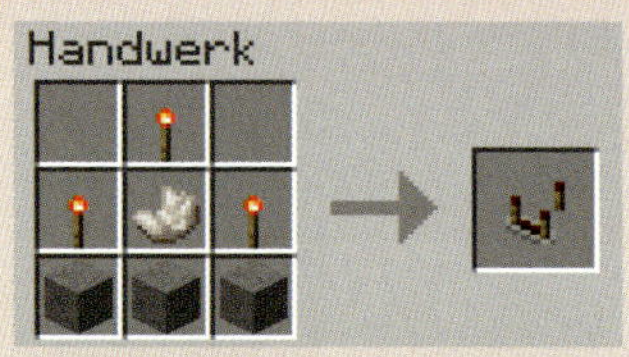	comparator
Redstone-Fackel	Redstone (1), Stock (1)	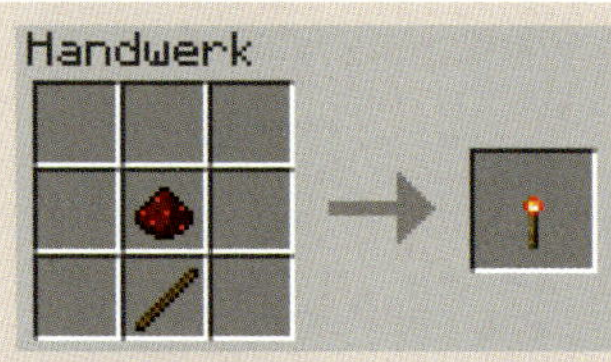	redstone_torch
Redstone-Lampe	Redstone (4), Glowstone (1)	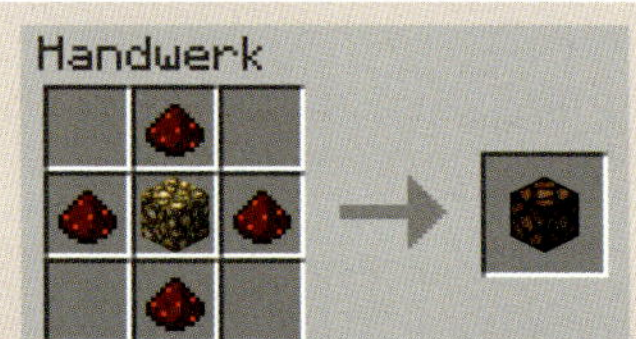	redstone_lamp
Redstone-truhe	Haken (1), Truhe (1)	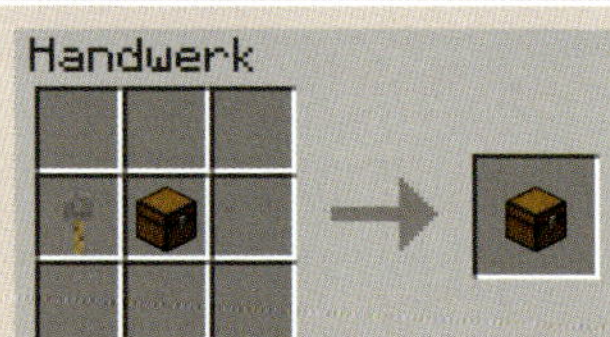	trapped_chest
Redstone-Verstärker	Redstone-Fackel (2), Redstone (1), Stein (3)	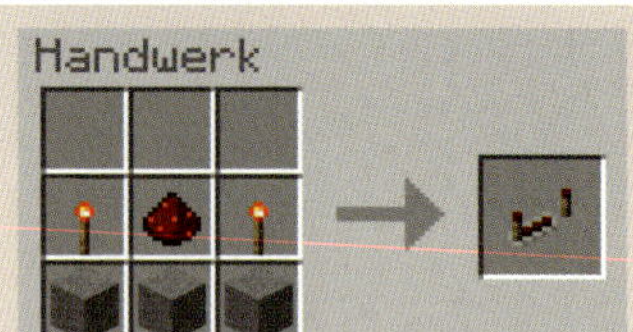	repeater
Schiene	Eisenbarren (6), Stock (1)	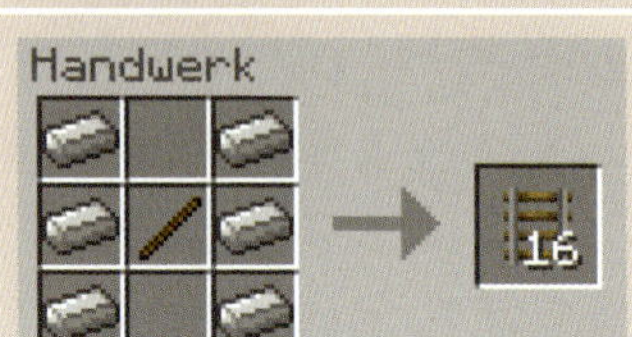	rail

Tabelle 1.5: Liste der Redstone-Gegenstände mit Rezepten (Forts.)

Name	Zutaten	Rezept	ID
Sensor-schiene	Eisenbarren (6), Druckplatte (1), Redstone (1)	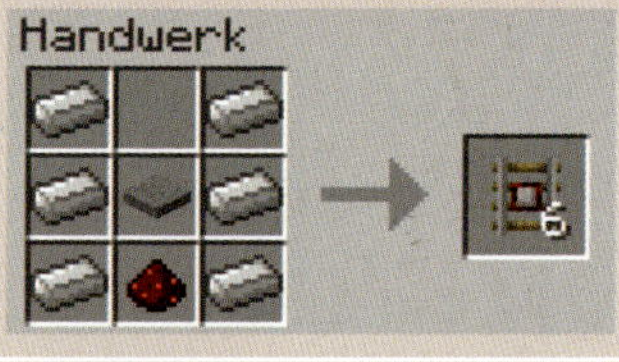	detector_rail
Spender	Bruchstein (7), Redstone (1)	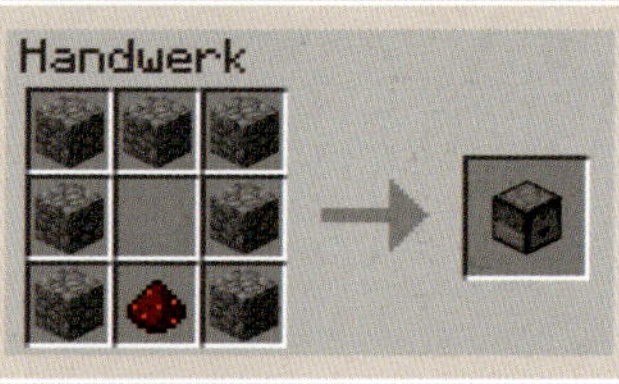	dropper
Tageslicht-sensor	Glas (3), Netherquarz (3), Stufe (3)	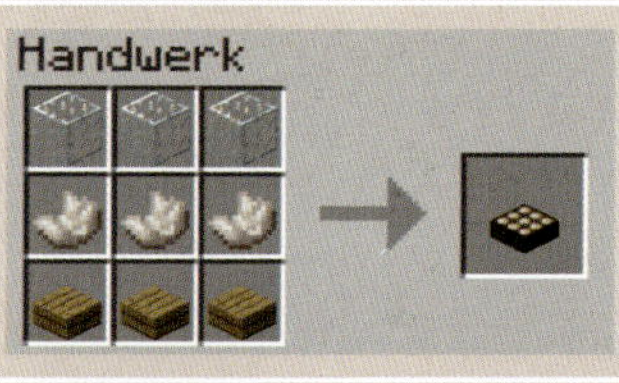	daylight_detector
TNT	Schwarz-pulver (5), Sand (4)	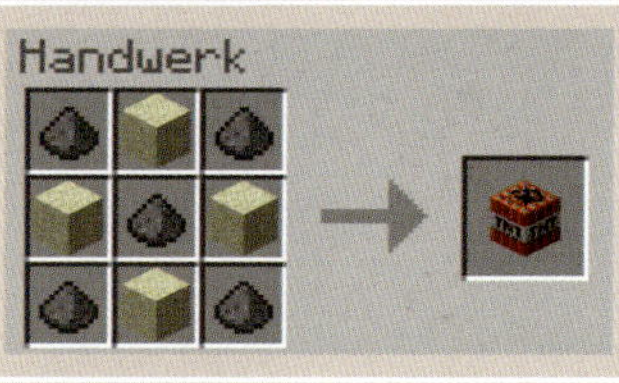	tnt
TNT-Lore	TNT (1), Lore (1)	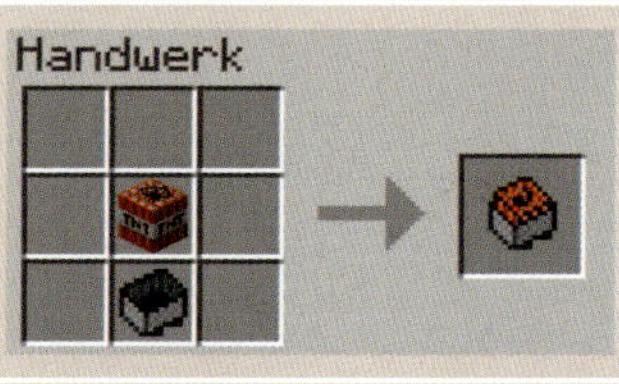	tnt_minecart
Trichter	Eisenbarren (5), Truhe (1)	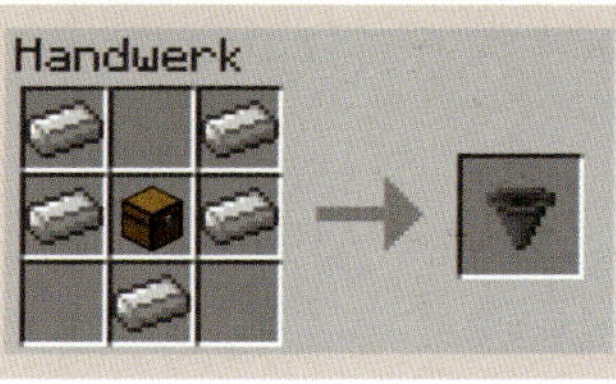	hopper

Tabelle 1.5: Liste der Redstone-Gegenstände mit Rezepten (Forts.)

Name	Zutaten	Rezept	ID
Trichterlore	Trichter (1), Lore (1)	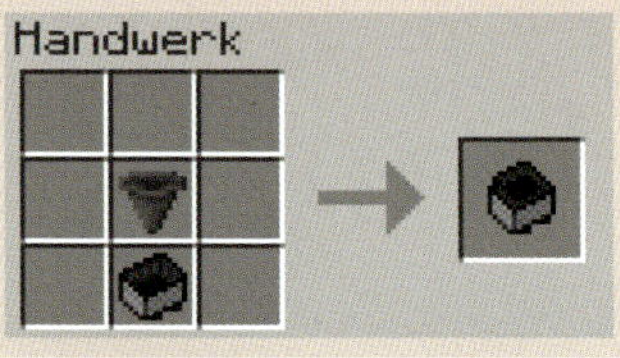	hopper_minecart
Tür	Holzbretter oder Eisenbarren (6)	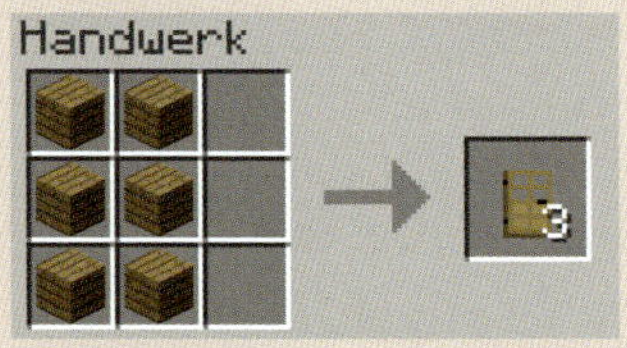	wooden_door, spruce_door, birch_door, jungle_door, acacia_door, dark_oak_door, iron_door
Uhr	Goldbarren (4), Redstone (1)	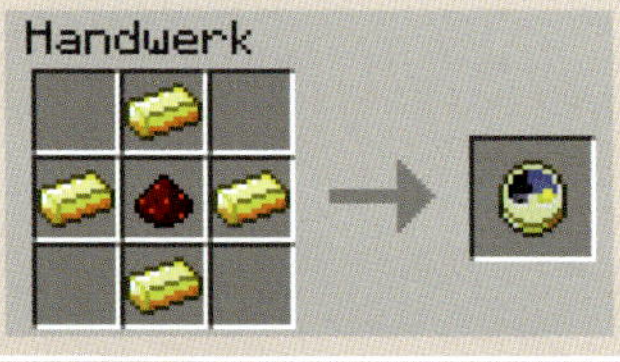	clock
Wägeplatte	Goldbarren oder Eisenbarren (2)	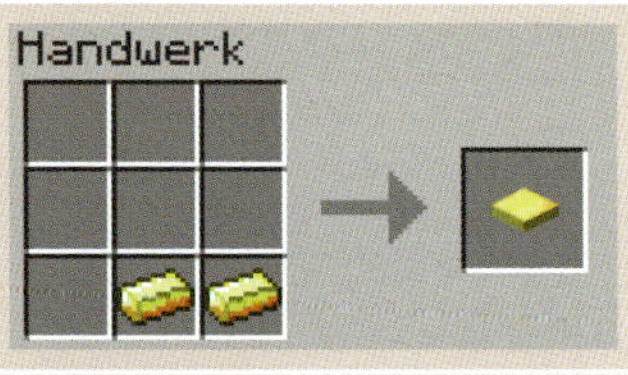	light_weighted_ pressure_plate, heavy_weighted_ pressure_plate
Werfer	Bruchstein (7), Bogen (1), Redstone (1)	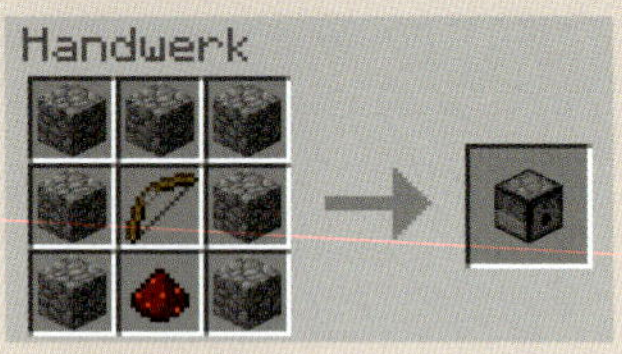	dispenser
Zauntor	Stock (2), Holzbretter (4)	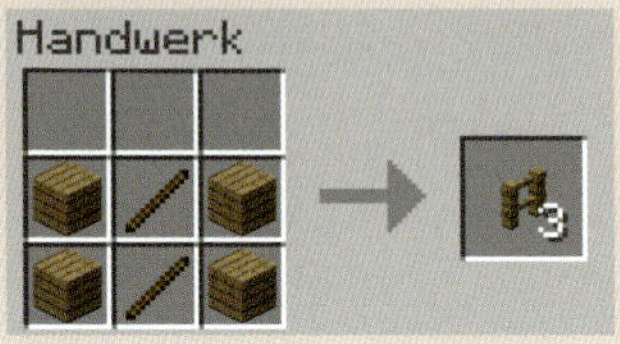	fence_gate

Tabelle 1.5: Liste der Redstone-Gegenstände mit Rezepten (Forts.)

Kapitel 2

Logische Gatter und Schaltungen

In diesem Kapitel wirst du logische Gatter kennenlernen und die dazugehörigen Redstone-Schaltungen. Logische Gatter sind keine Erfindung von Minecraft, sondern es gibt sie auch in elektrischen Schaltungen in der realen Welt. Denn wie Strom in der echten Welt haben Redstone-Signale in Minecraft genau zwei mögliche Zustände: an oder aus. Logische Gatter benötigt man in fast allen Schaltungen, die mehr als ein Eingangssignal haben. Also zum Beispiel dann, wenn du zwei Hebel an eine Tür anschließen möchtest. Egal, ob du möchtest, dass die Tür aufgeht, sobald ein Hebel eingeschaltet ist oder beide oder vielleicht sogar keiner von beiden, für all das benötigst du logische Gatter.

2.1 Logikgatter

Logische Gatter bilden die Grundlage für viele verschiedene Schaltungen. Wenn du ihre Funktion erst einmal verstanden hast, wird es dir später viel einfacher fallen, auch komplizierte Schaltungen zu verstehen und nachzubauen.

2.1.1 Nicht-Gatter

Ein einfaches Logikgatter ist das sogenannte Nicht-Gatter. Im letzten Kapitel hast du den Knopf als Signalquelle kennengelernt. Wenn du zum Beispiel eine Redstone-Lampe an einen Knopf anschließt, leuchtet diese kurz auf, wenn du auf den Knopf drückst. Wenn du nun genau das umgekehrte Verhalten erreichen möchtest, also dass die Lampe immer leuchtet und nur kurz erlischt, wenn du auf den Knopf drückst, kannst du dies mit einem Nicht-Gatter erreichen.

Eingang A	Ausgang
0	1
1	0

Tabelle 2.1: Wahrheitstabelle Nicht-Gatter

Tabelle 2.1 zeigt eine sogenannte Wahrheitstabelle für das Nicht-Gatter. Eine Wahrheitstabelle stellt dar, welches Ausgangssignal ein Gatter für eine bestimmte Kombination von Eingangssignalen ausgibt. Da wir mit dem Nicht-Gatter ja gerade das Signal umdrehen wollen, ist es also sinnvoll, dass es ein Signal ausgibt (»1«), wenn am Eingang kein Signal da ist (»0«), und kein Signal ausgibt, wenn am Eingang ein Signal da ist.

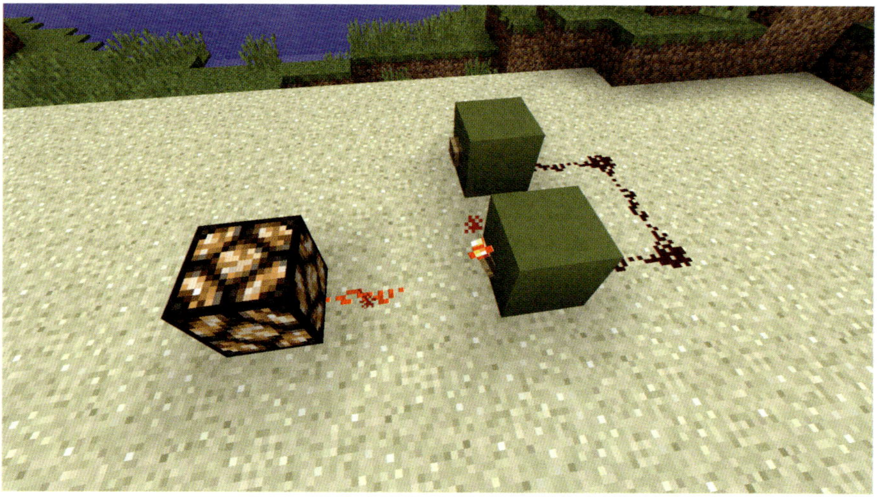

Abbildung 2.1: Nicht-Schaltung in Minecraft

In Abbildung 2.1 kannst du sehen, wie man das Nicht-Gatter als Schaltung in Minecraft umsetzen kann. Dazu wird einfach eine Redstone-Fackel seitlich an oder auch auf einem beliebigen Block angebracht. Auf der gegenüberliegenden Seite des Blocks wird dann das Eingangssignal angeschlossen, in Abbildung 2.1 also zum Beispiel ein Knopf. Solange kein Signal als Eingangssignal anliegt, leuchtet die Redstone-Fackel und gibt somit ein Signal ab. Sobald man aber auf den Knopf drückt, erlischt die Redstone-Fackel.

2.1.2 Oder-Gatter

Noch einfacher zu bauen als das Nicht-Gatter ist das sogenannte Oder-Gatter. Das Oder-Gatter gibt ein Ausgangssignal aus, wenn mindestens ein Eingangssignal vorhanden ist.

Wie Tabelle 2.2 zeigt, heißt das insbesondere auch, dass ein Signal ausgegeben wird, wenn beide Eingangssignale aktiviert sind. Das sogenannte XOR-Gatter, das du in Abschnitt 2.1.4, »XOR-Gatter«, kennenlernen wirst, ist dagegen, wie du sehen wirst, nur aktiv, wenn entweder Eingang A oder Eingang B aktiv sind, nicht aber, wenn beide aktiv sind.

Eingang A	Eingang B	Ausgang
0	0	0
0	1	1
1	0	1
1	1	1

Tabelle 2.2: Wahrheitstabelle Oder-Gatter

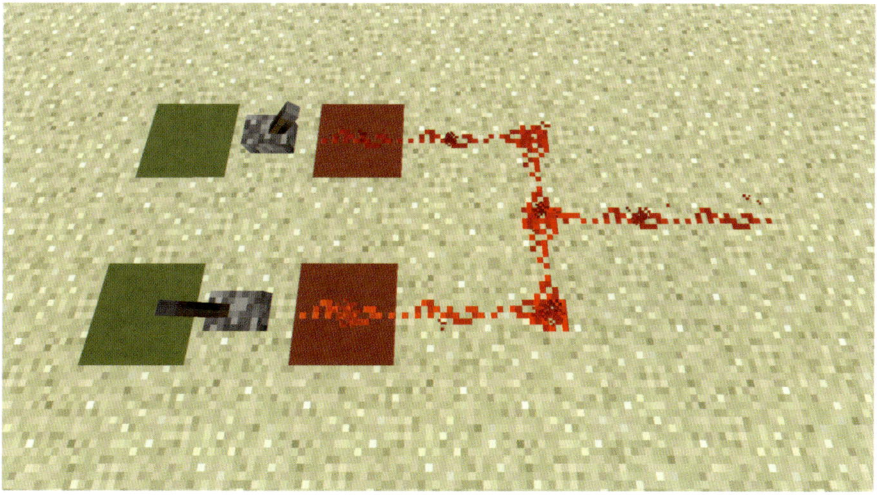

Abbildung 2.2: Oder-Schaltung in Minecraft

Wie bereits erwähnt und in Abbildung 2.2 zu sehen, ist die Umsetzung des Oder-Gatters als Schaltung in Minecraft besonders einfach, denn sobald du zwei Signale mit einer Redstone-Leitung miteinander verbindest, erhältst du automatisch eine Oder-Schaltung und das Redstone-Signal ist immer aktiviert, sobald mindestens eines der Eingangssignale aktiv ist.

2.1.3 Und-Gatter

Schon etwas komplizierter umzusetzen ist das Und-Gatter. Ein typisches Einsatzbeispiel für ein Und-Gatter in Minecraft ist eine Tür, die sich nur öffnen soll, wenn zwei Hebel eingeschaltet wurden.

Eingang A	Eingang B	Ausgang
0	0	0
0	1	0
1	0	0
1	1	1

Tabelle 2.3: Wahrheitstabelle Und-Gatter

Genau dieses Verhalten beschreibt Tabelle 2.3. Ist keiner der beiden Hebel oder nur einer von beiden eingeschaltet, so bleibt die Tür geschlossen, es gibt also kein Signal am Ausgang. Nur wenn beide Hebel eingeschaltet sind, gibt es auch ein Ausgangssignal.

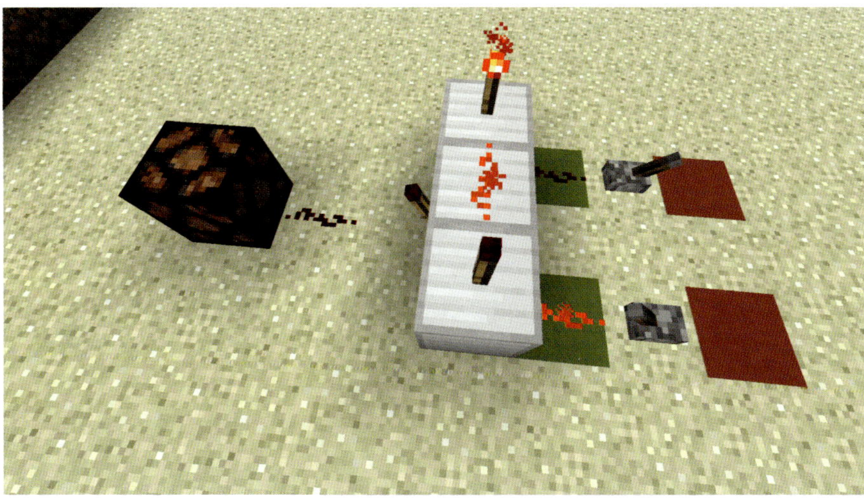

Abbildung 2.3: Und-Schaltung in Minecraft

Wie sich ein Und-Gatter in Minecraft umsetzen lässt, zeigt Abbildung 2.3. Insgesamt werden dazu drei Redstone-Fackeln benötigt sowie drei Blöcke eines beliebigen Materials. Wie in Abbildung 2.3 zu sehen ist, ist ein Hebel aktiviert und ein Hebel deaktiviert, entsprechend leuchtet die Lampe, die an der Und-Schaltung angeschlossen ist, nicht auf.

Abbildung 2.4 zeigt dieselbe Schaltung mit zwei aktivierten Hebeln, erwartungsgemäß leuchtet nun die Redstone-Lampe. Wenn du einen genauen Blick auf den Aufbau der Und-Schaltung wirfst, wird dir auffallen, dass sie aus vier verschiedenen Schaltungen zusammengebaut ist. Die drei Redstone-Fackeln bilden jeweils eine Nicht-Schaltung, das Verbindungsstück zwischen den beiden oberen Redstone-Fackeln ist eine Oder-Schaltung.

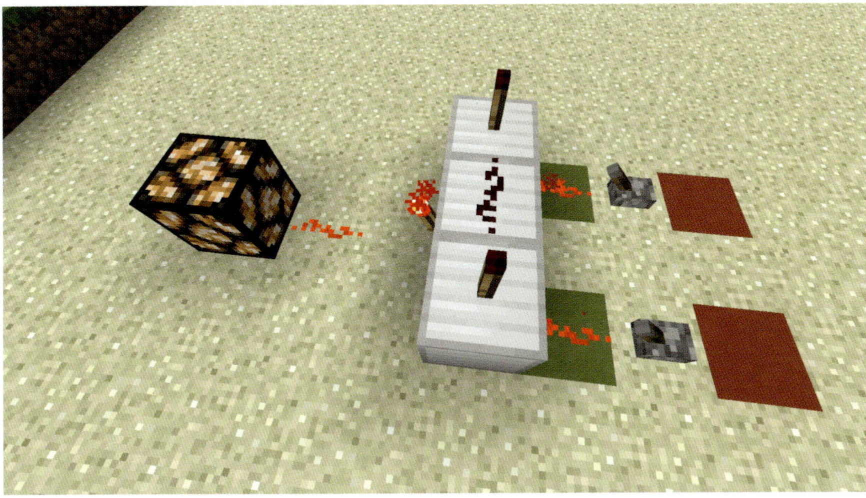

Abbildung 2.4: Aktivierte Und-Schaltung

2.1.4 XOR-Gatter

Nun wollen wir uns, wie bereits angekündigt, das XOR-Gatter ansehen. Manchmal wird es auch Entweder-Oder-Gatter oder Exklusiv-Oder-Gatter genannt.

Eingang A	Eingang B	Ausgang
0	0	0
0	1	1
1	0	1
1	1	0

Tabelle 2.4: Wahrheitstabelle XOR-Gatter

Wie Tabelle 2.4 zeigt, unterscheidet sich dies insofern vom Oder-Gatter, dass das Ausgangssignal nur aktiviert ist, wenn entweder Eingang A oder Eingang B aktiviert sind, nicht aber, wenn beide aktiviert sind. Die Wahrheitstabelle unterscheidet sich also nur in der letzten Zeile.

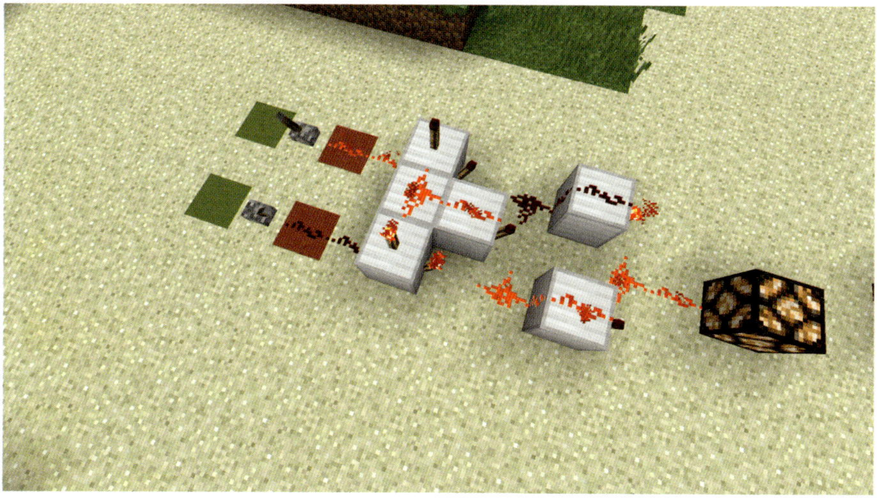

Abbildung 2.5: XOR-Schaltung in Minecraft

Auch wenn sich das nur nach einem kleinen Unterschied anhört, so ist die Umsetzung in Minecraft im Vergleich zum Oder-Gatter doch deutlich komplexer, insgesamt werden sieben Redstone-Fackeln benötigt. Abbildung 2.5 zeigt den kompletten Aufbau der Schaltung. Damit kennst du nun die vier wichtigsten Logikgatter. Es gibt zwar noch einige weitere, wie zum Beispiel das Nicht-Und-Gatter, das Nicht-Oder-Gatter oder das XNOR-Gatter, wie die Namen aber schon verraten, lassen sich diese ganz einfach konstruieren, indem hinter das jeweilige Gatter noch ein Nicht-Gatter geschaltet wird.

Um genau zu sein, könnte man sogar mathematisch nachweisen, dass schon das Nicht-, Und- und Oder-Gatter ausreichend sind, um nicht nur alle Gatter, die du kennengelernt hast, nachzubauen, sondern auch die komplette Funktionsweise eines modernen Computers nachbauen zu können. Allerdings nur theoretisch. Einen kompletten Computer in Minecraft zu bauen, ist zwar nur theoretisch möglich, ein 16-jähriger Minecraft-Spieler hat aber immerhin schon einmal einen wissenschaftlichen Taschenrechner nachgebaut, der den Namen »MaxSGB« trägt. Dieser kann Zahlen mit bis zu 25 Stellen verarbeiten. Insgesamt nimmt der Taschenrechner mit Anzeige einen Raum von 250 x 200 x 100 Blöcken ein.

2.2 Halbaddierer

Auch wir wollen an dieser Stelle einen Rechner bauen, allerdings wird dieses Modell etwas kleiner ausfallen. Statt Zahlen mit bis zu 25 Stellen in verschiedenster Weise zu verarbeiten, wird dieser Rechner nur zwei Zahlen addieren, die nur 1 oder 0 sein können. Ein Rechner, der nur 0+0, 0+1, 1+0 und 1+1 berechnen kann, hört sich im ersten Moment nicht besonders anspruchsvoll an, aber wie du gleich sehen wirst, ist es trotzdem gar nicht so einfach, ihn in Minecraft zu bauen. Einen solchen Rechner nennt man auch Halbaddierer.

Eingang A	Eingang B	Ausgang 1	Ausgang 2
0	0	0	0
0	1	1	0
1	0	1	0
1	1	0	1

Tabelle 2.5: Wahrheitstabelle des Halbaddierers

Natürlich braucht der Halbaddierer als Eingänge zwei Hebel, mit denen wir die beiden Zahlen, jeweils 0, also aus, oder 1, also ein, eingeben können. Um das Ergebnis anzuzeigen, verwenden wir zwei Redstone-Lampen. Ist das Ergebnis 0, so leuchtet keine der beiden Lampen. Ist das Ergebnis 1, so leuchtet die Lampe an Ausgang 1, ist das Ergebnis 2, sind also beide Hebel aktiviert, so leuchtet die Lampe an Ausgang 2. Tabelle 2.5 zeigt die dazu passende Wahrheitstabelle für den Halbaddierer.

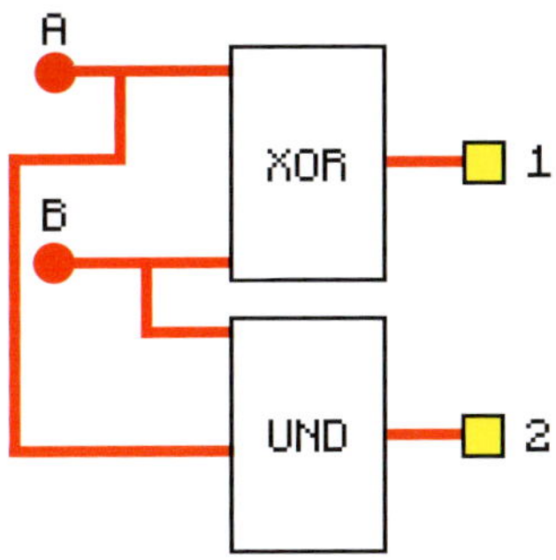

Abbildung 2.6: Aufbau des Halbaddierers

Bei einem Blick in die Wahrheitstabelle wird schon klar, dass ein einzelnes Gatter für die Schaltung nicht ausreichen wird, schließlich hat der Halbaddierer zwei Ausgänge. Schaust du dir beide Ausgänge getrennt an, erkennst du aber schnell, wie der Halbaddierer gebaut werden kann. Die Lampe am ersten Ausgang soll genau dann leuchten, wenn entweder Eingang A oder Eingang B aktiv ist, nicht aber, wenn keiner oder beide aktiv sind. Das klingt eindeutig nach einem Einsatz für das XOR-Gatter. Die Lampe am zweiten Ausgang soll nur dann leuchten, wenn Eingang A und Eingang B aktiv sind, also eindeutig ein Fall für das Und-Gatter. Abbildung 2.6 zeigt schematisch, wie der Halbaddierer aufgebaut ist. Nun gilt es noch, diesen Aufbau in eine Redstone-Schaltung zu übertragen.

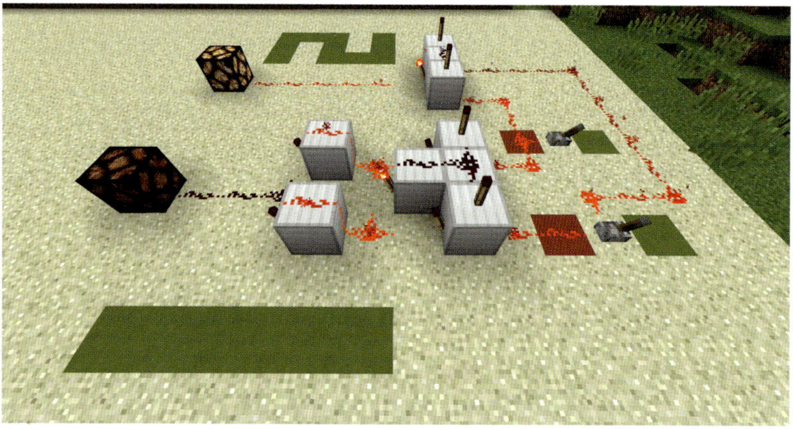

Abbildung 2.7: Halbaddierer in Minecraft

Wie das Ergebnis aussieht, ist in Abbildung 2.7 zu sehen. Im Vordergrund ist die XOR-Schaltung zu sehen, an die die Lampe für den Wert 1 angeschlossen ist, im Hintergrund die Und-Schaltung, an die die Lampe für den Wert 2 angeschlossen ist. Da in dem Bild beide Hebel eingeschaltet sind, leuchtet die Lampe am zweiten Ausgang. Das Ergebnis von 1+1 ist also, wenig überraschend, 2. Der in Abbildung 2.6 gezeigte Aufbau ist übrigens bereits eine vereinfachte Version des Halbaddierers. Klassischerweise werden für den Aufbau nur Und-, Oder- und Nicht-Gatter verwendet. Dann sind aber insgesamt drei Und-Gatter, zwei Nicht-Gatter und ein Oder-Gatter notwendig und die Schaltung wird deutlich unübersichtlicher.

2.3 Taktgeber

In diesem Abschnitt wirst du sogenannte Taktgeber kennenlernen. Taktgeber sind Schaltungen, die in einem regelmäßigen Abstand, dem Takt, blinken, also immer wieder den Zustand zwischen An und Aus wechseln. Taktgeber werden häufig zusammen mit Kolben oder Werfern eingesetzt, zum Beispiel um einen Kolben schnell vor- und zurückzubewegen oder um Pfeile mit einem Werfer zu verschießen. Wir werden sie im Verlaufe des Buches unter anderem beim Bau von Selbstschussanlagen und Monsterfarmen einsetzen.

2.3.1 Fackel-Taktgeber

Abbildung 2.8 zeigt einen Taktgeber, der aus fünf Redstone-Fackeln aufgebaut ist. Solange der Hebel wie in der Abbildung aktiviert ist, bleibt die Schaltung im abgebildeten Zustand und verändert sich nicht. Sobald der Hebel jedoch umgelegt wird, beginnt die Schaltung als Taktgeber zu arbeiten und wechselt ständig ihren Zustand.

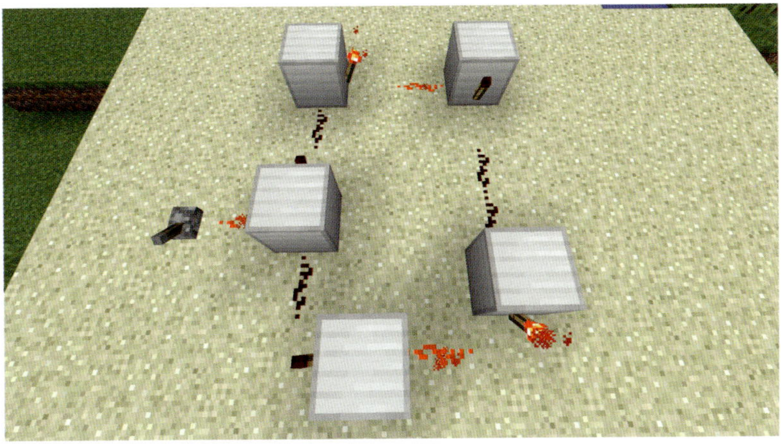

Abbildung 2.8: Taktgeber aus Redstone-Fackeln

Das Signal kann dann an jeder beliebigen Stelle der Schaltung abgegriffen werden, um zum Beispiel eine Redstone-Lampe zum Blinken zu bringen.

2.3.2 Verstärker-Taktgeber

Eine andere Möglichkeit, einen Taktgeber zu realisieren, ist der Einsatz von Redstone-Verstärkern. Wie Abbildung 2.9 zeigt, ist ein deutlicher Vorteil dieser Methode, dass der Taktgeber wesentlich kleiner ist.

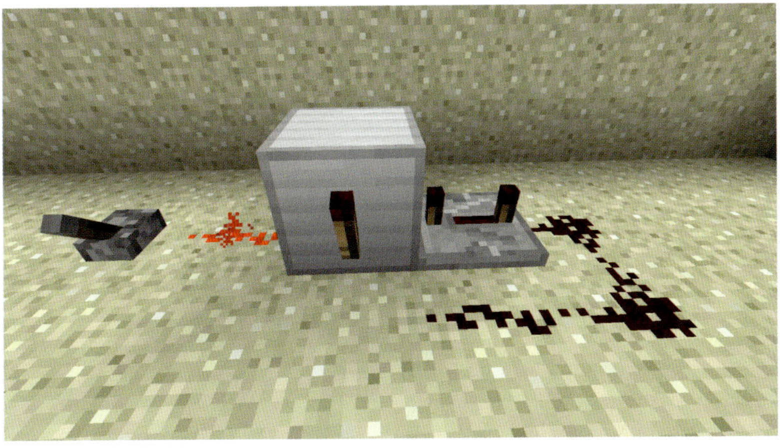

Abbildung 2.9: Taktgeber mit Redstone-Verstärker

Außerdem kann der Takt, also die Frequenz, mit der die Schaltung ihren Zustand wechselt, einfach variiert werden, indem die Verzögerung des Redstone-Verstärkers verlängert beziehungsweise verkürzt wird. Wie der Fackel-Taktgeber kann auch der Verstärker-Taktgeber mithilfe eines Hebels gestoppt und wieder in Gang gesetzt werden.

2.3.3 Kolben-Taktgeber

Eine dritte Möglichkeit zum Bau eines Taktgebers ist die Verwendung eines klebrigen Kolbens, wie in Abbildung 2.10 gezeigt.

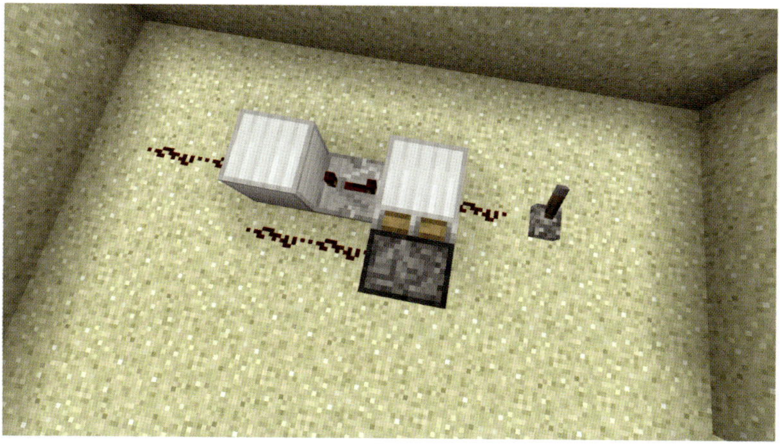

Abbildung 2.10: Taktgeber mit Kolben

Auch hier kann der Takt mithilfe des verbauten Redstone-Verstärkers beeinflusst werden. Allerdings solltest du dabei beachten, dass die Schaltung nicht funktioniert, wenn der Redstone-Verstärker auf die kürzeste Verzögerung eingestellt ist. Dann bewegt sich der Kolben nämlich so schnell vor und wieder zurück, dass er den Block vor sich nur wegschiebt, nicht aber wieder mit zurücknimmt. Dadurch wird der Schaltkreis unterbrochen.

2.3.4 Trichter-Taktgeber

Zum Schluss wollen wir uns noch einen Taktgeber anschauen, der auf dem Einsatz von zwei Trichtern beruht. Das heißt aber keinesfalls, dass es keine anderen Möglichkeiten als die hier vorgestellten gibt, um einen Taktgeber zu bauen, im Gegenteil. Es gibt Hunderte verschiedene Möglichkeiten, Bauteile so zu kombinieren, dass daraus die verschiedensten Taktgeber mit den verschiedensten Taktfrequenzen entstehen. Die hier vorgestellten Versionen sollen nur die grundsätzliche Funktionsweise erklären und dich dazu inspirieren, deine Lieblingsversion eines Taktgebers zu bauen, egal ob sie eine der hier vorgestellten ist oder eine ganz andere Eigenkreation.

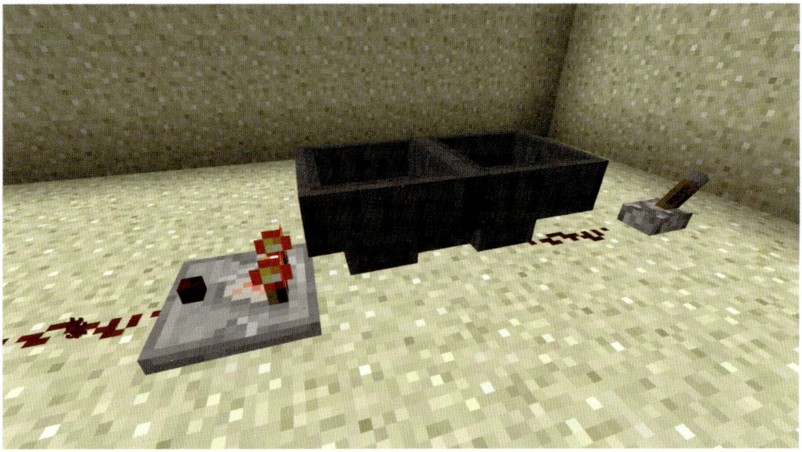

Abbildung 2.11: Taktgeber mit Trichter

Abbildung 2.11 zeigt einen Taktgeber, der aus zwei Trichtern und einem Redstone-Komparator aufgebaut ist. Damit der Taktgeber funktioniert, ist es wichtig, dass die beiden Trichter miteinander verbunden sind. Du verbindest die Trichter, indem du die Umschalt-Taste gedrückt hältst und den zweiten Trichter einfach mit Blick auf den ersten platzierst, dann verbinden sie sich ganz automatisch. In Abbildung 2.12 ist verdeutlicht, wann zwei Trichter korrekt verbunden sind. Nur wenn die Trichter wie auf der rechten Seite miteinander verbunden sind, kann der Taktgeber funktionieren.

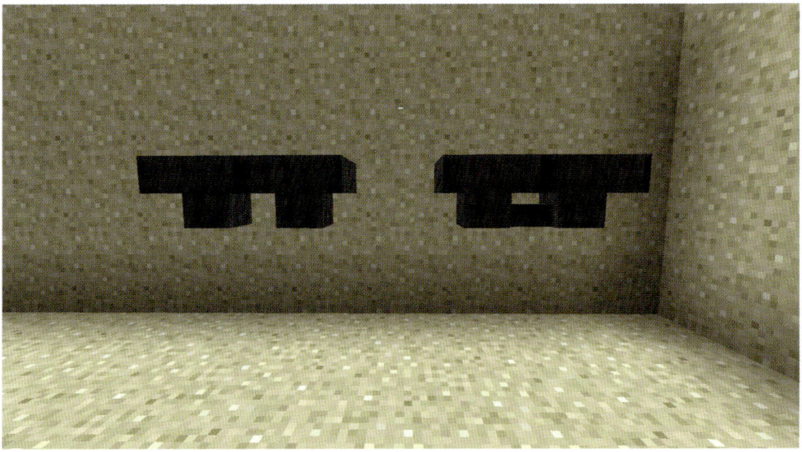

Abbildung 2.12: Links: nicht verbundene Trichter, rechts: verbundene Trichter

Zum Schluss muss dann nur noch ein Gegenstand in einen der beiden Trichter platziert werden. Dadurch, dass die Trichter verbunden sind, wird der Gegenstand nun immer zwischen den beiden Trichtern weitergereicht. Jedes Mal, wenn der Gegenstand im linken Trichter ist, erkennt der Redstone-Komparator den Gegenstand und gibt ein Signal weiter. Ist der Gegenstand im rechten Trichter, gibt es kein Signal. Durch Aktivierung des Hebels kann der Taktgeber unterbrochen werden.

Kapitel 3

Haustechnik

Nachdem du nun die Redstone-Grundlagen beherrschst, soll es in diesem Kapitel darum gehen, diese anzuwenden, um Redstone-Schaltungen in und um dein Haus zu bauen. Einige davon dienen dazu, dir das Leben etwas leichter zu machen, wie zum Beispiel automatisch öffnende Türen, andere sollen vor allem anderen das Leben schwer machen, wie Zahlenschlösser oder versteckte Eingänge.

3.1 Türöffner

Eine der einfachsten, aber auch am häufigsten genutzten Redstone-Schaltungen ist der einfache Türöffner. Während sich Holztüren mit einem Rechtsklick öffnen lassen – eine Redstone-Schaltung ist hier also optional –, lassen sich Eisentüren nur mit einer entsprechenden Schaltung öffnen.

3.1.1 Druckplatte

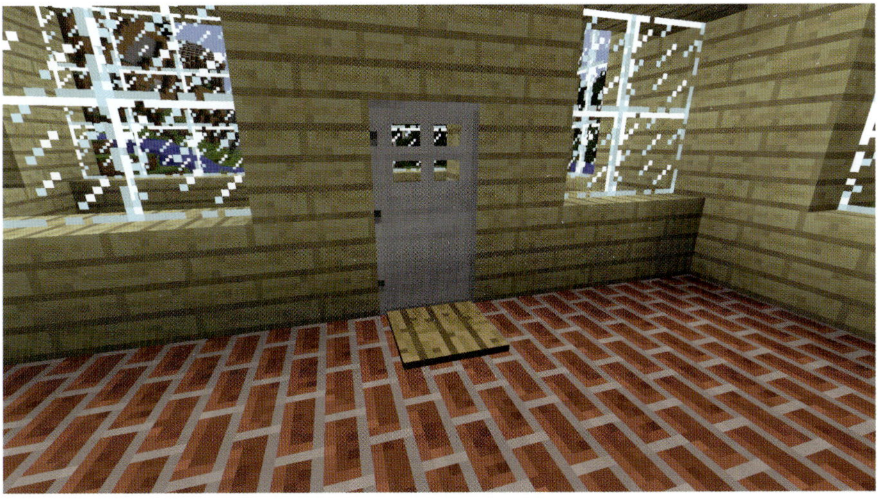

Abbildung 3.1: Druckplatte als Türöffner

Eine der einfachsten und bequemsten Möglichkeiten, einen Türöffner zu bauen, ist einfach, wie in Abbildung 3.1, auf jeder Seite der Tür jeweils eine Druckplatte zu platzieren. So öffnet sich die Tür automatisch, sobald man darauf zuläuft, und schließt sich kurz danach ebenfalls wieder automatisch. Allerdings hat die Druckplatte auch einen großen Nachteil, sie kann nämlich auch von Monstern ausgelöst werden, die vor der Tür stehen. Daher eignet sie sich eher als Öffner für Türen innerhalb eines Hauses und weniger für Außentüren.

3.1.2 Knopf

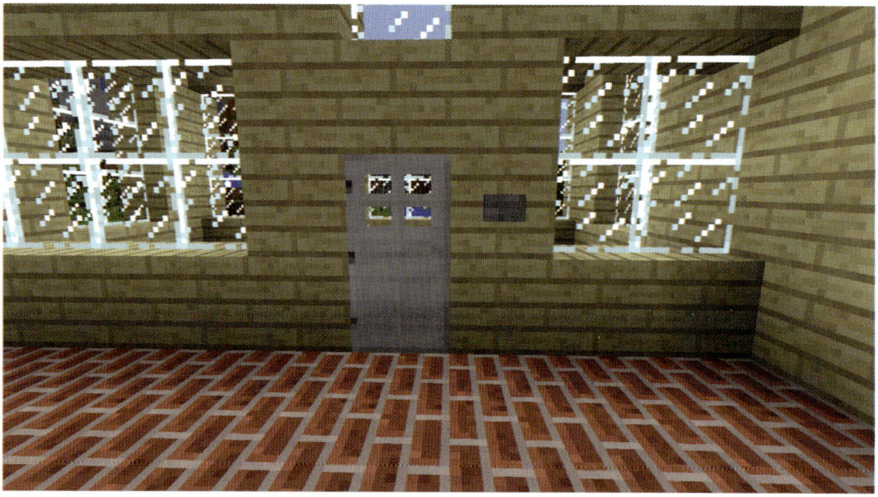

Abbildung 3.2: Knopf als Türöffner

Mehr Sicherheit bietet ein Knopf als Türöffner, wie in Abbildung 3.2 gezeigt. Knöpfe können nämlich nicht von Monstern benutzt werden, die Tür kann somit nur von Spielern geöffnet werden. Der Einbau dieses Türöffners klappt genauso schnell und einfach wie bei einer Druckplatte, die Handhabung ist allerdings nicht ganz so bequem. Man muss nun jedes Mal den Knopf drücken, um die Tür zu öffnen, statt einfach auf sie zuzulaufen.

3.1.3 Tageslichtsensor

Bequem und sicher, dafür aber auch etwas komplizierter in der Umsetzung ist die Verwendung eines Tageslichtsensors. Bei Tag, wenn also keine Gefahr durch Monster droht, hält dieser die Tür dauerhaft offen, in der Nacht kann dann ein zusätzlicher Knopf genutzt werden, um die Tür auch bei Dunkelheit zu öffnen.

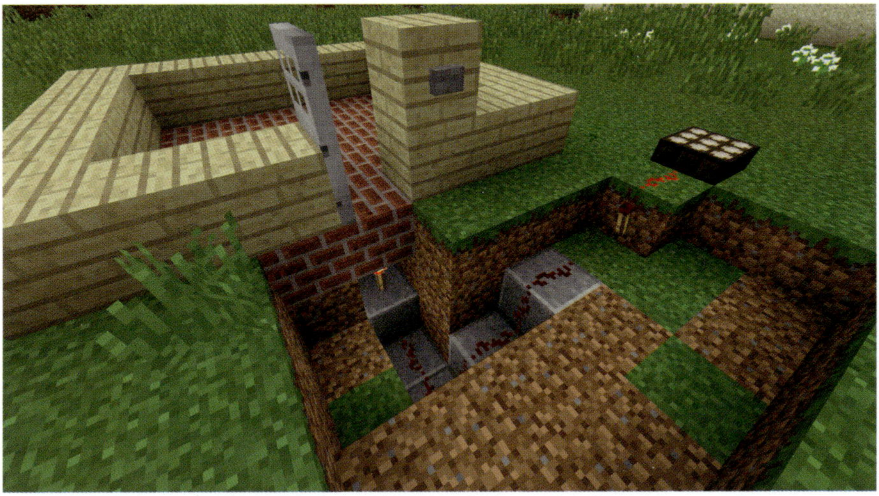

Abbildung 3.3: Tageslichtsensor als Türöffner

In Abbildung 3.3 ist beispielhaft der Aufbau für einen solchen Türöffner gezeigt. Natürlich kann der Lichtsensor auch etwas weiter entfernt vom Eingang platziert werden, sodass er weniger auffällig ist. Dabei solltest du allerdings darauf achten, Redstone-Verstärker zu nutzen, sollte die Leitung länger als 15 Blöcke werden.

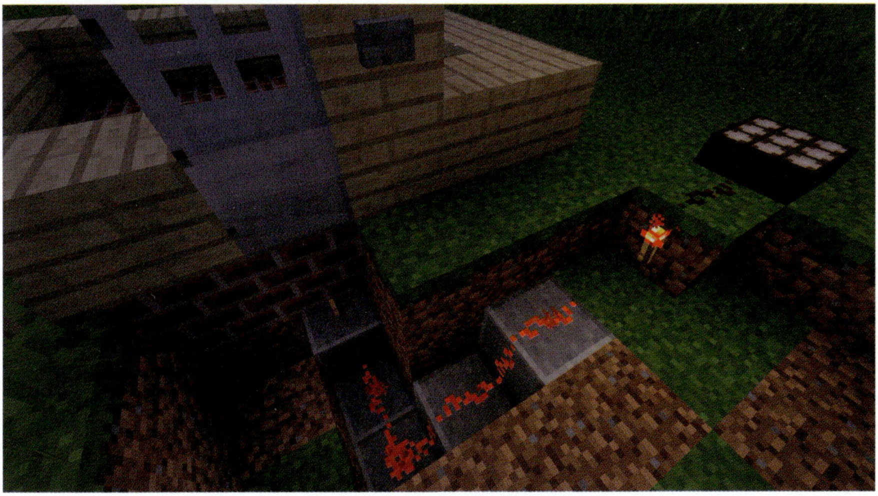

Abbildung 3.4: Geschlossene Tür bei Nacht

Durch die Verwendung eines Redstone-Komparators, wie im ersten Kapitel beschrieben, kann beeinflusst werden, zu welcher Zeit sich die Tür öffnen beziehungsweise schließen soll. Der gleiche Effekt kann auch, deutlich einfacher, durch eine Verlängerung der Leitung erzielt werden. In Abbildung 3.4 zum Beispiel ist der Tageslichtsensor nur einen Block entfernt von einer Redstone-Fackel, die das Signal verstärkt. Das heißt, die Tür schließt sich erst, sobald überhaupt kein Licht mehr da ist. Würdest du die Strecke zwischen Redstone-Fackel und Sensor zum Beispiel um zwei Blöcke auf insgesamt drei verlängern, würde sich die Tür schon schließen, wenn der Sensor nur noch ein Signal der Stärke 2 aussendet, da das Signal dann nicht mehr bis zur verstärkenden Redstone-Fackel reichen würde.

3.1.4 Hebel

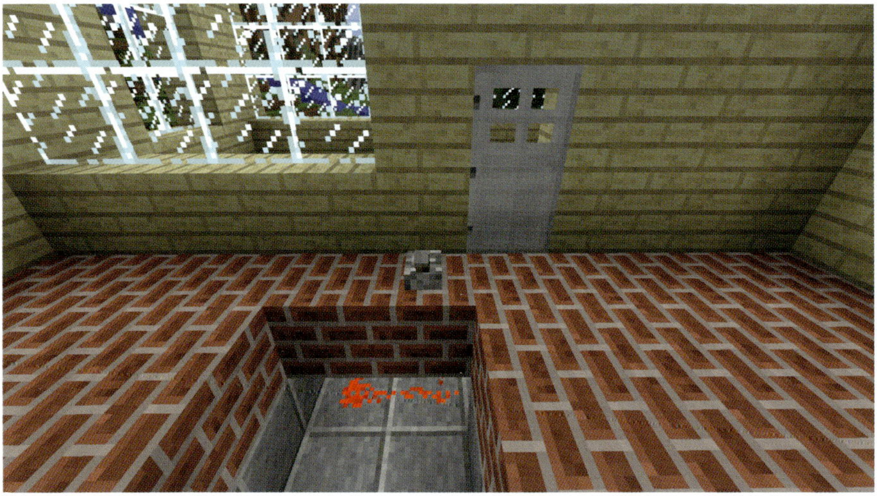

Abbildung 3.5: Hebel Außenseite

Die Verwendung von Druckplatten und Knöpfen als Türöffner ist, wie du bereits gesehen hast, sehr einfach, sie können auf beiden Seiten neben der Tür platziert werden. Der Einsatz von Hebeln ist etwas komplizierter. Im Gegensatz zu Druckplatten und Knöpfen senden Hebel nämlich ein dauerhaftes Signal aus und nicht nur einen kurzen Impuls. Öffnest du also eine Tür mit einem Hebel auf einer Seite, kannst du sie nicht einfach mit einem Hebel auf der anderen Seite wieder schließen. Vielmehr musst du zum Schließen den Hebel wieder deaktivieren, mit dem du die Tür geöffnet hast. Dann ist die Tür zwar wieder geschlossen, du stehst allerdings auch wieder vor der Tür und nicht dahinter.

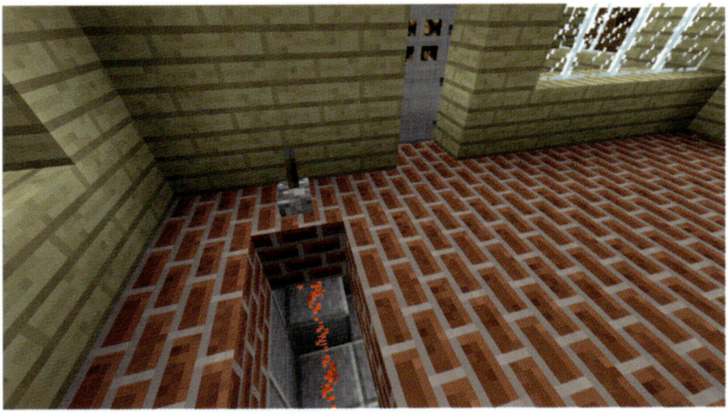

Abbildung 3.6: Hebel Innenseite

Um einen Türöffner aus Hebeln zu konstruieren, mit dem du von jeder Seite jeweils die Tür öffnen und schließen kannst, bedarf es daher einer etwas aufwendigeren Schaltung. Da die Schaltung komplett unsichtbar sein soll, wird sie unter dem Boden platziert, von oben sind nur die beiden Hebel sichtbar, die, wie in Abbildung 3.5 und Abbildung 3.6 gezeigt, platziert werden. Natürlich können die Hebel auch an einer anderen Stelle platziert werden, damit das Signal aber unsichtbar unter den Boden übertragen werden kann, muss direkt unter dem Block, auf dem der Hebel sitzt, eine Redstone-Leitung verlegt werden. Außerdem müssen beide Hebel mindestens zwei Blöcke Abstand von der Tür haben, da sich das Signal sonst direkt auf die Tür übertragen könnte.

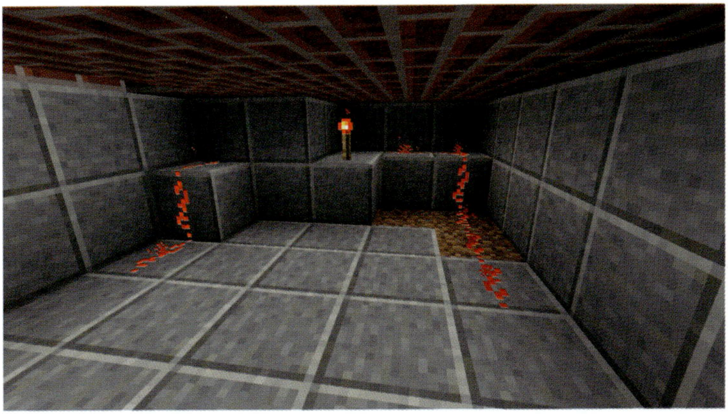

Abbildung 3.7: Redstone-Leitungen für die Hebel

Abbildung 3.7 zeigt die Redstone-Leitungen für die Hebel von der Unterseite. Wie zu sehen ist, wird das Signal der Schalter trotz geschlossener Decke übertragen. Die Redstone-Fackel in der Mitte wird später das Signal zum Öffnen und Schließen an die Tür geben. Dieses wird ebenfalls durch die Decke übertragen, die eigentliche Schaltung bleibt somit im Verborgenen.

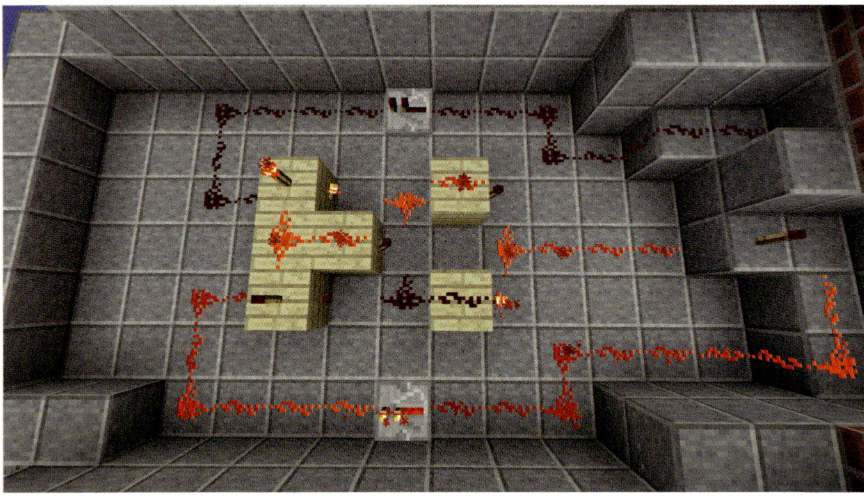

Abbildung 3.8: Unterirdische Schaltung

Die komplette unterirdische Schaltung ist in Abbildung 3.8 zu sehen und dürfte dir bekannt vorkommen, es handelt sich dabei nämlich um eine normale XOR-Schaltung. Sieh dir noch einmal die Wahrheitstabelle der XOR-Schaltung an:

Eingang A	Eingang B	Ausgang
0	0	0
0	1	1
1	0	1
1	1	0

Tabelle 3.1: Wahrheitstabelle XOR-Schaltung

Dann wird dir klar, wieso die XOR-Schaltung als Türöffner funktioniert: Sind beide Hebel auf Stellung 0, ist die Tür geschlossen. Egal, welchen der beiden Hebel man nun betätigt, A oder B, danach ist die Tür offen, weil ein Hebel auf 1 steht und einer auf 0. In dieser Stellung ist es wieder egal, welchen Hebel man bewegt, die Tür wird auf jeden Fall geschlossen, denn danach stehen entweder beide Hebel auf 0 oder beide Hebel auf 1.

Du siehst also: Egal, in welcher Position die beiden Hebel sind, die Tür kann immer von beiden Seiten bedient werden.

3.2 Türklingel

Wenn du nicht nur Monster, die dich töten wollen, zu Besuch erwartest, sondern auch etwas höflichere Gäste, dann kannst du dein Haus mit einer Türklingel ausstatten, mit der der Besuch um Einlass bitten kann.

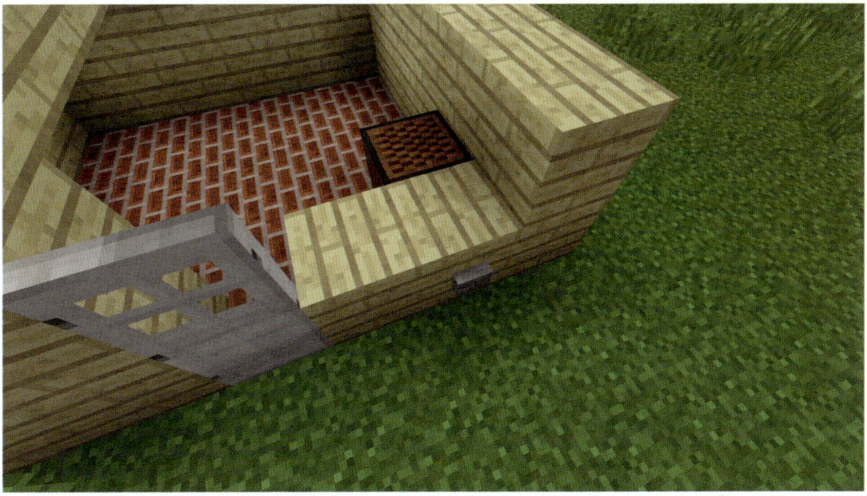

Abbildung 3.9: Einfache Türklingel

Abbildung 3.9 zeigt die einfachste Möglichkeit, eine Türklingel zu installieren. Dazu bringst du auf der Außenseite einen Knopf an und dahinter, im Innenraum, einen Notenblock. Jedes Mal wenn ein Besucher auf den Knopf der Klingel drückt, spielt der Notenblock im Inneren einen Ton ab. Den Ton, den der Notenblock spielt, kannst du verändern, indem du mit der rechten Maustaste auf den Block klickst.

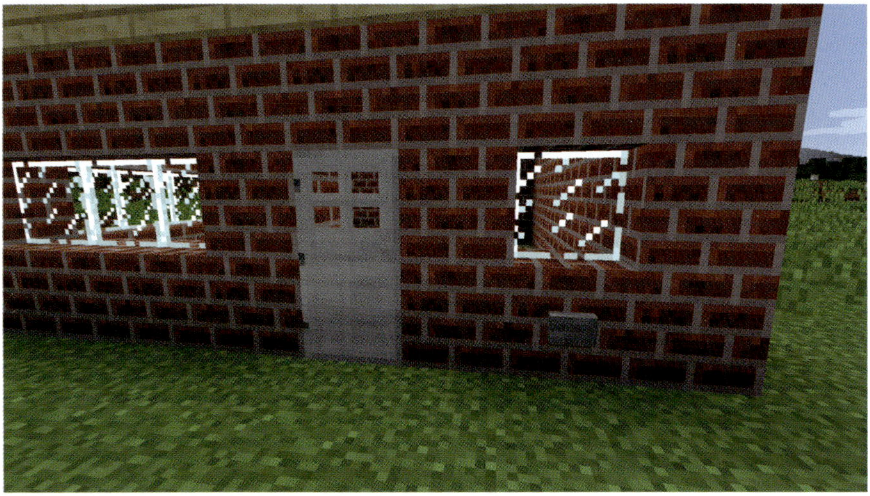

Abbildung 3.10: Klingel von außen

Wenn du möchtest, kannst du deine Klingel aber auch noch etwas ausgeklügelter gestalten. Von außen siehst du, wie Abbildung 3.10 zeigt, zunächst keinen Unterschied, ein Blick ins Innere zeigt aber, dass diese Klingel deutlich aufwendiger aufgebaut ist, wie Abbildung 3.11 zeigt.

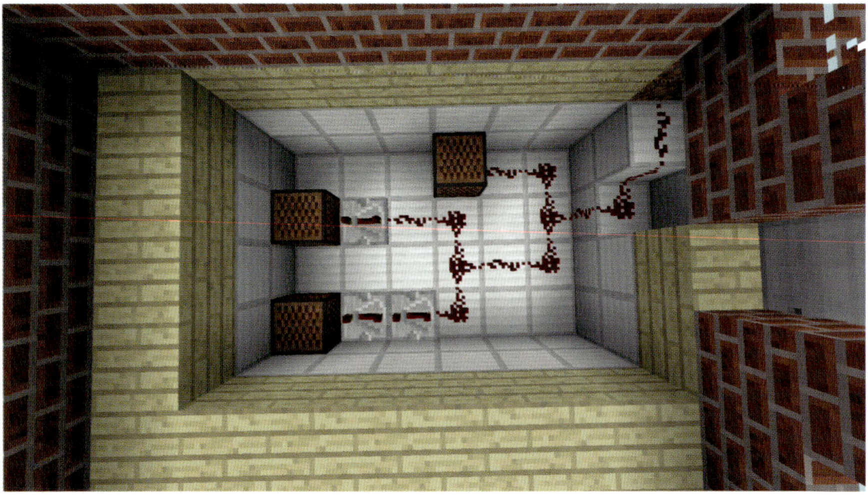

Abbildung 3.11: Klingelschaltung im Inneren

Statt nur eines Notenblocks sind diesmal nämlich gleich drei an die Klingel angeschlossen. Alle drei spielen unterschiedliche Töne ab und die Verzögerung durch die Redstone-Verstärker sorgt dafür, dass die Töne nicht gleichzeitig, sondern nacheinander abgespielt werden. Theoretisch lassen sich so beliebig viele Töne nacheinander abspielen und ganze Melodien spielen, wie du später noch genauer sehen wirst. Ein weiterer Vorteil dieser Klingel ist, dass sie, wie Abbildung 3.12 zeigt, komplett unter dem Boden verschwindet und somit im Inneren nicht zu sehen ist.

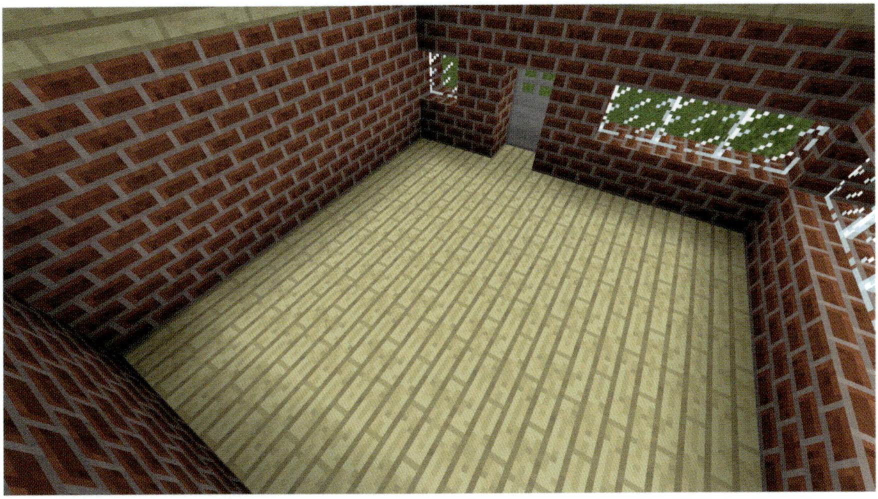

Abbildung 3.12: Klingelschaltung bedeckt vom Boden

3.3 Zahlenschloss

Ein einfacher Türöffner wie in Abschnitt 3.1, »Türöffner«, öffnet jedem die Tür. Manche Dinge, wie wertvolle Gegenstände, möchtest du aber vielleicht vor anderen Spielern schützen. Das kannst du zum Beispiel mit einem Zahlenschloss, denn dann kann nur noch der die Tür öffnen, der die richtige Zahlenkombination kennt. Ein einfaches Zahlenschloss kannst du aus der Kombination von Hebeln und Und- und Nicht-Schaltungen bauen. Ein solches Zahlenschloss kann als Kombination eine Zahl mit beliebig vielen »0« und »1« haben, also zum Beispiel 101, 110, 0101, 0110011100 und so weiter. Je länger die Kombination ist, desto schwieriger ist es natürlich, sie zu knacken, desto aufwendiger ist aber auch die Schaltung. Für jede zusätzliche Zahl brauchst du eine Und-Schaltung mehr, außerdem brauchst du für jede »0« in deiner Zahlenkombination noch eine zusätzliche Nicht-Schaltung.

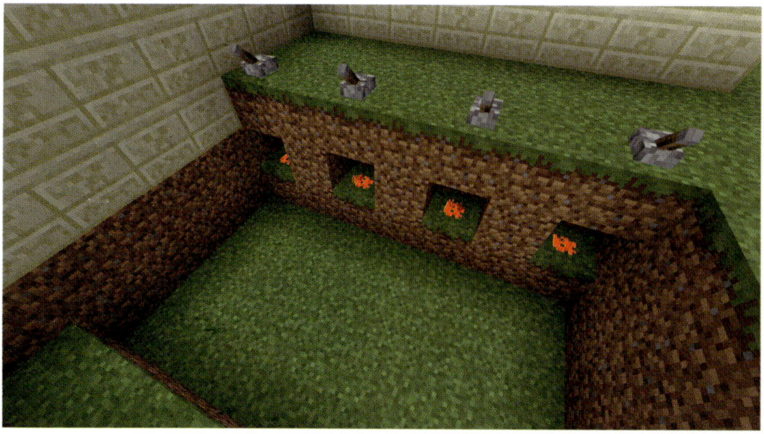

Abbildung 3.13: Hebel für ein Zahlenschloss mit vierstelligem Code

Ein Zahlenschloss mit der Kombination 1001 benötigt zum Beispiel drei Und- und zwei Nicht-Schaltungen. Um ein solches Zahlenschloss zu bauen, benötigst du zunächst vier Hebel, die du am besten wie in Abbildung 3.13 direkt unterirdisch mit einer Redstone-Leitung verbindest, damit später von oben nur die Hebel zu sehen sind und der Rest der Schaltung versteckt ist.

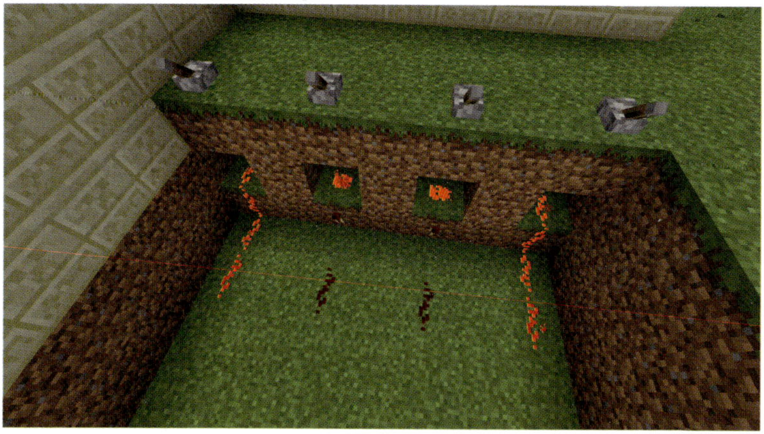

Abbildung 3.14: Nicht-Schaltungen für den Zahlencode »1001«

Hinter jeden Hebel, der eine »0« in der Kombination ist – für »1001« sind das die beiden inneren Hebel –, platzierst du dann wie in Abbildung 3.14 eine Nicht-Schaltung.

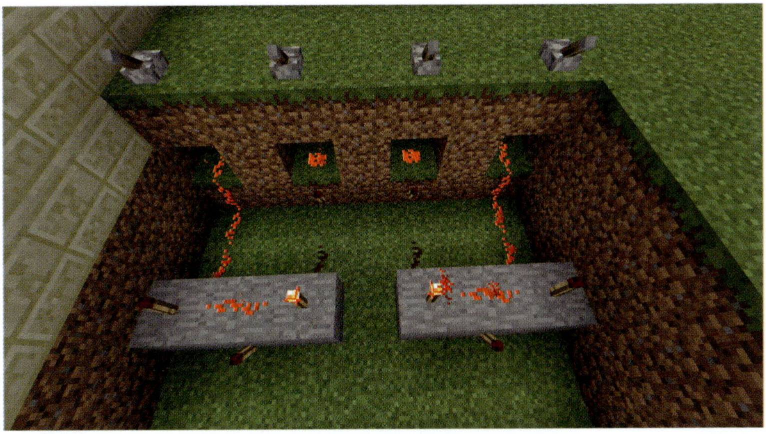

Abbildung 3.15: Zwei Und-Schaltungen

Danach verbindest du jeweils zwei Hebel zu einer Und-Schaltung, wie in Abbildung 3.15 gezeigt. Das Signal aus den beiden Und-Schaltungen verbindest du dann wiederum mit einer dritten Und-Schaltung, wie in Abbildung 3.16 gezeigt.

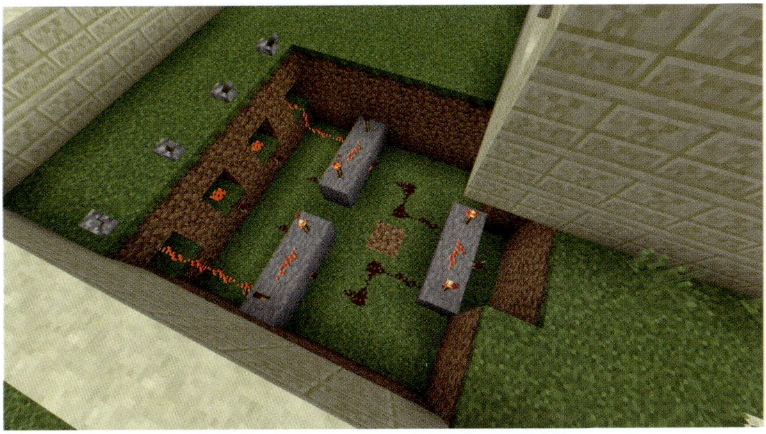

Abbildung 3.16: Dritte Und-Schaltung

Wenn du das Zahlenschloss noch um eine Stelle erweitern wolltest, bräuchtest du hinter dieser dritten Und-Schaltung noch eine vierte Und-Schaltung, an die du das Ergebnis der letzten Und-Schaltung und den zusätzlichen Hebel anschließt. Diesen Vorgang kannst du für jeden zusätzlichen Hebel, den du einbauen möchtest, wiederholen. Das

Signal aus der letzten Und-Schaltung kannst du dann wie in Abbildung 3.17 direkt mit der Tür verbinden, die du steuern möchtest.

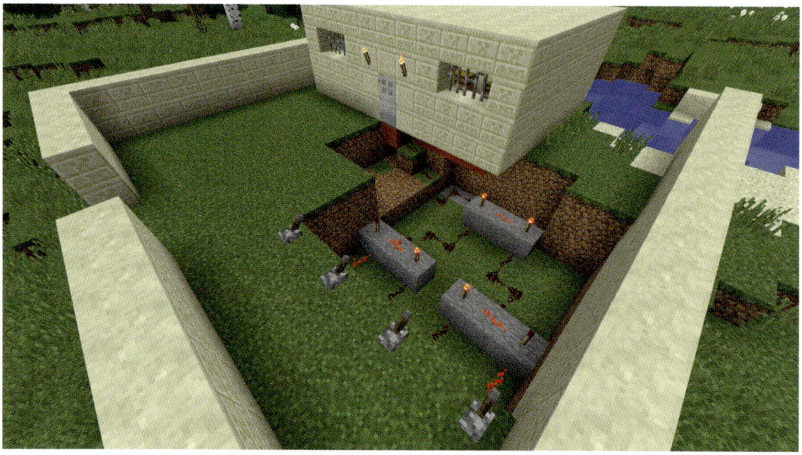

Abbildung 3.17: Fertiges Zahlenschloss

Wie du in Abbildung 3.17 siehst, bleibt die Tür geschlossen, denn die Hebel stehen auf »1111« und damit auf der falschen Kombination. In Abbildung 3.18 ist das Zahlenschloss nun unter der Erde verschwunden und es wurde die richtige Kombination, nämlich »1001« eingestellt, entsprechend öffnet sich auch die Tür.

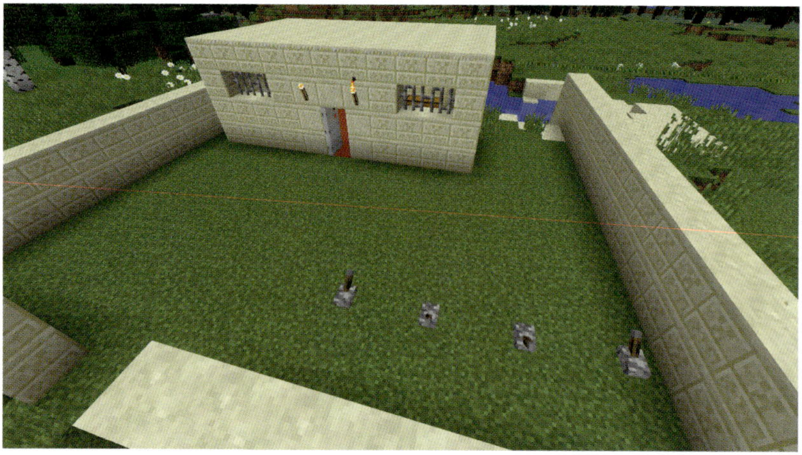

Abbildung 3.18: Verstecktes Zahlenschloss mit richtiger Kombination

Tipp

Möchte ein Unbefugter dein Zahlenschloss öffnen, muss er alle Kombinationen durchprobieren. Bei einem Schloss mit vier Hebeln gibt es 2^4, also 16 Möglichkeiten, bei fünf Hebeln sind es schon 2^5, also 32, bei sechs Hebeln 2^6, also 64 und immer so weiter. Je mehr Hebel, desto sicherer wird dein Schloss.

3.4 Kartenschloss

Falls dir ein Zahlenschloss noch zu unsicher ist oder du dir die Kombination einfach nicht merken kannst, gibt es die perfekte Lösung für dich: ein Kartenschloss.

Abbildung 3.19: Herstellung einer Karte für das Kartenschloss

Der erste Schritt zum Bau eines Kartenschlosses ist die Erstellung einer Karte, mit der das Schloss später geöffnet werden kann. Dazu benötigst du einen Amboss und zwei Stücke Papier. Das Papier legst du dann, wie in Abbildung 3.19 gezeigt, auf den Amboss und änderst den Namen. Der Name bildet dann später das Passwort und sorgt dafür, dass du das Schloss nur mit einem Papier mit demselben Namen öffnen kannst. Prinzipiell kannst du nicht nur Papier, sondern auch jeden anderen Block als Karte verwenden. Wichtig ist nur, dass du zweimal den gleichen Block mit dem gleichen Namen hast.

Tipp

Der Name für einen Gegenstand darf bis zu 30 Zeichen lang sein. Neben Klein- und Großbuchstaben sind auch Zahlen, Leerzeichen und Sonderzeichen im Namen erlaubt. Insgesamt ergeben sich damit über 37 Dezilliarden oder $3{,}7 \cdot 10^{64}$ verschiedene Möglichkeiten. Eine Dezilliarde, das ist eine Zahl mit 63 Nullen. Eher unwahrscheinlich, dass jemand dein Passwort durch einfaches Durchprobieren herausfinden kann.

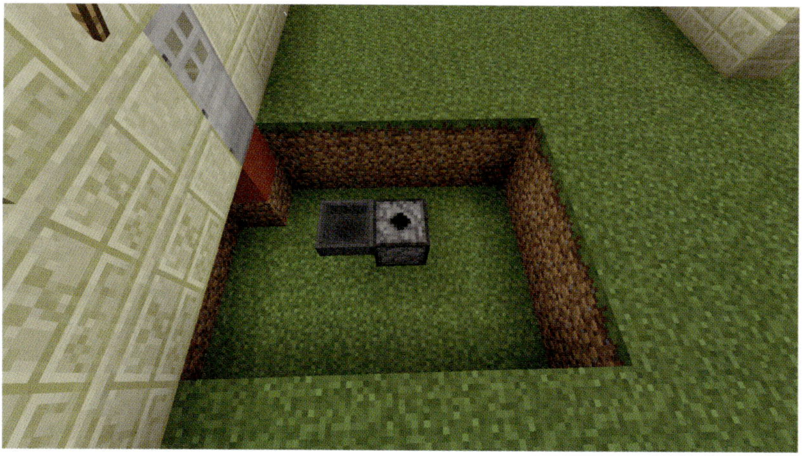

Abbildung 3.20: Basis des Kartenschlosses

Danach kann die Basis für das Kartenschloss gebaut werden. Diese besteht, wie Abbildung 3.20 zeigt, aus einem Trichter und einem Werfer. Beim Platzieren des Trichters solltest du darauf achten, dass dieser in Richtung des Werfers ausgerichtet wird. Damit die Schaltung des Kartenschlosses später im Boden verschwindet und von oben nicht zu sehen ist, sollten Trichter und Werfer außerdem einen Block unter dem Boden platziert werden.

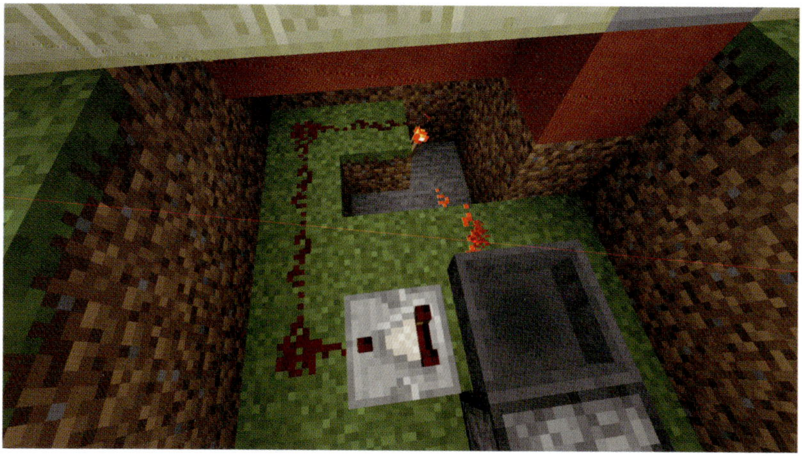

Abbildung 3.21: Redstone-Komparator am Trichter

An den Trichter wird nun ein Redstone-Komparator, wie in Abbildung 3.21 gezeigt, angeschlossen, der wiederum mit einer Redstone-Fackel verbunden wird.

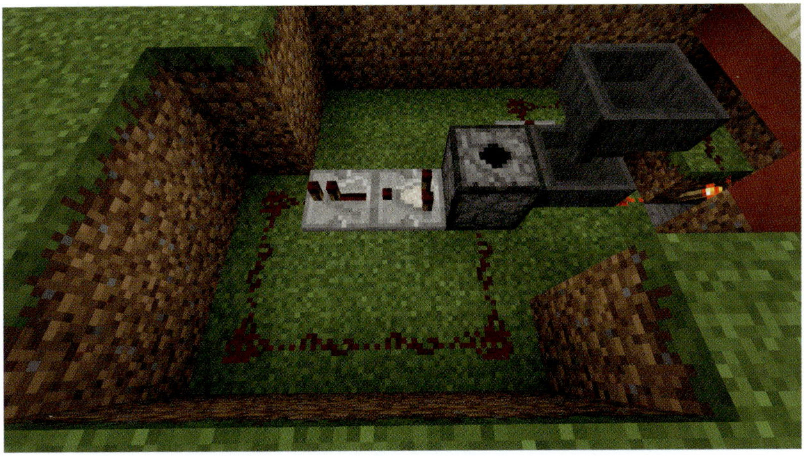

Abbildung 3.22: Redstone-Komparator am Werfer

Ebenso wird an den Werfer ein Komparator angeschlossen, dessen Signal, wie in Abbildung 3.22 gezeigt, mithilfe eines Verstärkers wieder zurück zum Werfer geleitet wird. Außerdem wird auf dem Trichter noch ein zweiter Trichter platziert.

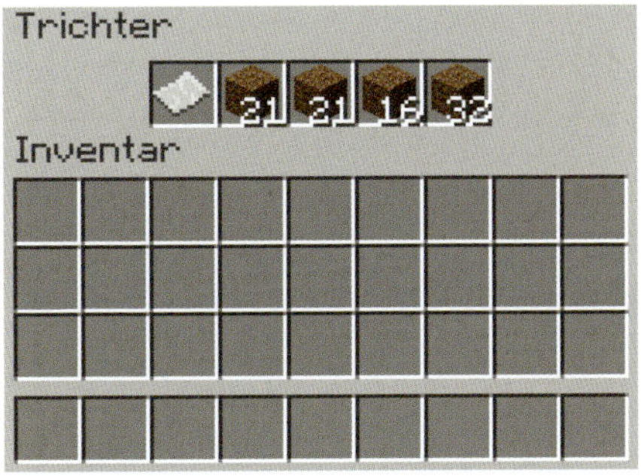

Abbildung 3.23: Der Trichter wird gefüllt

Danach muss noch der untere der beiden Trichter gefüllt werden. Dabei ist es wichtig, dass eines der Papiere mit dem geänderten Namen ins erste Feld platziert wird. Außerdem müssen genau 90 weitere Gegenstände in den Trichter, welche, ist dabei egal, es ist nur wichtig, dass alle Plätze im Trichter belegt sind. Abbildung 3.23 zeigt eine mögliche Füllung für den Trichter. Spätestens an dieser Stelle fragst du dich vermutlich, wie aus dieser Konstruktion jemals so etwas wie ein Kartenschloss werden soll. Keine Angst, die Aufklärung kommt gleich.

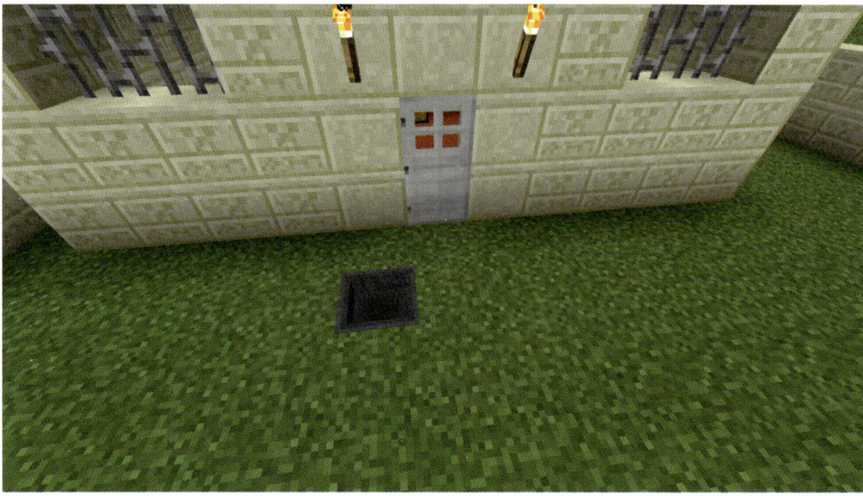

Abbildung 3.24: Fertiges Kartenschloss von oben

Zunächst wird die Schaltung aber noch unter der Erde versteckt, Abbildung 3.24 zeigt, wie das fertige Kartenschloss von oben aussieht.

Wenn du jetzt in den Trichter ein Papier mit dem falschen Namen legst, passiert nichts, das Papier bleibt einfach im oberen Trichter liegen, denn es kann nicht nach unten weitergegeben werden, da der untere Trichter bereits voll ist. Legst du dagegen ein Papier mit dem richtigen Namen in den oberen Trichter, so wird dieses nach unten weitergegeben, da im unteren Trichter bereits ein Papier mit dem Namen liegt und das zweite Papier somit darauf gestapelt werden kann.

Der untere Trichter müsste eigentlich alle seine Gegenstände an den Werfer weitergeben. Die Redstone-Fackel, die mit dem Trichter verbunden ist, verhindert dies aber. Wenn nun aber das zweite Stück Papier in den unteren Trichter kommt, wird das Redstone-Signal, das der Komparator aussendet, stärker. Das führt dazu, dass die Redstone-Fackel erlischt. Also gibt der untere Trichter nun ein Papier an den Werfer weiter. Danach blockiert die Redstone-Fackel den Trichter wieder, weil das Komparator-Signal wieder schwächer geworden ist, der restliche Inhalt bleibt also im Trichter.

Das Papier, das sich im Werfer befindet, sorgt nun wiederum dafür, dass der Komparator am Werfer ein Redstone-Signal ausgibt und den Werfer damit aktiviert. Der Werfer befördert nun das Papier durch den Boden wieder zum Spieler, der somit seine Karte beim nächsten Mal wieder verwenden kann.

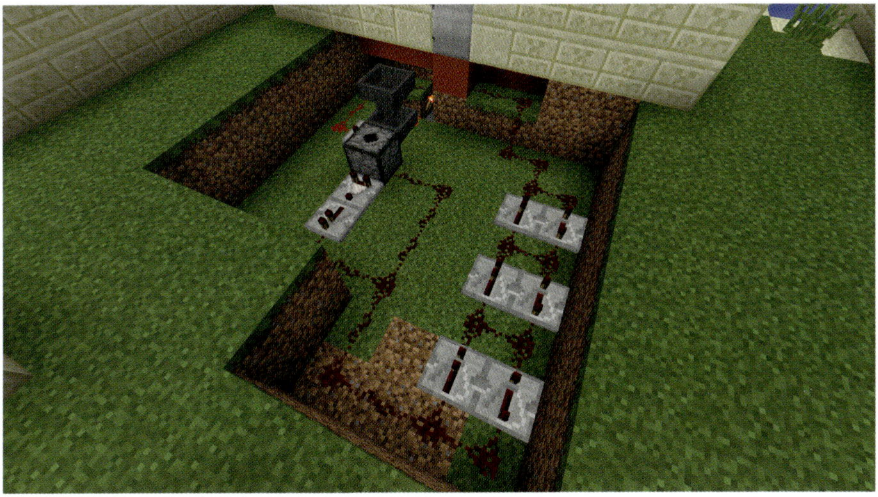

Abbildung 3.25: Kartenschloss mit verbundener Tür

Aber halt, eine Kleinigkeit fehlt da doch noch. Das Kartenschloss funktioniert jetzt zwar, die Tür öffnet es aber noch nicht, wie auch, schließlich ist die Tür noch gar nicht mit dem Schloss verbunden. Prinzipiell kannst du das Kartenschloss natürlich nicht nur für Türen verwenden, sondern auch für alle anderen Gegenstände, die sich mit einem Redstone-Signal aktivieren lassen. Dazu kannst du das Redstone-Signal, das der Komparator am Werfer ausgibt, einfach dorthin verlängern, wo du es brauchst.

Dabei musst du allerdings beachten, dass das Signal nur sehr kurz aktiv ist, da es wieder erlischt, sobald der Werfer das Papier ausgeworfen hat. Oft muss das Signal deshalb verlängert werden, damit man zum Beispiel überhaupt genug Zeit hat, durch die Tür zu gehen, bevor diese sich wieder schließt. Wie du ein Redstone-Signal verlängern kannst, zeigt Abbildung 3.25. Ein Paar aus jeweils einem Verstärker, der auf volle Verzögerung eingestellt ist, und einem, der auf minimale Verzögerung eingestellt ist, verlängert das Signal um eine kurze Zeit. Je mehr solcher Paare du hintereinander platzierst, desto länger wird das Signal.

3.5 Versteckte Eingänge

Eine weitere Möglichkeit, deinen Besitz vor neugierigen Blicken zu schützen, ist, ihn einfach zu verstecken. In diesem Abschnitt wirst du deshalb sehen, wie du eine Treppe oder einen Durchgang ganz einfach verschwinden lassen kannst.

3.5.1 Versteckte Treppe

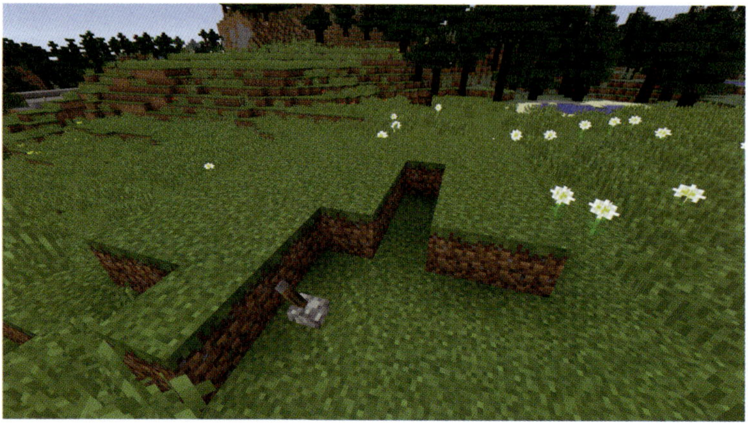

Abbildung 3.26: Versteckte Treppe

Findest du die Treppe in Abbildung 3.26? Nein? Kein Wunder, schließlich ist sie gut versteckt. Erst nachdem der Hebel betätigt wurde, ist der Eingang zur Treppe wieder wie in Abbildung 3.27 zu sehen.

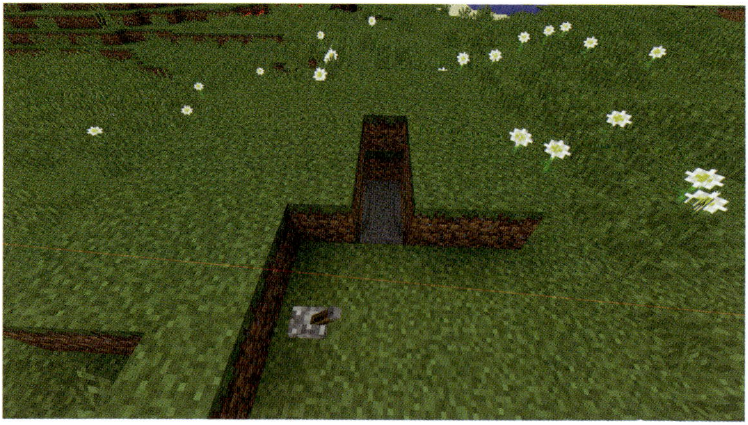

Abbildung 3.27: Geöffnete Treppe

Natürlich solltest du den Hebel nicht unbedingt wie in diesem Beispiel direkt neben der Treppe platzieren. Wenn du es besonders sicher haben möchtest, kannst du auch eines der Schlösser aus den letzten Abschnitten mit der versteckten Treppe kombinieren.

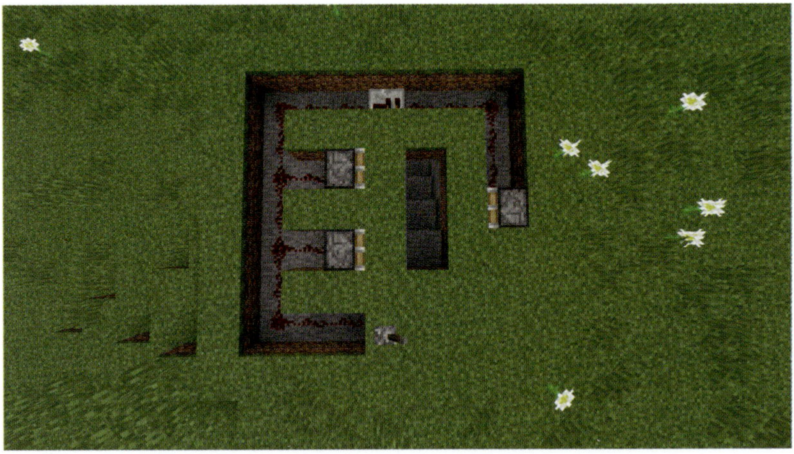

Abbildung 3.28: Schaltung der versteckten Treppe

Um eine solche versteckte Treppe zu bauen, benötigst du lediglich drei klebrige Kolben und einen Redstone-Verstärker, die wie in Abbildung 3.28 angeordnet werden. Sobald die Schaltung aktiviert wird, werden die Blöcke vor den Kolben nach vorne geschoben und die Treppe verschwindet wie in Abbildung 3.29.

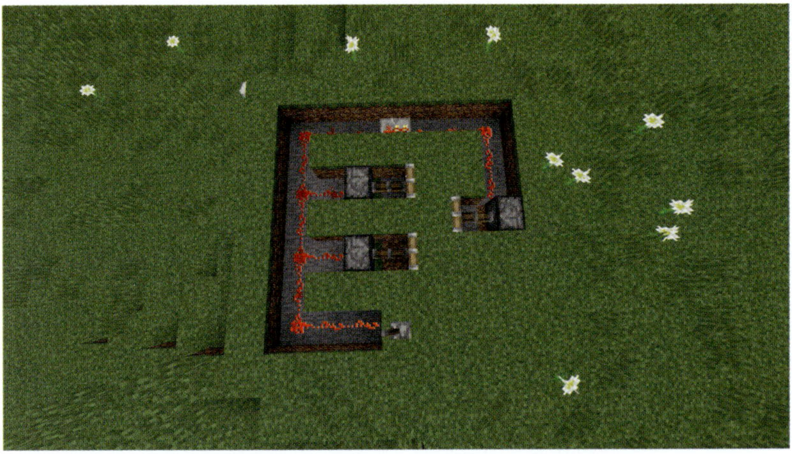

Abbildung 3.29: Aktivierte Schaltung der Treppe

Wenn du die Schaltung jetzt noch mit Blöcken verdeckst, wird deine Treppe so unsichtbar wie in Abbildung 3.26.

3.5.2 Versteckter Durchgang

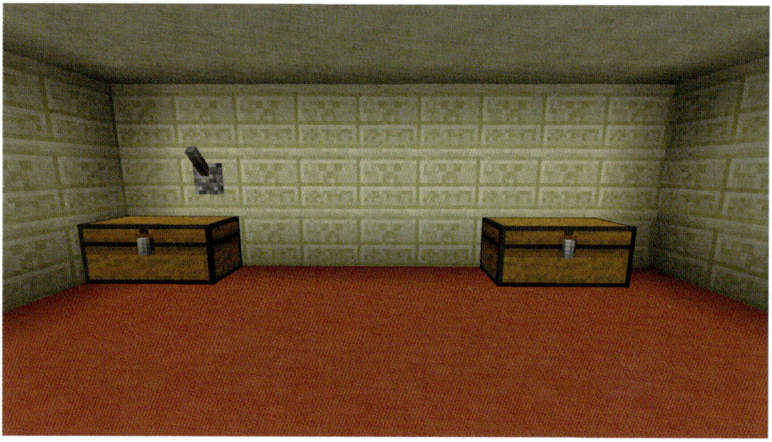

Abbildung 3.30: Versteckter Durchgang

Wieder ein kleines Ratespiel: Kannst du den Durchgang in Abbildung 3.30 finden? Wenn du jetzt denkst, dass er sich direkt neben dem Hebel befindet, hast du zwar gut geraten, aber liegst knapp daneben.

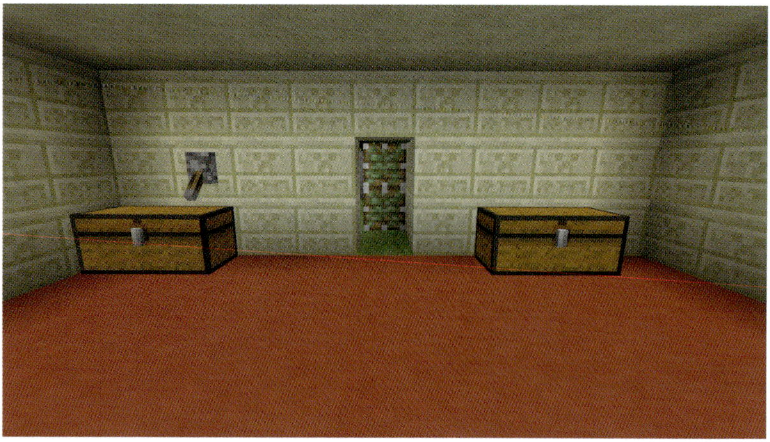

Abbildung 3.31: Geöffneter versteckter Durchgang

Abbildung 3.31 zeigt, wo sich der Durchgang tatsächlich versteckt hat. Einen solchen versteckten Durchgang kannst du in zwei einfachen Schritten selbst bauen.

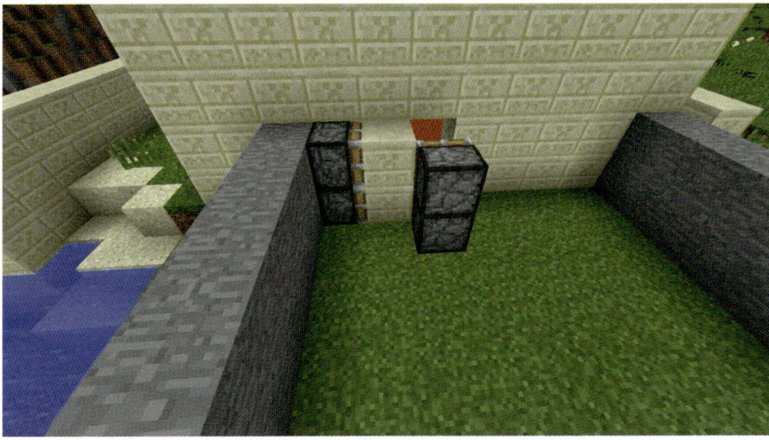

Abbildung 3.32: Klebrige Kolben für den versteckten Durchgang

Zunächst platzierst du vier klebrige Kolben wie in Abbildung 3.32 hinter dem Durchgang. Vor die beiden klebrigen Kolben an der Seite stellst du dann zwei Blöcke, die möglichst aus dem gleichen Material sein sollten wie die Wand, in der sie später verschwinden sollen. Alternativ kannst du natürlich zum Beispiel auch zwei Bücherregale nehmen und dein Geheimzimmer somit stilecht hinter einem Bücherschrank verstecken.

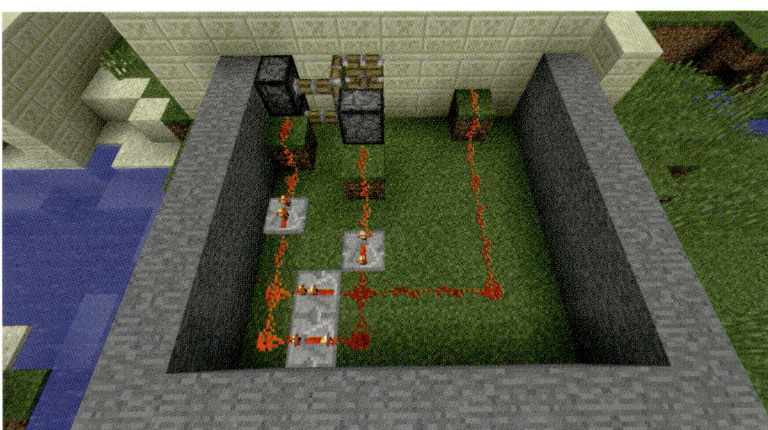

Abbildung 3.33: Schaltung für den versteckten Durchgang

Danach musst du die Kolben nur noch, wie in Abbildung 3.33 gezeigt, miteinander verbinden. Insgesamt werden dafür vier Redstone-Verstärker benötigt. Der Verstärker ganz rechts und der untere Verstärker werden auf die maximale Verzögerung eingestellt. Der obere Verstärker in der Mitte hat keine Verzögerung, der Verstärker ganz links ist auf die kleinste Verzögerungsstufe eingestellt. Diese Schaltung sorgt dafür, dass beim Öffnen die Blöcke zuerst zurück und dann zur Seite gezogen werden und dass beim Schließen genau das Gegenteil passiert.

3.6 Aufzüge

Damit nun aber auch erst einmal genug von Verstecken. Wenn du ein Haus mit mehr als einer Etage baust, musst du dir nicht nur Gedanken darüber machen, wie du deinen wertvollen Besitz verstecken kannst, sondern auch, wie du zwischen den verschiedenen Etagen wechseln kannst. Der klassische Weg ist natürlich der Einsatz einer Treppe, diese nimmt aber oft sehr viel Platz ein. Deutlich platzsparender ist da die Verwendung einer Leiter. Richtig stilvoll klappt das Wechseln zwischen den Etagen aber nur mit einem Aufzug.

3.6.1 Kolben-Aufzug

Wie immer gibt es natürlich unzählige verschiedene Möglichkeiten, so etwas in Minecraft zu realisieren, sogar einige ausgeklügelte Modelle, die komplett auf den Einsatz von Redstone verzichten und stattdessen Wasser einsetzen. Wir wollen uns an dieser Stelle aber zwei Bauarten anschauen, die auf Redstone basieren.

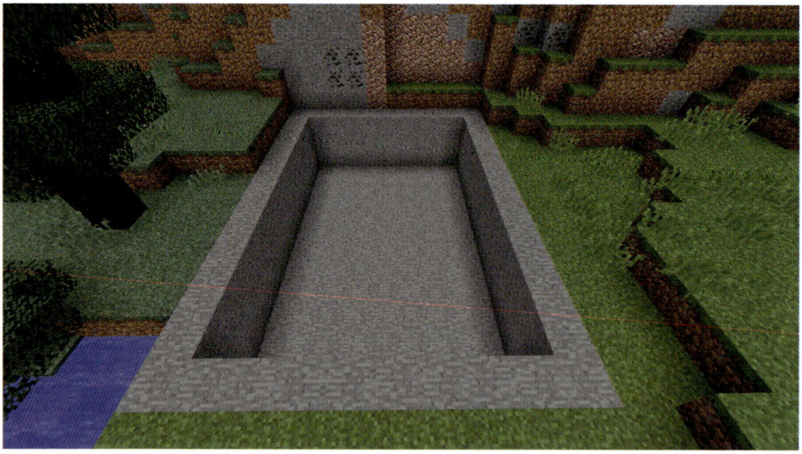

Abbildung 3.34: Grube für die Technik des Aufzugs

Den Anfang macht ein Kolben-Aufzug. Für dessen Schaltung solltest du zunächst eine drei Blöcke tiefe, zehn Blöcke breite und zwölf Blöcke lange Grube ausheben wie in Abbildung 3.34.

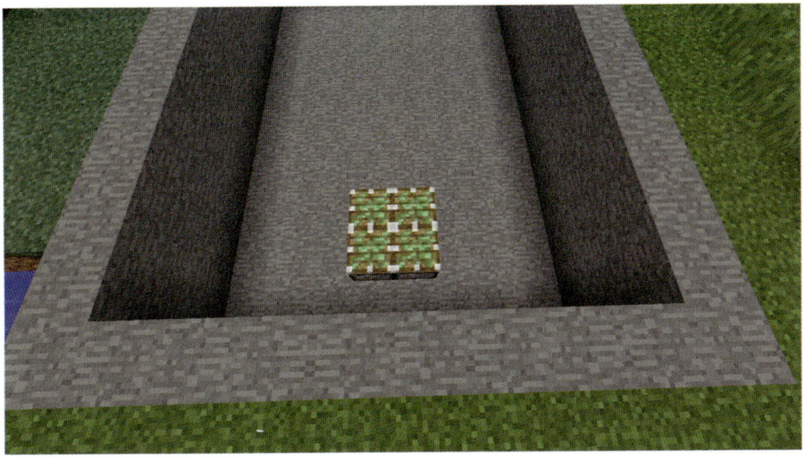

Abbildung 3.35: Vier klebrige Kolben

Auf den Boden dieser Grube platzierst du dann, wie in Abbildung 3.35 gezeigt, vier klebrige Kolben. Dabei ist es wichtig, darauf zu achten, dass sie mindestens einen Block Abstand von jeder Wand haben.

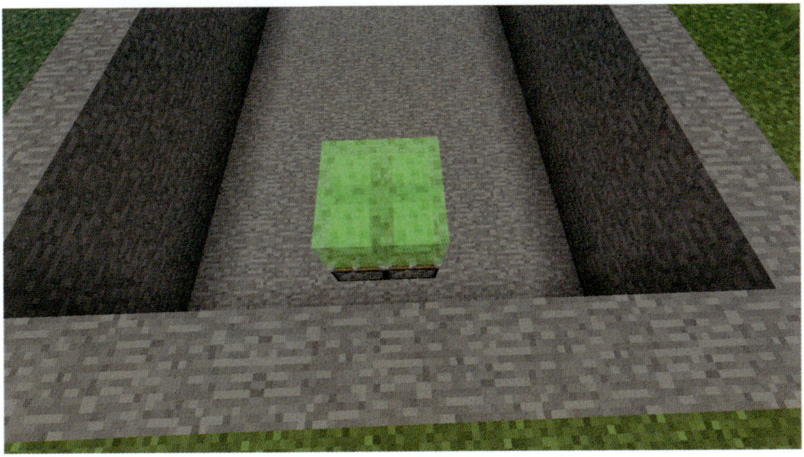

Abbildung 3.36: Schleimblöcke auf den Kolben

Auf jeden dieser Kolben platzierst du dann wiederum einen Schleimblock, wie in Abbildung 3.36 gezeigt.

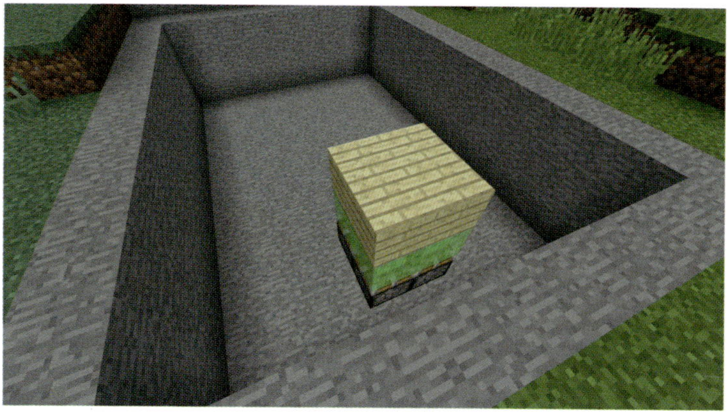

Abbildung 3.37: Boden des Aufzugs

Auf die Schleimblöcke kommt dann der eigentliche Boden des Aufzugs, den du ganz nach deinen Vorstellungen gestalten kannst, in Abbildung 3.37 wurden zum Beispiel Holzbretter als Boden verwendet. Nun wird es Zeit, die Kolben miteinander zu verbinden.

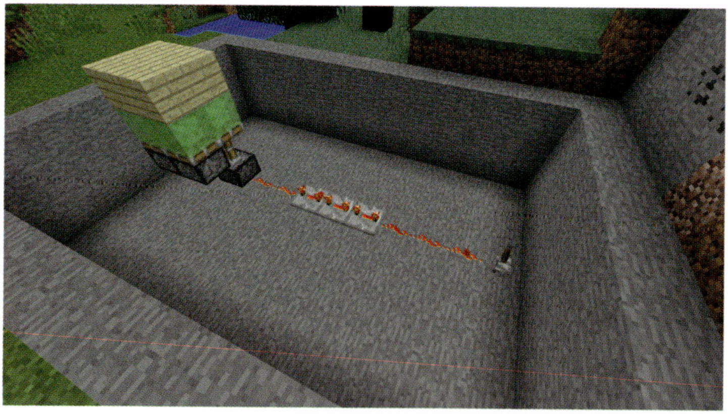

Abbildung 3.38: Verbindung zum ersten Kolben

In welcher Reihenfolge du die Kolben verbindest, spielt dabei im Prinzip keine Rolle. Ebenso ist es egal, wo du den Hebel zum Bedienen des Aufzugs platzierst. Zur besseren Übersicht befindet er sich in Abbildung 3.38 in der Grube, in der Praxis macht es natürlich mehr Sinn, den Hebel vor dem Aufzug zu platzieren.

Der erste Kolben wird mithilfe von drei Verstärkern, die jeweils auf die maximale Verzögerung eingestellt sind, mit dem Hebel verbunden.

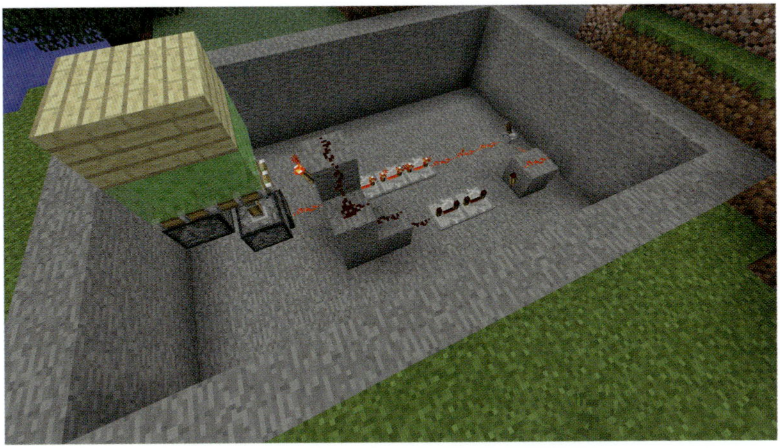

Abbildung 3.39: Verbindung zum zweiten Kolben

Der zweite Kolben wird wie in Abbildung 3.39 mit zwei maximal eingestellten Verstärkern verbunden. Nun wird schon klar, wie der Aufzug später funktioniert: Jedes Mal, wenn ein Kolben aktiviert wird, bewegen sich alle restlichen Kolben dank der Schleimblöcke weiter hoch und werden dann ebenfalls aktiviert. Das Ganze geschieht insgesamt vier Mal. Deshalb kann mit einem Kolben-Aufzug auch maximal ein Höhenunterschied von vier Blöcken überwunden werden. Außerdem ist es wichtig, darauf zu achten, dass keine Blöcke direkt neben dem Aufzug sind, da diese sonst an den Schleimblöcken kleben bleiben würden.

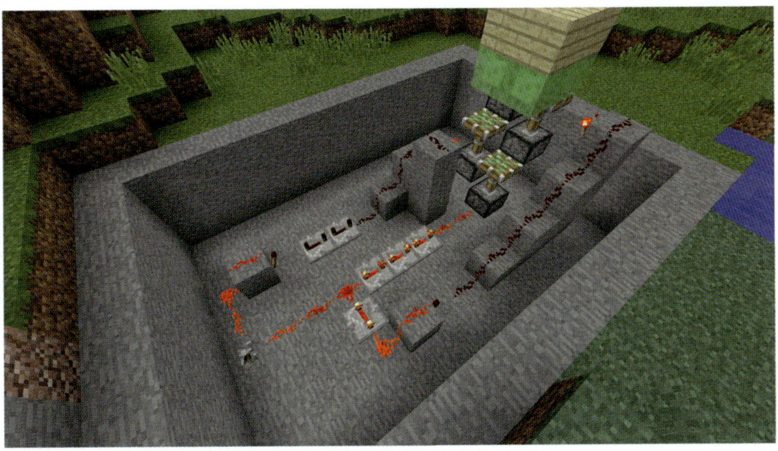

Abbildung 3.40: Verbindung zum dritten Kolben

Entsprechend wird auch der dritte Kolben, für den nur noch ein Redstone-Verstärker benötigt wird, mithilfe einer Redstone-Fackel mit dem Hebel verbunden, damit kein Block mit dem Schleim in Berührung kommen kann.

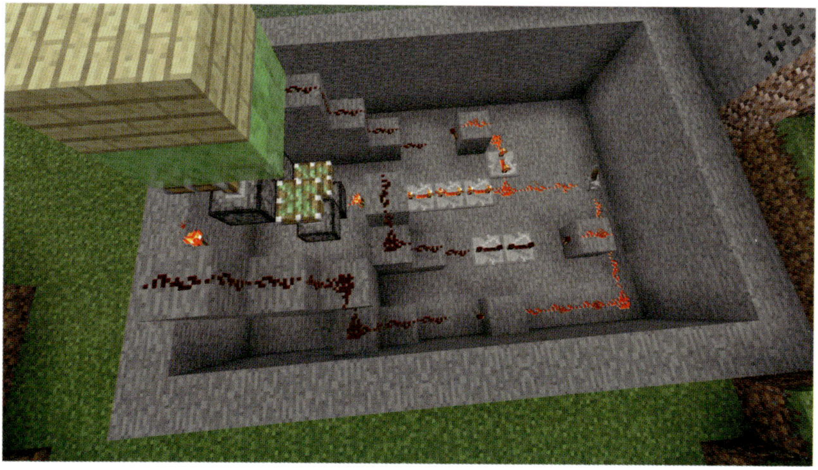

Abbildung 3.41: Verbindung zum vierten Kolben

Der vierte und letzte Kolben kann ohne Einsatz eines Verstärkers zur Verzögerung an den Hebel angeschlossen werden.

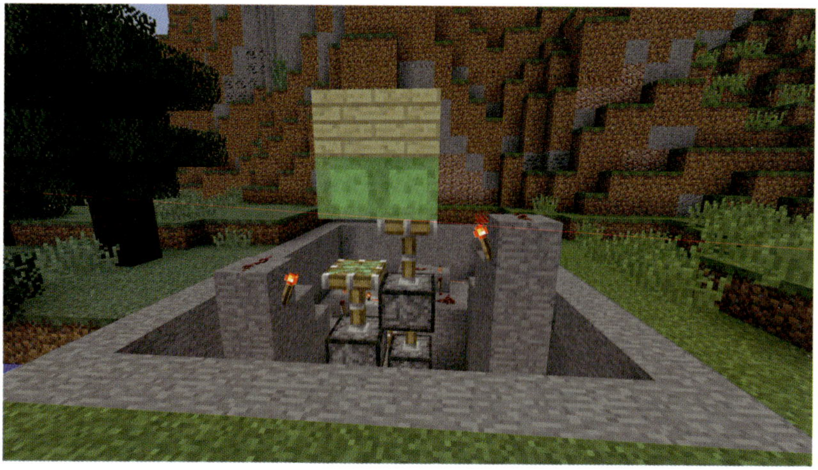

Abbildung 3.42: Aktivierter Aufzug von vorne

In Abbildung 3.42 ist zu sehen, wie der aktivierte Aufzug nun von vorne aussieht. Besonders schön ist er natürlich noch nicht und außerdem gibt es auch noch eine Lücke vor dem Aufzug, in die man leicht hineinfallen könnte.

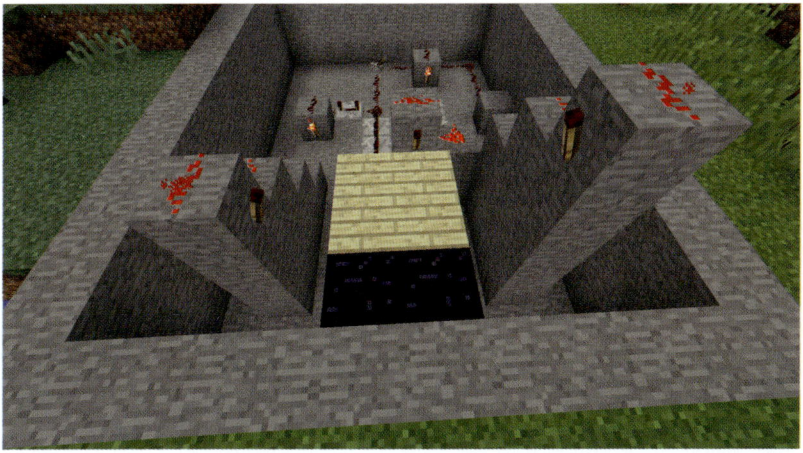

Abbildung 3.43: Obsidian-Blöcke am Aufzug

Diese Lücke kann wie in Abbildung 3.43 mit Obsidian-Blöcken geschlossen werden. Im Gegensatz zu anderen Blöcken, wie Holz oder Stein, klebt Obsidian nämlich nicht an Schleimblöcken und bleibt daher auch an seiner Position, wenn sich der Aufzug bewegt.

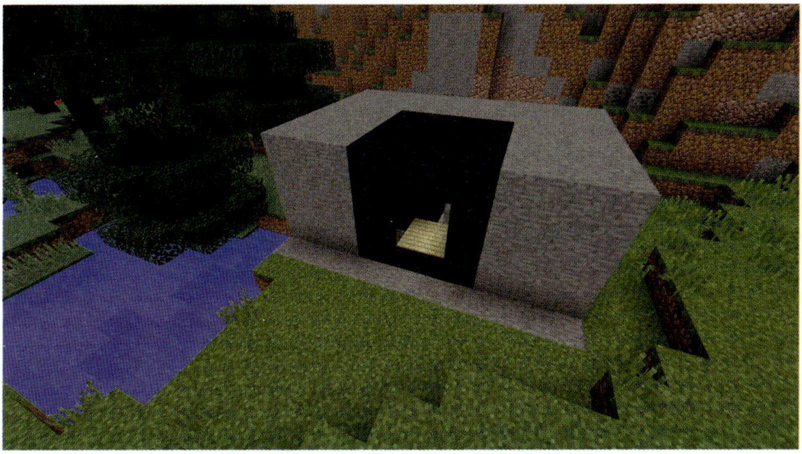

Abbildung 3.44: Fertiger Aufzugschacht

Deshalb dürfen sich direkt neben dem Aufzug immer nur Obsidian-Blöcke befinden, weiter entfernt können, wie auch Abbildung 3.44 zeigt, aber selbstverständlich beliebige Materialen eingesetzt werden.

Tipp
Um den Aufzug mit zwei Hebeln bedienen zu können, einem auf jeder Etage, kannst du die Schaltung aus Abschnitt 3.1.4, »Hebel«, wiederverwenden.

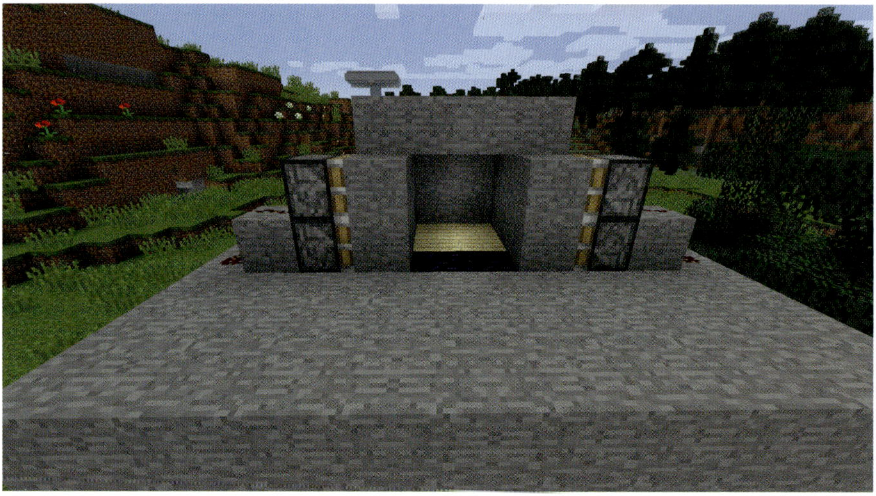

Abbildung 3.45: Aufzug mit Türen

Wenn du deinen Aufzug gerne noch etwas exklusiver gestalten möchtest, kannst du ihn auch noch, wie in Abbildung 3.45 gezeigt, mit automatischen Türen ausrüsten. Dazu benötigst du nur vier klebrige Kolben, die du direkt an den Schaltkreis deines Aufzuges anschließen kannst.

3.6.2 Paternosteraufzug

Sogenannte Paternosteraufzüge kennt man heute fast nur noch aus Filmen. Dabei handelt es sich um Aufzüge, die aus vielen kleinen Kabinen bestehen, die an einer Kette ständig auf- und abfahren und in die jeweils meist nur zwei Personen passen. Dieses Prinzip lässt sich auch in Minecraft umsetzen, um Aufzüge zu bauen, die bis zu zwölf Blöcke Höhenunterschied bewältigen können.

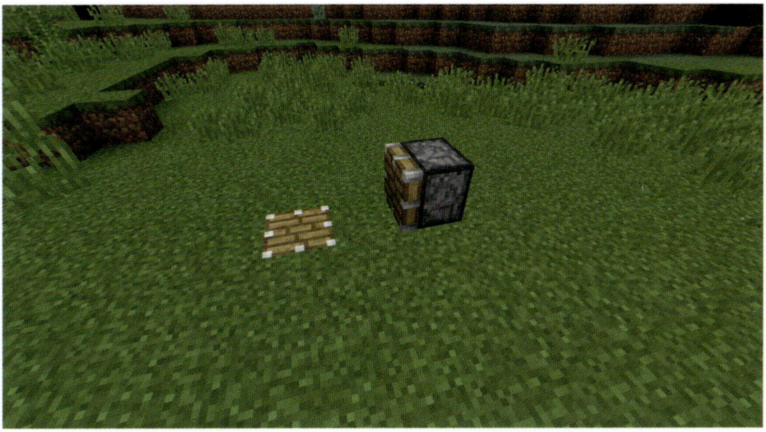

Abbildung 3.46: Die unteren Kolben des Paternosteraufzugs

Auch der Paternosteraufzug besteht im Wesentlichen aus vier Kolben, anders als beim Kolben-Aufzug werden aber normale Kolben und keine klebrigen verwendet. Das untere Ende des Aufzugs bilden zwei Kolben, die wie in Abbildung 3.46 positioniert werden.

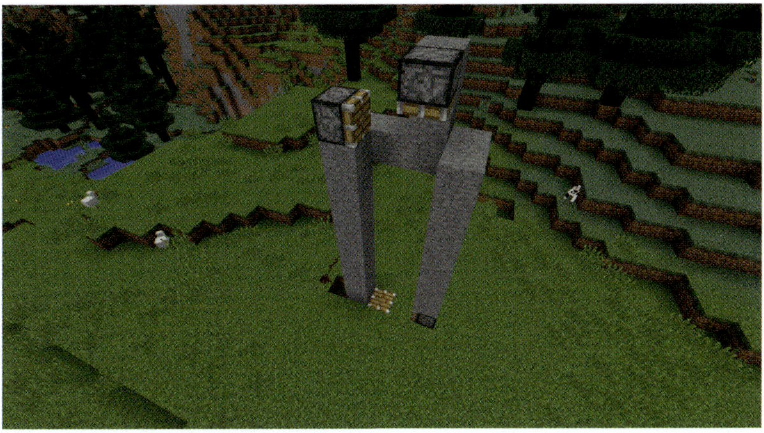

Abbildung 3.47: Die oberen Kolben des Paternosteraufzugs

Das obere Ende bilden ebenfalls zwei Kolben. Deren Positionierung ist in Abbildung 3.47 gezeigt. Da Kolben maximal zwölf Blöcke auf einmal verschieben können, ist es wichtig, darauf zu achten, dass der Abstand zwischen unterem und oberem Kolben nicht mehr als zwölf Blöcke betragen darf.

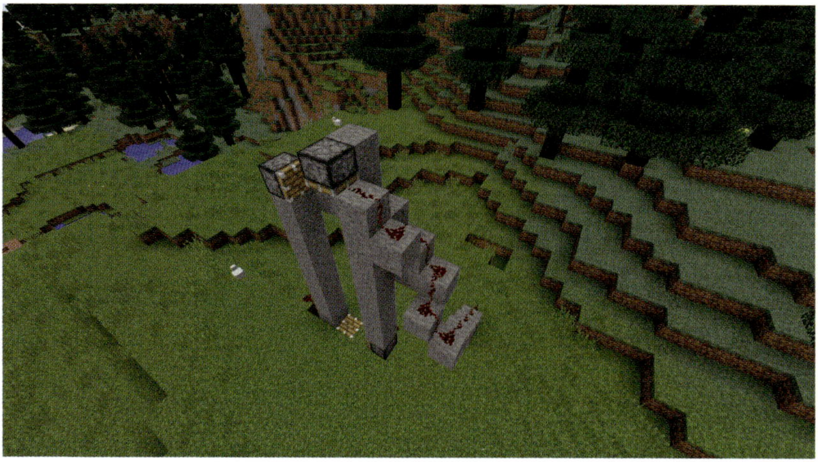

Abbildung 3.48: Redstone-Leitung für einen oberen Kolben

Während sich die unteren Kolben recht einfach an eine Redstone-Schaltung anschließen lassen, ist es bei den oberen Kolben etwas aufwendiger. Hierfür müssen erst entsprechende Leitungen gelegt werden. Abbildung 3.48 zeigt, wie eine Leitung vom rechten oberen Kolben mit einer Treppenkonstruktion nach unten geleitet werden kann, Abbildung 3.49 zeigt dies entsprechend für den anderen oberen Kolben.

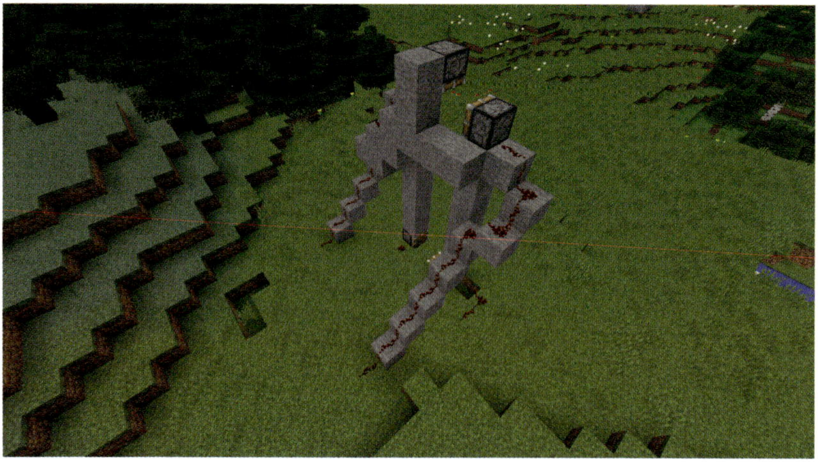

Abbildung 3.49: Redstone-Leitung für gegenüberliegenden oberen Kolben

Im nächsten Schritt wird nun ein Taktgeber benötigt, der später alle Kolben antreibt. Dafür eignet sich am besten der Kolben-Taktgeber, den du bereits aus dem vorherigen Kapitel kennst.

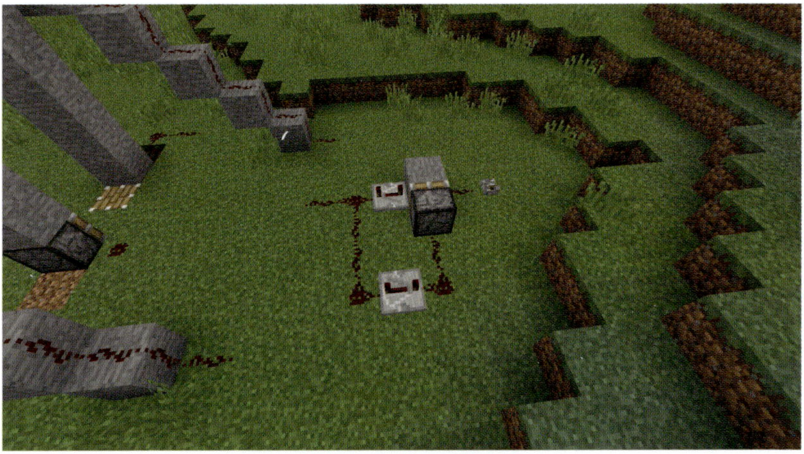

Abbildung 3.50: Kolben-Taktgeber

Ein zusätzlich eingebauter Verstärker, der auf maximale Verzögerung eingestellt ist wie in Abbildung 3.50, hilft dabei, den Takt zu verlangsamen.

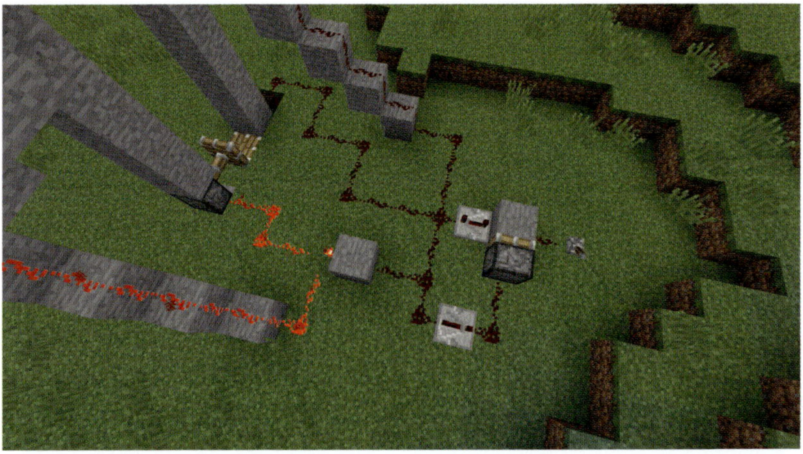

Abbildung 3.51: Anschluss der Kolben

Nun werden alle Kolben wie in Abbildung 3.51 mit dem Taktgeber verbunden. Durch eine Nicht-Schaltung für die Kolben auf der linken Seite wird dafür gesorgt, dass die Kolben immer abwechselnd nur auf einer Seite ausgefahren werden.

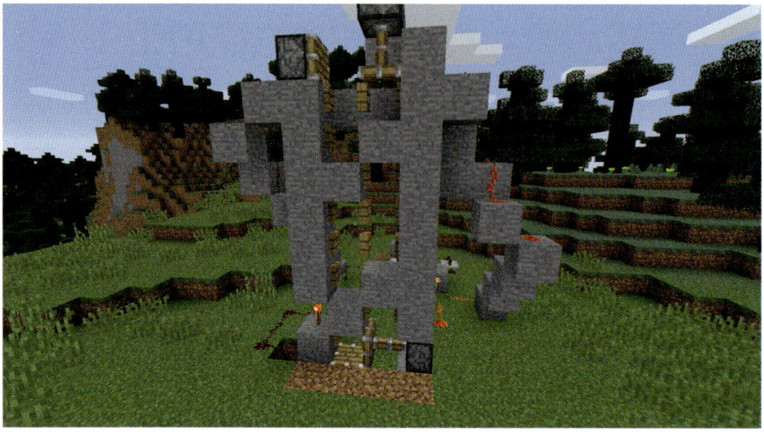

Abbildung 3.52: Kabinen

Von vorne müssen nun noch die Kabinen in den Aufzug eingebaut werden. Diese bestehen aus Blöcken, in Abbildung 3.52 sind es zum Beispiel Steinblöcke und Zauntore. Je nachdem, wie hoch die Kabinen werden sollen, kommen zwischen zwei Blöcke entweder immer zwei oder drei Zauntore. Die zusätzliche Redstone-Fackel in Abbildung 3.52 sorgt dafür, dass die Zauntore geöffnet bleiben.

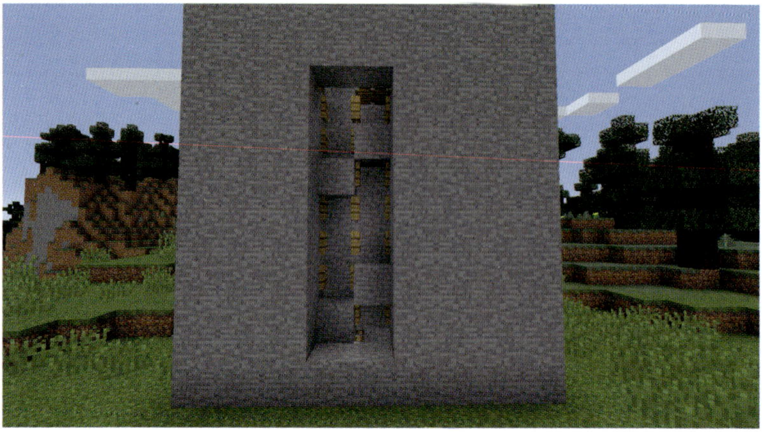

Abbildung 3.53: Fertiger Paternosteraufzug

Nun ist der Paternosteraufzug im Prinzip auch schon fertig. Er eignet sich besonders, um drei oder mehr Stockwerke miteinander zu verbinden, da man in jedem Stockwerk einfach auf einen Block auf- oder abspringen kann. Natürlich kannst du ihn zur Verschönerung noch wie in Abbildung 3.53 mit Blöcken verkleiden.

Kapitel 4

Fallen

Bisher ging es recht friedlich zu und wir haben Redstone nur dazu eingesetzt, um Dinge zu bewegen, zu öffnen oder zu verstecken. In diesem Kapitel wird es nun etwas handfester. Wir werden uns ansehen, wie Redstone genutzt werden kann, um Monstern oder Gegnern Fallen zu stellen.

4.1 TNT-Fallen

Die schnellste und gleichzeitig brachialste Möglichkeit, eine Falle zu bauen, ist die Verwendung von TNT. TNT explodiert, sobald es durch ein Redstone-Signal aktiviert wird, und richtet im Umkreis von mehreren Blöcken Schaden an. Man könnte TNT also zum Beispiel einfach direkt unter einer Druckplatte platzieren und warten, bis ein Spieler darüberläuft. Da es aber ein paar Sekunden dauert, bis das TNT explodiert, ist es sinnvoll, sich etwas ausgeklügeltere Fallen auszudenken, damit der Gegner nicht einfach davonläuft, bevor das TNT explodiert.

4.1.1 Schacht-Falle

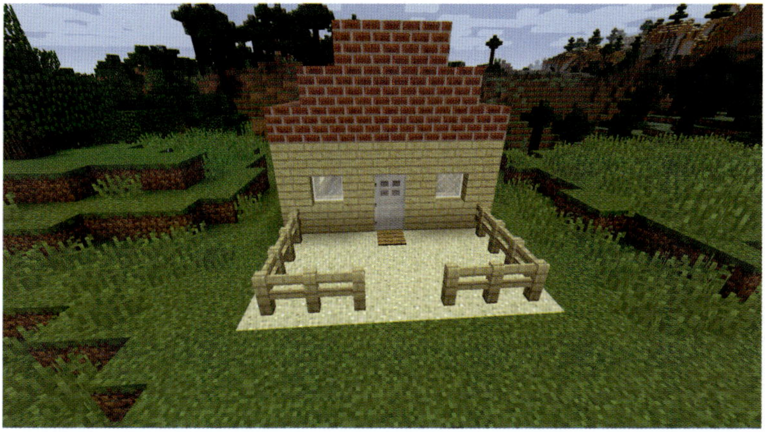

Abbildung 4.1: Versteckte Schacht-Falle

Um das zu vermeiden, sollte deine Falle vor allem unauffällig sein. Würdest du zum Beispiel in Abbildung 4.1 die versteckte TNT-Falle finden? Sieht doch eigentlich alles ziemlich normal aus.

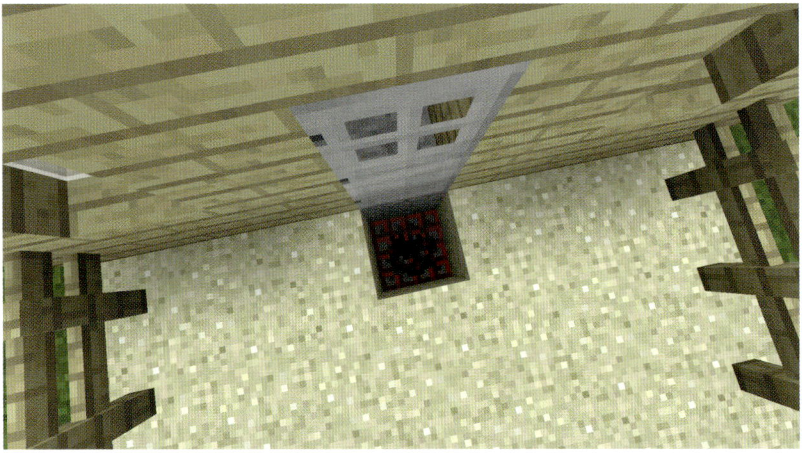

Abbildung 4.2: TNT-Block vor der Tür

Wenn du aber die Druckplatte und den Sandblock wie in Abbildung 4.2 entfernst, stößt du auf einen versteckten TNT-Block. Und das ist noch nicht einmal das ganze Geheimnis dieser Falle.

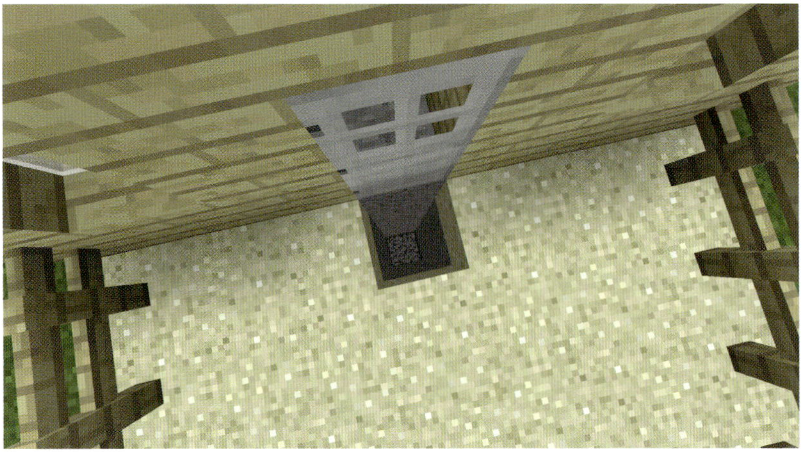

Abbildung 4.3: Schacht unter dem TNT-Block

Entfernt man nämlich auch noch den TNT-Block wie in Abbildung 4.3, kommt darunter ein tiefer Schacht zum Vorschein. Der Trick der Falle: Die Druckplatte wirkt auf den ersten Blick wie ein ganz normaler Türöffner. Sobald man aber auf die Druckplatte steigt, wird der TNT-Block aktiviert und fällt herunter. Da der Sandblock von alleine nicht hält, fällt er, samt Druckplatte und Spieler, in die Tiefe. Am Boden des Schachtes findet sich der Spieler dann auf einem TNT-Block wieder, ohne Möglichkeit wegzulaufen. Die Falle hat zugeschnappt.

4.1.2 Baum-Falle

Während sich die gerade vorgestellte Schacht-Falle zum Fangen von Spielern und Monstern eignet, ist die nun folgende Baum-Falle nur für Spieler gedacht.

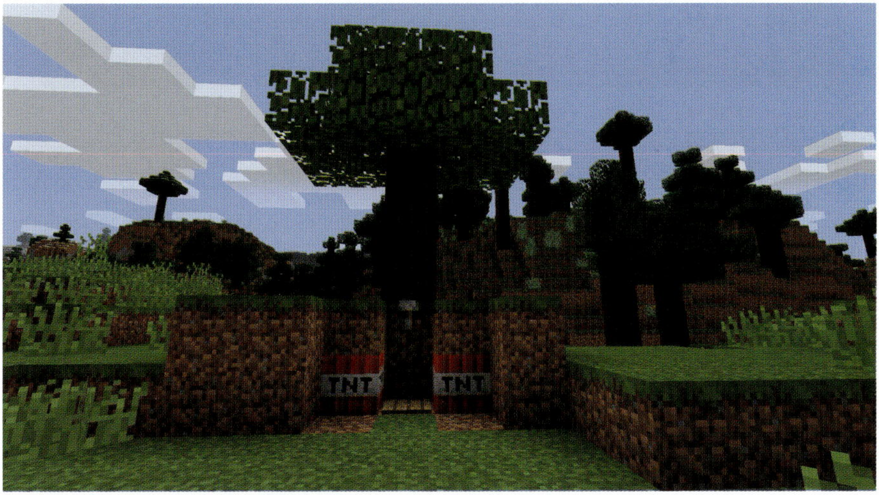

Abbildung 4.4: Querschnitt der Baum-Falle

Abbildung 4.4 zeigt den Querschnitt der Falle: Am unteren Ende eines Baumstammes wird ein Hebel angebracht. Einen Block darunter wird eine Druckplatte platziert, die von zwei, oder auch vier, TNT-Blöcken umgeben wird.

Mit Erde bedeckt sieht die Baum-Falle wie ein harmloser Baum aus, wie Abbildung 4.5 zeigt. Versucht ein Spieler aber, den Baum zu fällen, und entfernt den unteren Block des Stammes, so fällt der Hebel auf die Druckplatte und löst damit das TNT aus.

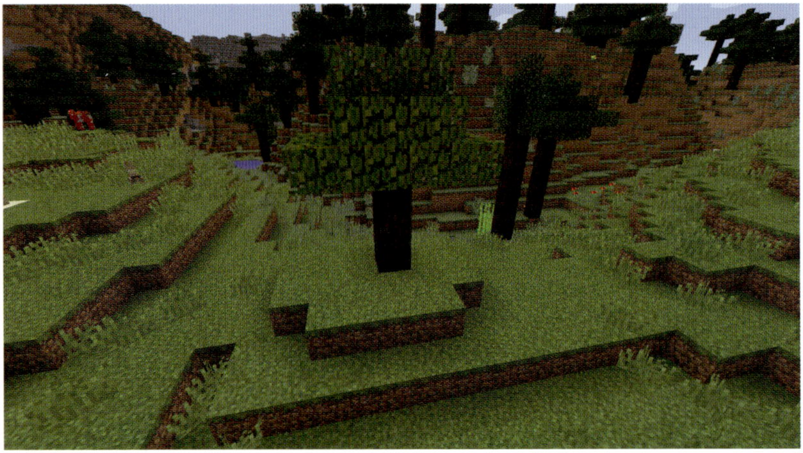

Abbildung 4.5: Baum-Falle

4.1.3 Deaktivierbare TNT-Falle

Ganz gleich, ob deine Falle mit Stolperdraht, einem Hebel, einem Knopf oder einer Druckplatte ausgelöst wird, oft ist es sinnvoll, dass die Falle deaktiviert werden kann. Wenn sich die Falle zum Beispiel in deinem eigenen Haus befindet, möchtest du natürlich, dass sie nur von Gegnern, nicht aber von dir selbst aktiviert wird.

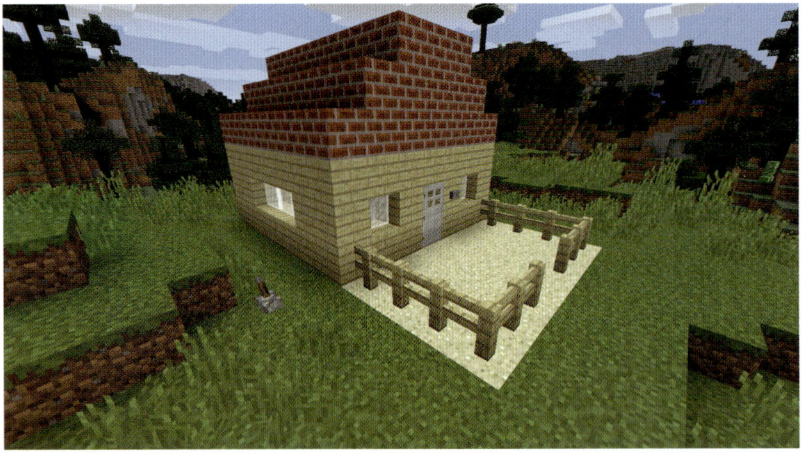

Abbildung 4.6: Haus mit Hebel zur Deaktivierung der Falle

Dazu kannst du wie in Abbildung 4.6 einen einfachen Hebel neben deinem Haus anbringen, der im Optimalfall natürlich etwas versteckt ist, damit ihn Eindringlinge nicht sofort erkennen.

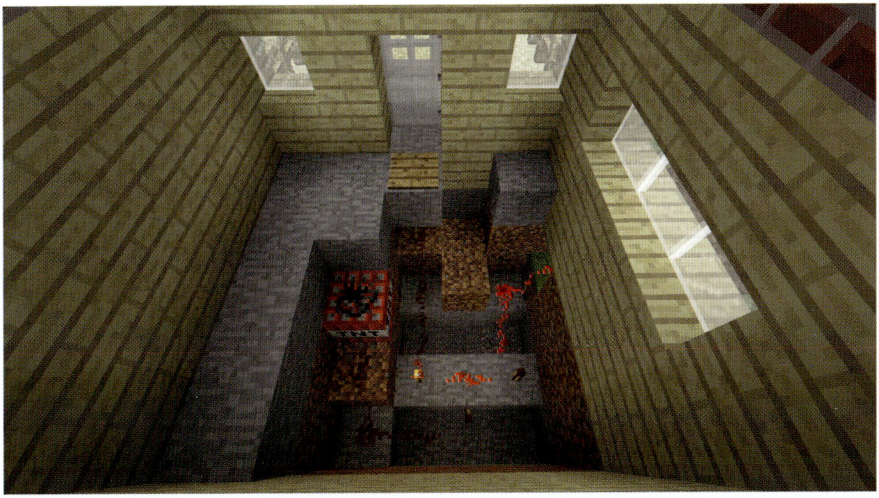

Abbildung 4.7: Und-Schaltung mit TNT

Mithilfe einer Und-Schaltung verbindest du dann den Hebel und den Auslöser für deine Falle, in Abbildung 4.7 ist es zum Beispiel eine Druckplatte, mit dem TNT. Wenn du das Haus verlässt, aktivierst du den Hebel, und sobald der Auslöser für die Falle betätigt wird, wird das TNT gezündet. Bevor du selbst dein Haus betrittst, deaktivierst du den Hebel einfach und die Falle kann nicht mehr ausgelöst werden. So kannst du sicherstellen, dass deine Fallen nur für deine Gegner gefährlich werden, nicht aber für dich selbst.

Tipp

Wenn du eine TNT-Falle in deinem eigenen Haus einsetzt, solltest du immer bedenken, dass sie bei der Explosion nicht nur Schaden an Spielern anrichtet, sondern auch an deinem Haus.

4.1.4 Diamant-Falle

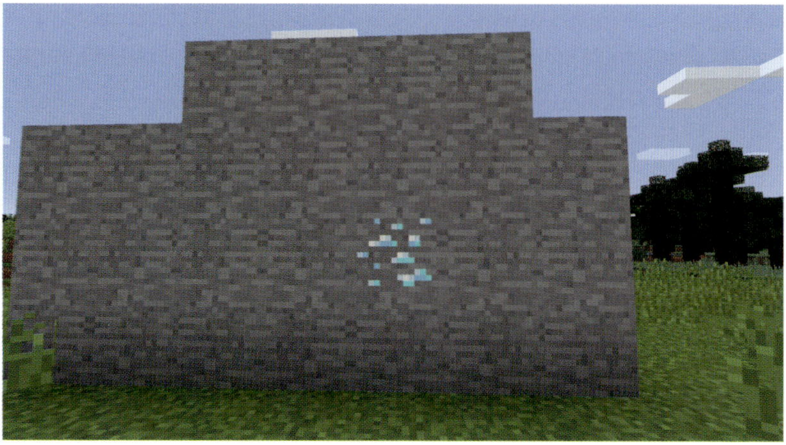

Abbildung 4.8: Diamant-Falle von vorne

Wenn du eine Falle in einer Höhle bauen willst, statt in einem Haus, eignet sich die Diamant-Falle besonders. Von vorne sieht sie, wie in Abbildung 4.8 zu sehen ist, völlig harmlos aus. Man sieht nur einen Block Diamant. Trotz ihres Namens kann die Diamant-Falle übrigens auch aus Gold oder einem ähnlichen Block bestehen, nur selten sollte er sein, damit deine Mitspieler auch sicher angezogen werden.

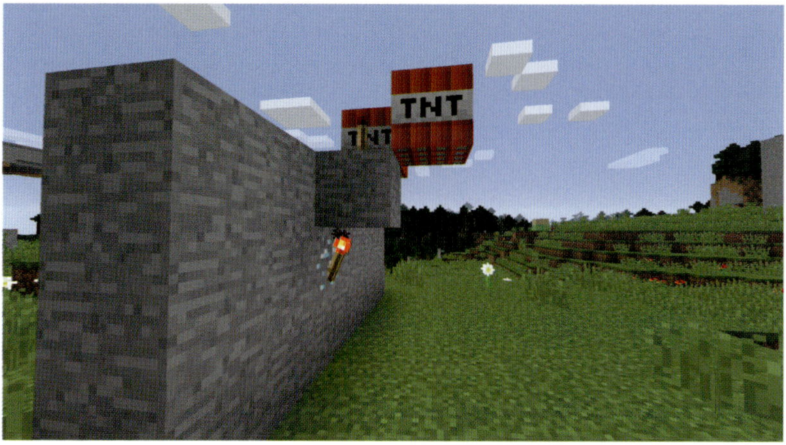

Abbildung 4.9: Rückseite der Diamant-Falle

Erst auf ihrer Rückseite offenbart sie ihre Gefährlichkeit, wie Abbildung 4.9 zeigt. Am Diamant-Block ist eine Redstone-Fackel befestigt, über der wiederum, als Nicht-Schaltung, eine weitere Redstone-Fackel platziert ist, die von TNT umgeben ist. Sobald der Diamant-Block von einem Spieler aus der Wand geschlagen wird, fällt die Fackel am Block herunter und die darüber befindliche Fackel wird aktiviert und damit auch die TNT-Blöcke, die dann explodieren.

4.1.5 Beobachter-Falle

Eine ganz ähnlich funktionierende Falle kannst du auch mit dem in Abbildung 4.10 gezeigten Beobachter-Block bauen. Dieser erkennt Veränderungen am vor ihm liegenden Block und sendet ein Redstone-Signal aus, sobald eine solche Veränderung erkannt wird, zum Beispiel wenn ein Block abgebaut wird.

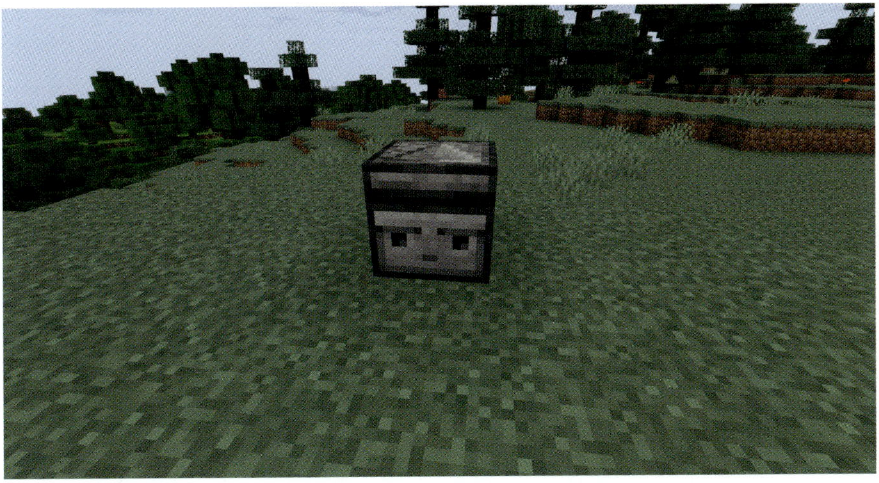

Abbildung 4.10: Beobachter-Block

Wie schon bei der Diamant-Falle zuvor kommt es auch dieses Mal wieder darauf an, dass die Falle möglichst unauffällig ist, deshalb solltest du den Beobachter-Block möglichst gut verstecken, zum Beispiel hinter einer Steinwand, wie in Abbildung 4.11.

Nun musst du nur noch einen TNT-Block so platzieren, dass er möglichst großen Schaden anrichtet, wenn ein fremder Spieler die Falle auslöst, also möglichst nah am Beobachter-Block. Wie du den TNT-Block mit dem Beobachter verbinden kannst, ist in Abbildung 4.12 gezeigt.

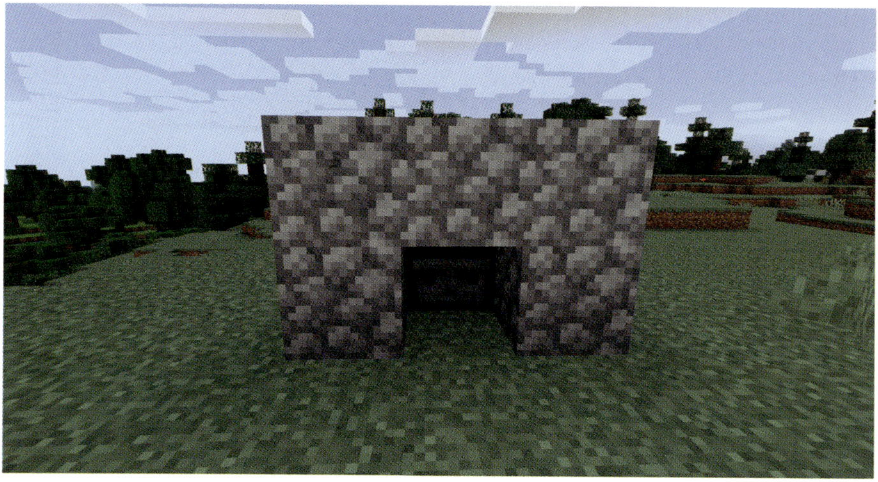

Abbildung 4.11: Versteckter Beobachter-Block

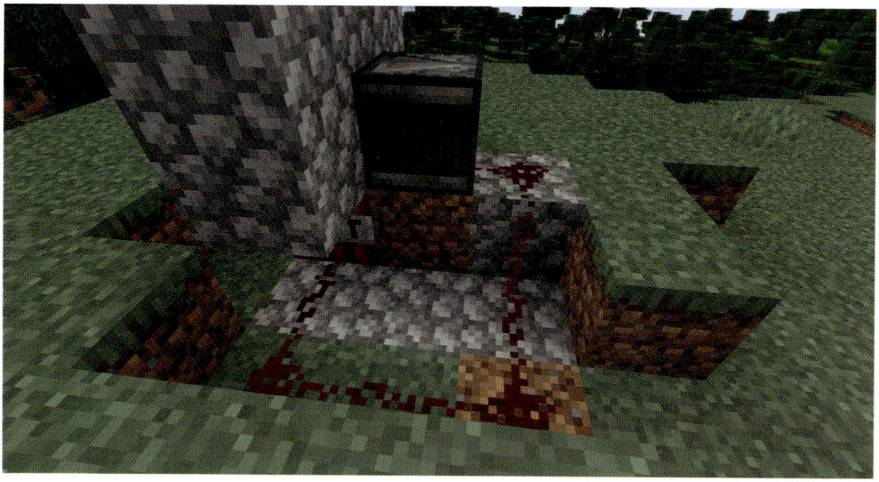

Abbildung 4.12: Redstone-Leitung der Beobachter-Falle

Von vorne sieht das Ganze dann wie in Abbildung 4.13 gezeigt aus. Der TNT-Block befindet sich direkt vor dem Beobachter-Block und richtet damit maximalen Schaden bei Auslösung der Falle an.

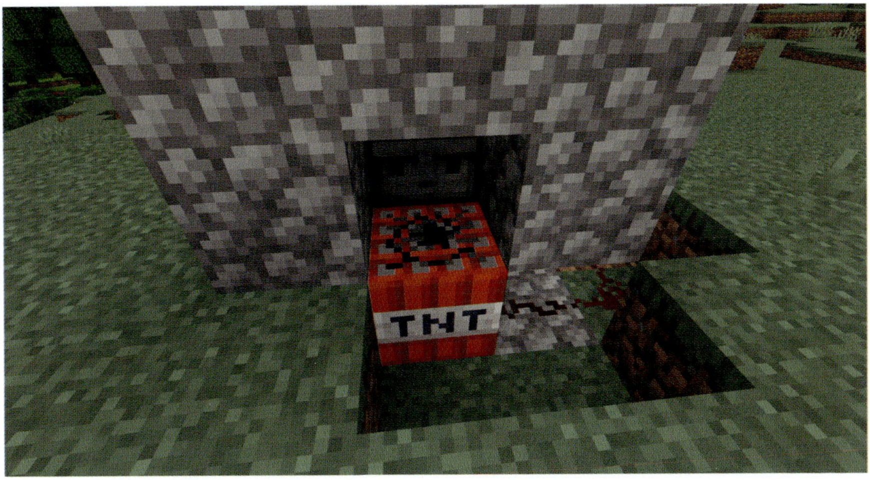

Abbildung 4.13: Vorderansicht Beobachter-Falle mit platziertem TNT-Block

Zum Schluss musst du noch dafür sorgen, dass deine Falle auch andere Spieler anlockt. Dazu kannst du, wie zuvor bei der Diamant-Falle, wieder einen seltenen Block benutzen wie Diamant oder Gold. Von außen ist die Beobachter-Falle dann nicht mehr zu erkennen, wie Abbildung 4.14 zeigt.

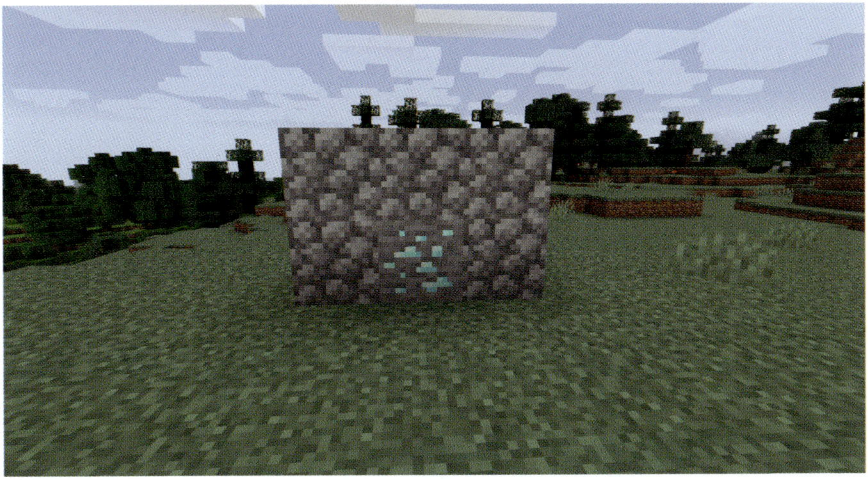

Abbildung 4.14: Fertige Beobachter-Falle

4.2 Selbstschussanlagen

Wenn du deinen Gegnern zwar Schaden zufügen möchtest, dabei aber nicht wie mit einer TNT-Falle jedes Mal gleich die halbe Umgebung in die Luft sprengen willst, ist eine Selbstschussanlage das richtige Mittel für dich.

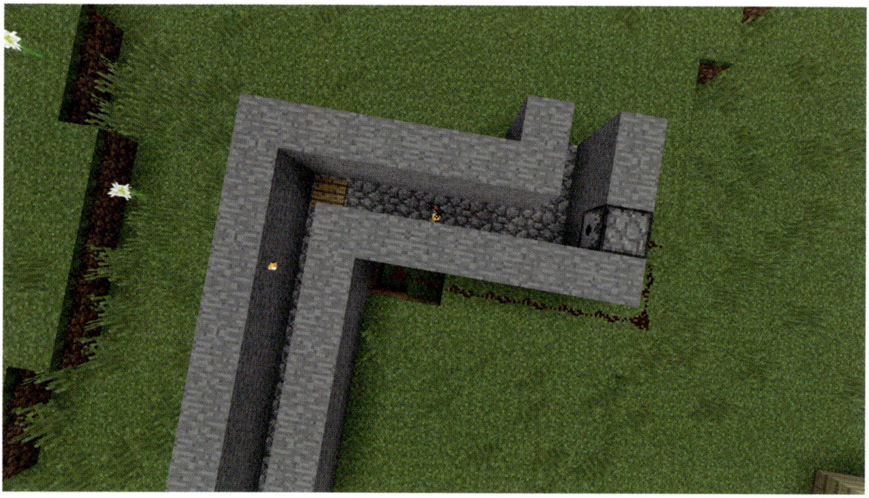

Abbildung 4.15: Selbstschussanlage mit Druckplatte

Eine Selbstschussanlage besteht immer mindestens aus einem Werfer und einem Redstone-Bauteil, das den Werfer aktiviert. Die Selbstschussanlage in Abbildung 4.15 verwendet hierfür zum Beispiel eine Druckplatte. Dadurch, dass die Druckplatte genau an der Ecke des Gangs platziert ist, kann der Gegner den Werfer im ersten Moment nicht sehen. Sobald er auf die Druckplatte tritt, wird der Werfer aktiviert.

Damit der Werfer Dinge verschießen kann, muss er aber zunächst entsprechend bestückt werden. Klickst du mit der rechten Maustaste auf den Werfer, so öffnet sich sein in Abbildung 4.16 gezeigtes Inventar. Platzierst du im Inventar Pfeile, so wird der Werfer später Pfeile verschießen. Diese können bis zu elf Blöcke weit fliegen. Übrigens kannst du auch TNT im Werfer platzieren, das wird beim Auslösen des Werfers allerdings nicht verschossen, sondern direkt vor dem Werfer platziert und explodiert dann.

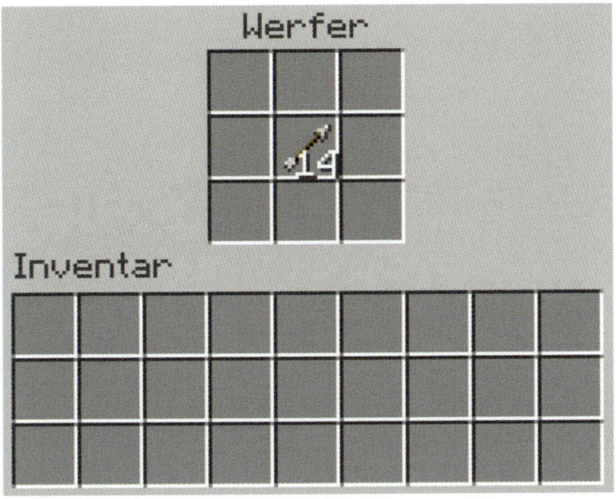

Abbildung 4.16: Werfer-Inventar mit Pfeilen

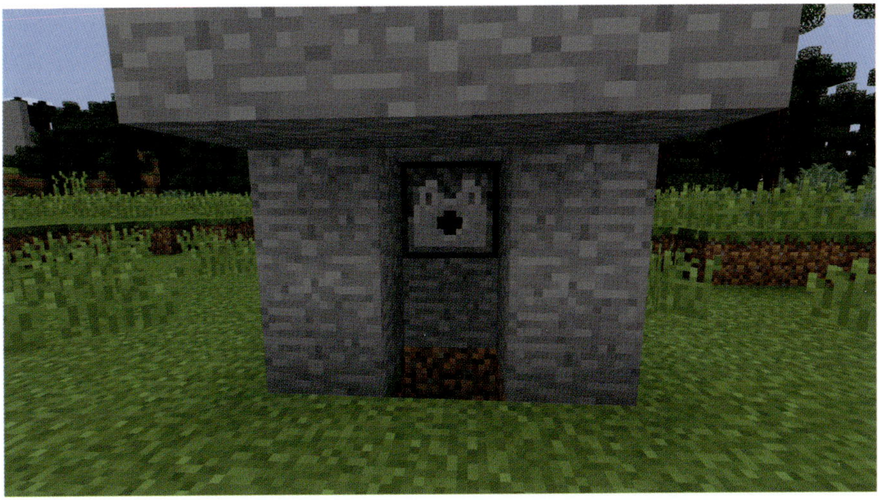

Abbildung 4.17: Werfer mit Schacht für Lava

Mithilfe von Lava kannst du Selbstschussanlagen bauen, die brennende Pfeile verschießen. Diese richten noch einmal mehr Schaden beim Gegner an. Dazu baust du einfach vor einen Werfer einen Schacht wie in Abbildung 4.17, in den du dann später Lava einfüllst.

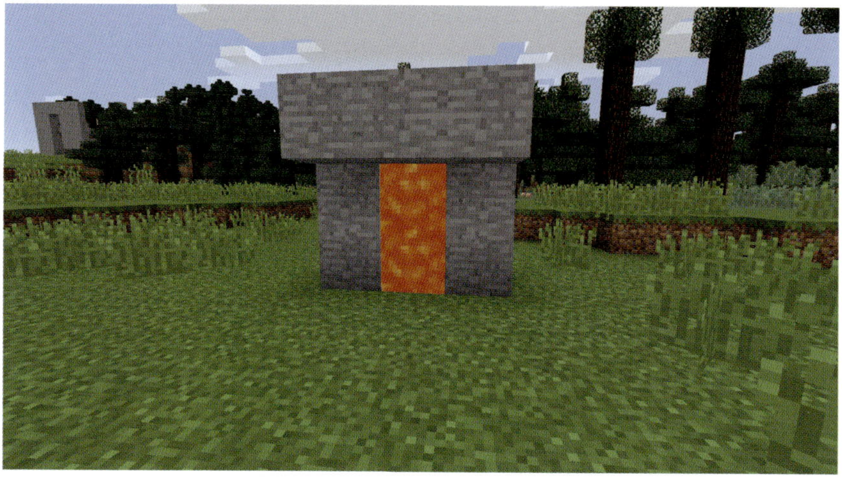

Abbildung 4.18: Werfer hinter Lava

Ein weiterer Vorteil ist, wie Abbildung 4.18 zeigt, dass der Werfer hinter der Lava nicht sichtbar ist und deine Gegner somit noch unvorbereiteter trifft.

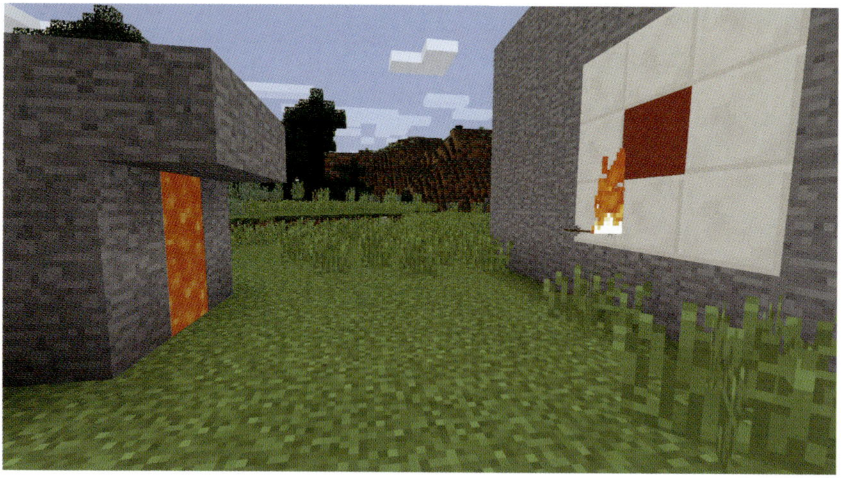

Abbildung 4.19: Brennender Pfeil

Wird der Werfer nun aktiviert, fliegt der Pfeil durch die Lava und wird von ihr in Brand gesetzt. Das Ergebnis ist ein brennender Pfeil wie in Abbildung 4.19.

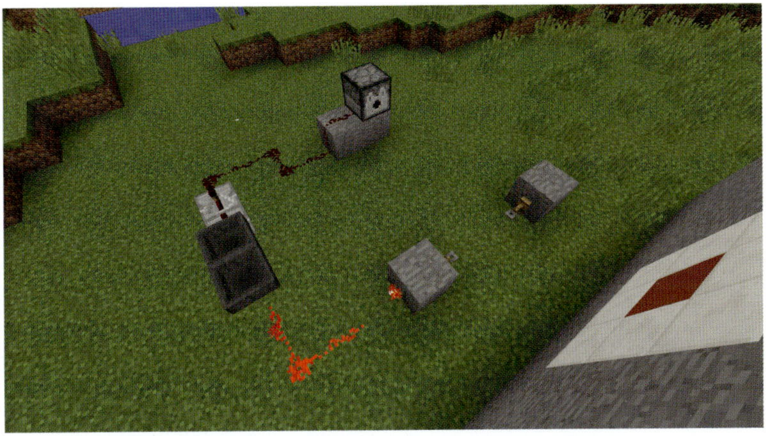

Abbildung 4.20: Stolperdraht mit Taktgeber und Werfer

Die Verwendung einer Druckplatte als Auslöser ist zwar einfach, aber nicht besonders effektiv, denn es wird dadurch nur ein Pfeil verschossen und der reicht in der Regel nicht, um einen Gegner zu töten. Damit ein zweiter Pfeil verschossen wird, müsste der Gegner zuerst von der Druckplatte gehen und dann noch einmal darauf steigen, eher unwahrscheinlich, dass er das macht. Verbindest du den Auslöser, egal ob es eine Druckplatte oder wie in Abbildung 4.20 ein Stolperdraht ist, allerdings so mit einem Taktgeber, dass dieser aktiviert wird, sobald der Auslöser betätigt wird, so verschießt der Werfer Pfeile im Takt des Taktgebers. Abbildung 4.20 zeigt, wie ein solcher Aufbau aussehen kann. Wenn du das Signal des Auslösers dann noch verlängerst, wie du es in Kapitel 3 bereits gesehen hast, kann der Werfer sogar noch schießen, wenn sich dein Gegner schon auf dem Rückzug befindet.

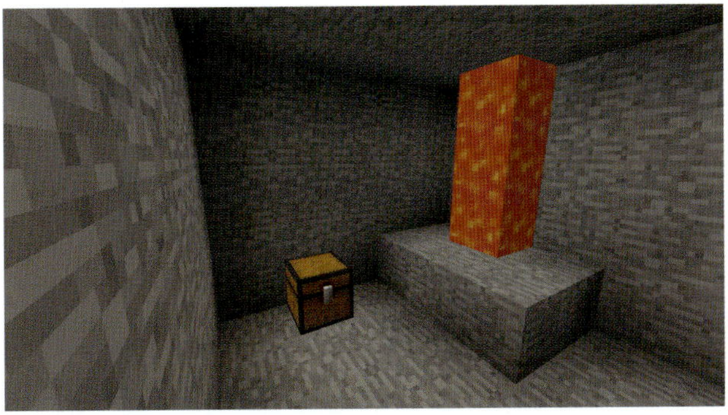

Abbildung 4.21: Redstone-Truhe als Auslöser

Ein besonders gemeiner Auslöser, weil besonders schwer zu enttarnen, ist die Redstone-Truhe. Diese gibt ein Signal ab, sobald sie geöffnet wird. Die Truhe in Abbildung 4.21 sieht zum Beispiel sehr einladend für ungebetene Gäste aus.

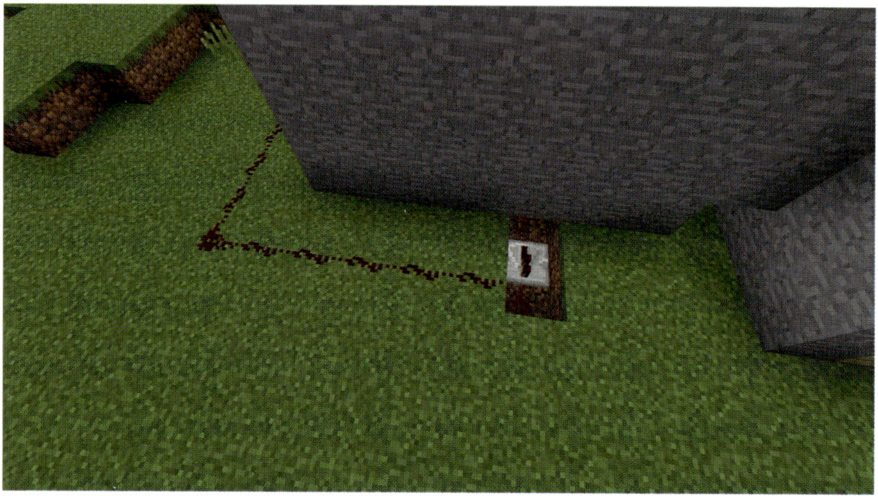

Abbildung 4.22: Verbindung der Redstone-Truhe

Nur von außen kann man, wie in Abbildung 4.22 gezeigt, erkennen, dass es sich hierbei um eine Redstone-Truhe handelt, die mithilfe eines Verstärkers mit einem Werfer verbunden ist, der sich hinter der Lava befindet. Sobald sich also ein ungebetener Gast an der Truhe zu schaffen macht, wird das Feuer auf ihn eröffnet.

4.3 Wasser-Fallen

Nicht nur Feuer, sondern auch Wasser kannst du dazu verwenden, deinen Feinden Fallen zu stellen.

4.3.1 Tür-Falle

Eine verblüffend einfache Falle ist die Tür-Falle. Sie ist allerdings auch nur gegen unerfahrenere Spieler effektiv. Ein erfahrener Spieler wird die Falle sofort durchschauen und nicht hineinlaufen.

Zum Bau der Falle müssen zunächst vier Türen wie in Abbildung 4.23 um eine Druckplatte positioniert werden.

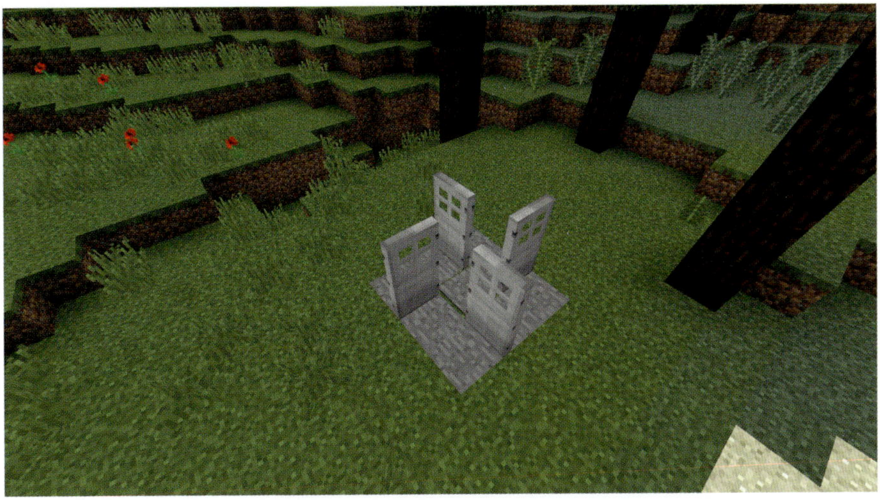

Abbildung 4.23: Anordnung der Türen

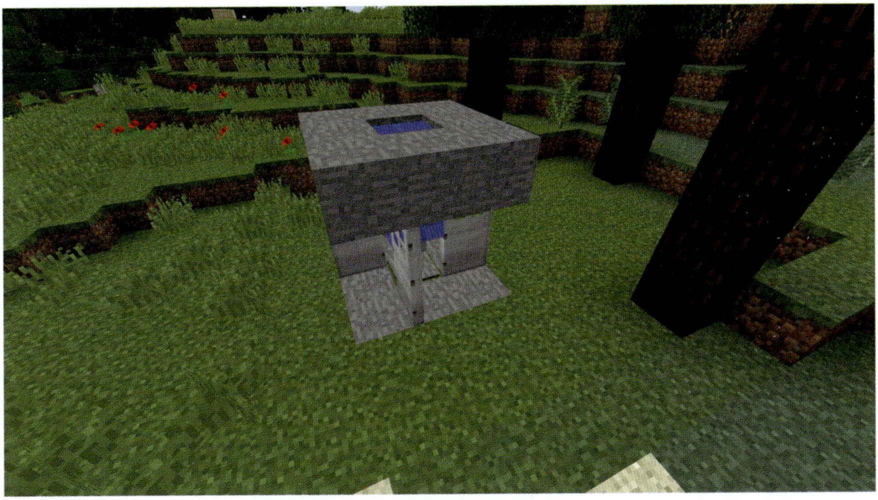

Abbildung 4.24: Wasser über den Türen

Über der Mitte der Falle wird dann Wasser platziert. Um das Wasser können wie in Abbildung 4.24 zum Beispiel Steinblöcke platziert werden. Wichtig ist, dass direkt über dem Wasser am Ende auch ein Steinblock platziert wird, da Gegner sonst aus der Falle entkommen können.

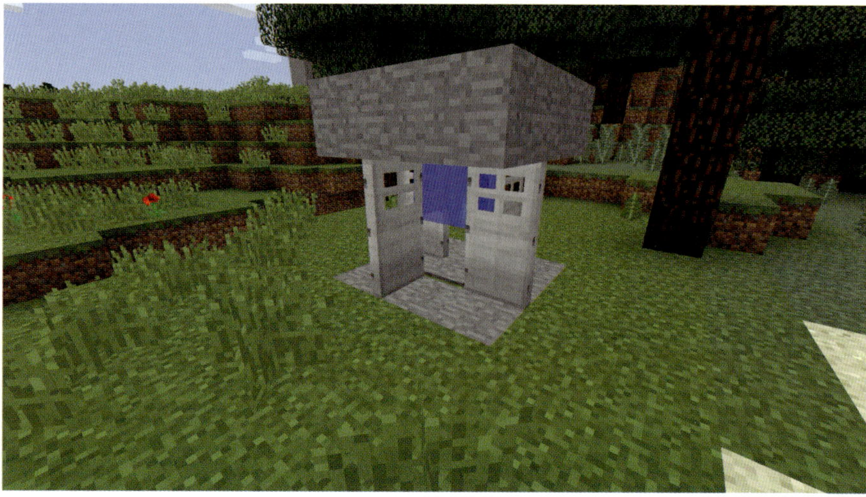

Abbildung 4.25: Fertige Tür-Falle

Damit ist die Falle auch schon fertig. Läuft nun ein neugieriger Spieler auf die Falle zu und begibt sich in die Mitte, so schließen sich alle Türen und es gibt kein Entkommen mehr, der Spieler ist wie in Abbildung 4.26 im Wasser gefangen.

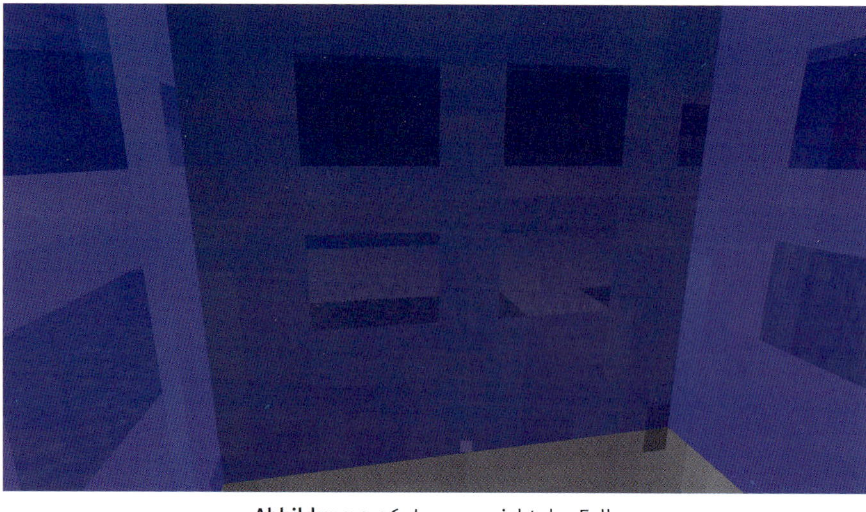

Abbildung 4.26: Innenansicht der Falle

4.3.2 Falltür-Falle

Natürlich geht es aber auch noch etwas trickreicher, zum Beispiel mit der Falltür-Falle. Sie eignet sich zum Einbau in bis zu zwei Blöcke breiten Gängen.

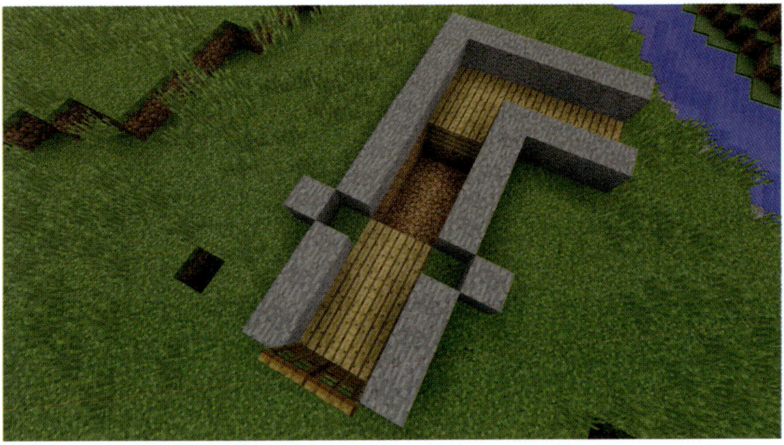

Abbildung 4.27: Grube für die Falltür-Falle

Zunächst muss wie in Abbildung 4.27 eine zwei Blöcke tiefe Grube ausgehoben werden. Vor der Grube siehst du in der Abbildung außerdem bereits Aussparungen für die Platzierung eines Stolperdrahts.

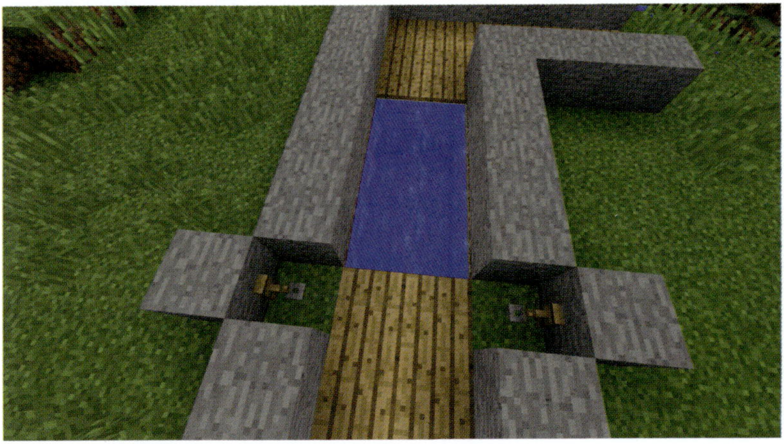

Abbildung 4.28: Stolperdraht und Wasser kommen hinzu

In Abbildung 4.28 wurde der Stolperdraht bereits platziert, außerdem wurde die Grube komplett mit Wasser gefüllt.

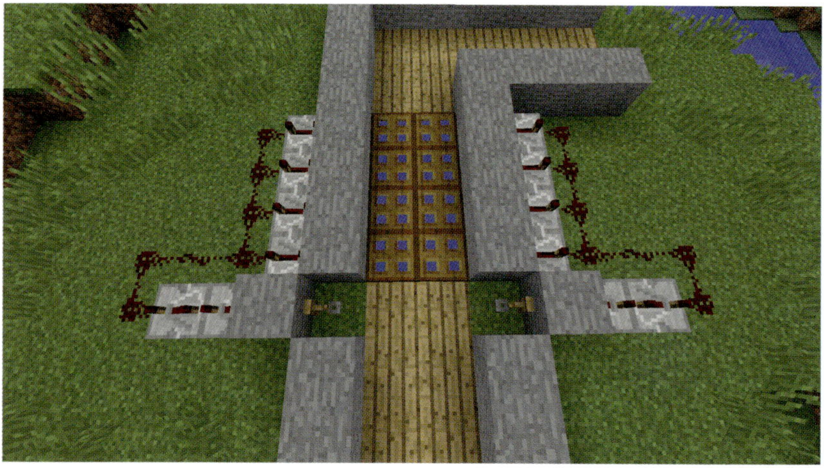

Abbildung 4.29: Falltüren werden mit dem Stolperdraht verbunden

Die Grube wird im nächsten Schritt wie in Abbildung 4.29 komplett mit Falltüren bedeckt. Der Stolperdraht wird über Redstone-Verstärker, die auf maximale Verzögerung eingestellt sind, mit allen Falltüren verbunden.

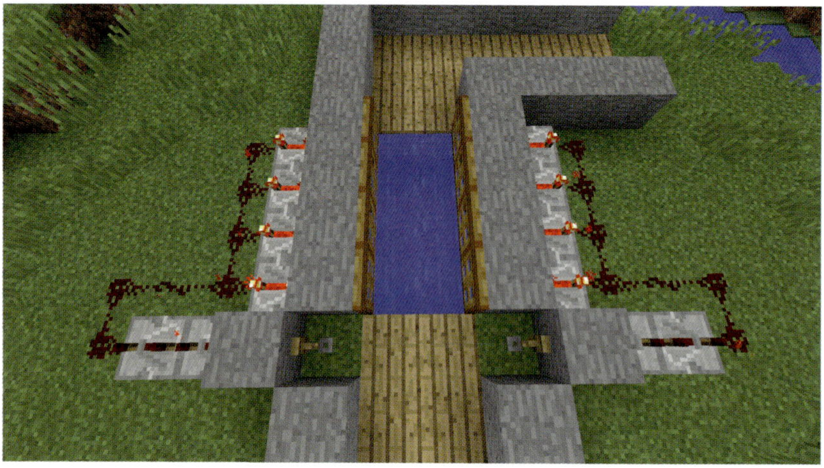

Abbildung 4.30: Aktivierte Falltür-Falle

Läuft nun ein Spieler durch den Gang, läuft er zunächst über den Stolperdraht. Während der Spieler weiterläuft und die Falltüren betritt, passiert zunächst noch nichts, erst einige Momente später, wenn er schon die Falltüren betreten hat, öffnen sich diese und der Spieler fällt ins Wasser. Sofort danach schließen sich die Falltüren wieder und es gibt kein Entkommen mehr.

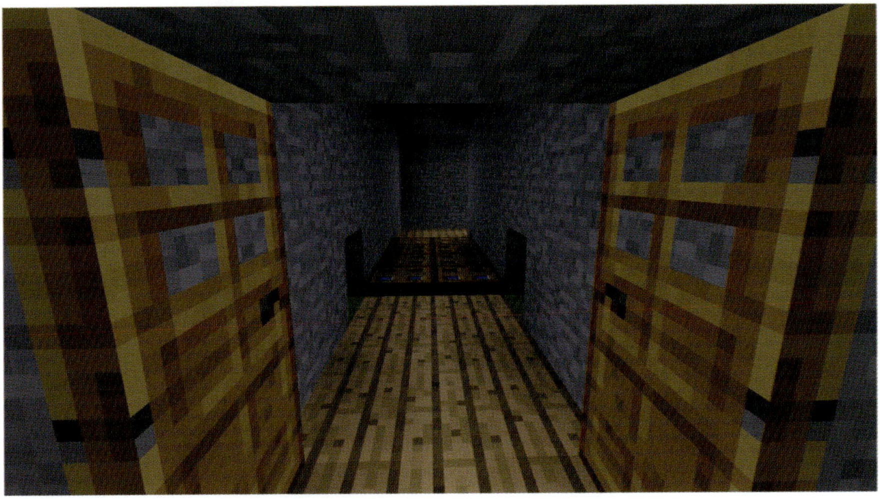

Abbildung 4.31: Fertige Falltüren-Falle

Je weiter der Stolperdraht von den Falltüren entfernt ist, desto länger muss die Verzögerung beim Öffnen sein, desto unauffälliger ist die Falle aber auch.

Tipp

Statt Wasser unter den Falltüren zu platzieren, kannst du auch eine tiefe Grube ausheben und Gegner so durch den Sturz, statt durch Ertrinken töten.

Kapitel 5

Farmen

Nachdem du im letzten Kapitel gesehen hast, wie du deinen Gegnern mit Fallen zu Leibe rücken kannst, soll es in diesem Kapitel wieder um die friedliche Nutzung von Redstone-Schaltungen gehen, in Form von sogenannten Farmen. Als Farmen bezeichnet man in Minecraft Konstruktionen, die automatisch, oder zumindest halbautomatisch, Dinge, wie zum Beispiel Nahrung, produzieren. In diesem Kapitel wirst du verschiedene Farmen kennenlernen.

5.1 Halbautomatische Melonen-Farm

Ein recht einfaches Beispiel einer Farm ist die halbautomatische Melonen-Farm, die fast ganz von selbst Melonen produzieren kann. Um eine Farm für vier Melonen zu bauen, umrandest du zunächst ein Gebiet von 3 x 4 Erdblöcken mit Bruchsteinen oder einem anderen Material. Diese Umrandung ist wichtig, damit die Melonen später in die richtige Richtung wachsen.

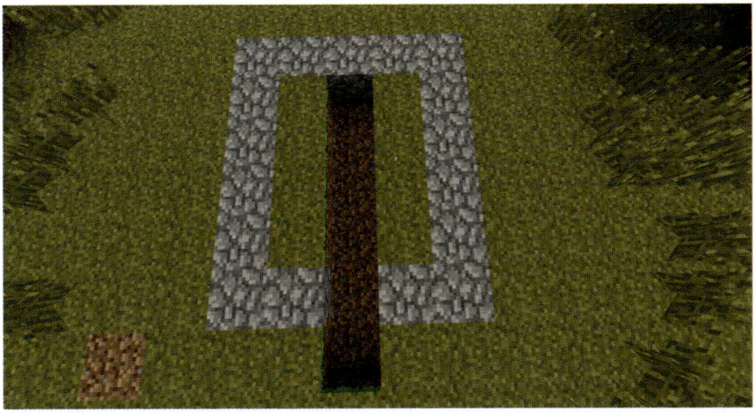

Abbildung 5.1: Umrandung für die halbautomatische Melonen-Farm

Danach gräbst du in der Mitte, wie in Abbildung 5.1 gezeigt, eine Rinne, die von der Farm wegführt. Diese Rinne muss dann mithilfe eines Eimers mit Wasser gefüllt werden.

Dabei solltest du darauf achten, das Wasser am oberen Ende einzufüllen, damit wie in Abbildung 5.2 ein Strom nach unten entsteht.

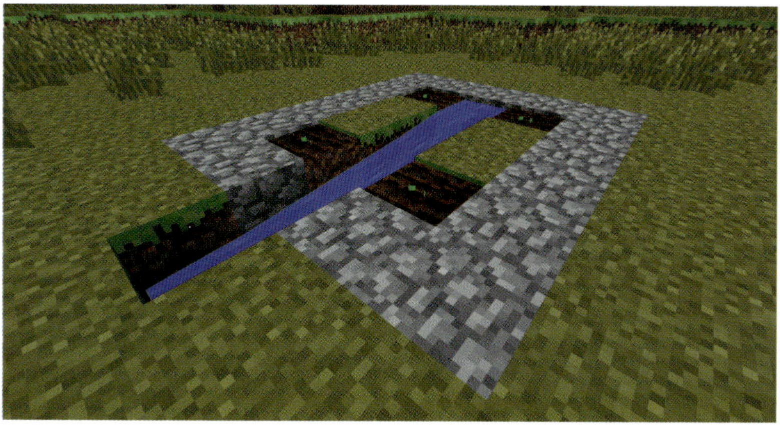

Abbildung 5.2: Farm mit Wasser und gesetzten Melonen

In die Ecken der Farm werden nun, nachdem die Blöcke mit einer Hacke vorbereitet wurden, Melonenkerne gesetzt. Bis hierhin wäre die Farm noch nichts Außergewöhnliches, schließlich wachsen Melonen immer von selbst ohne weiteres Zutun. Nun wird die Melonen-Farm aber noch um Erntehelfer, in Form von vier Kolben, erweitert. Dazu werden die vier Kolben wie in Abbildung 5.3 platziert und über eine gemeinsame Redstone-Leitung mit einem Hebel verbunden.

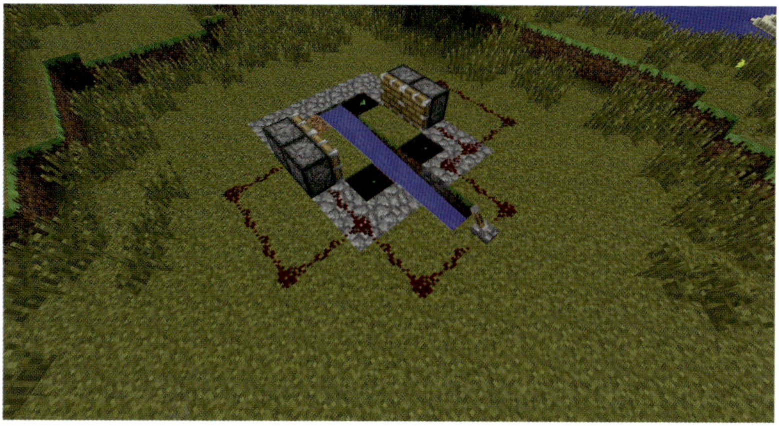

Abbildung 5.3: Redstone-Schaltung mit vier Kolben

Nun heißt es warten, bis die Melonen wie in Abbildung 5.4 ausgewachsen sind. Die Ernte kann dann einfach durch Umlegen des Hebels erledigt werden. Durch die Kolben werden die Melonen in Stücke zerteilt und in den Wassergraben geschoben. Dieser transportiert die Melonenscheiben durch die Strömung direkt in Richtung des Hebels, wo sie einfach aufgesammelt werden können.

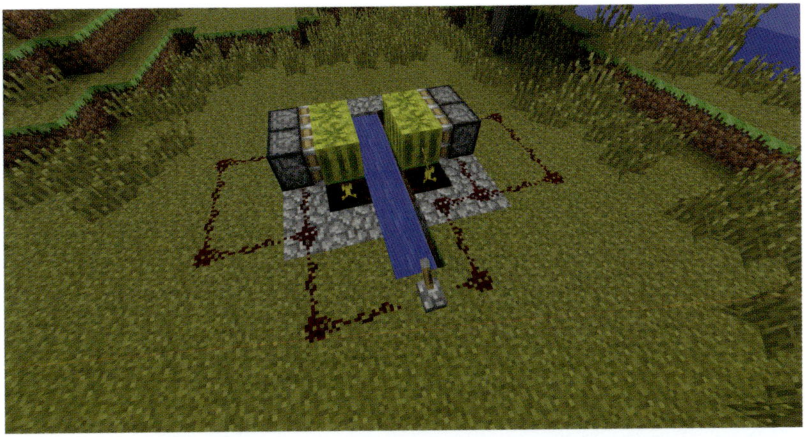

Abbildung 5.4: Farm mit ausgewachsenen Melonen

Wie Abbildung 5.5 zeigt, klappt das nicht immer mit allen Scheiben. Manchmal entwischen einige Scheiben nach oben oder zur Seite und müssen extra eingesammelt werden.

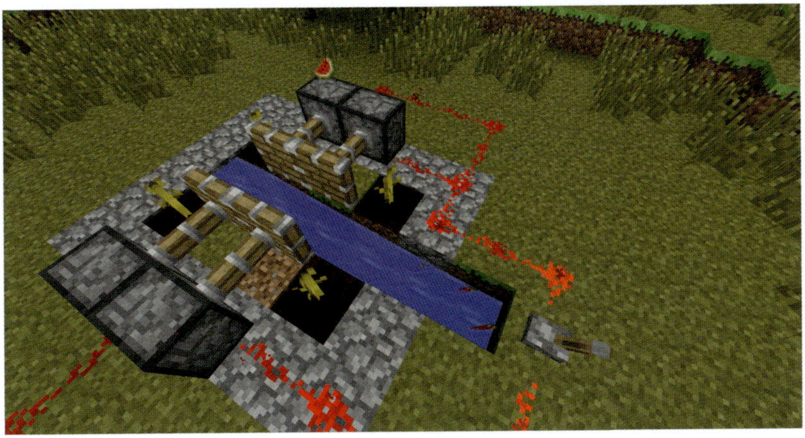

Abbildung 5.5: Farm mit abgeernteten Melonen

Sind die Melonenscheiben eingesammelt, versetzt man den Hebel wieder in die Ausgangsposition und die Melonen können wieder nachwachsen. Nach diesem Prinzip können auch größere Farmen mit 10 oder sogar 20 Melonen gebaut werden, es werden nur entsprechend mehr Kolben benötigt. Bei einer großen Menge von Melonen spart die automatische Ernte eine Menge Zeit und die Melonen sorgen für eine dauerhafte Versorgung mit ausreichend Nahrung.

5.2 Vollautomatische Melonen-Farm

Du hast dich vielleicht schon gefragt, wieso die Farm im vorherigen Abschnitt eine »halbautomatische« Farm ist. Die Antwort: Zum Ernten musst du den Schalter noch selbst betätigen. Das macht zwar deutlich weniger Arbeit als die Ernte von Hand, aber es ist immer noch ein manueller Eingriff notwendig. In diesem Abschnitt wirst du nun eine vollautomatische Melonen-Farm kennenlernen, also eine, bei der die Ernte komplett automatisch, folglich auch ohne Hebel, funktioniert. Wie du sehen wirst, ist der Bau von vollautomatischen Farmen deutlich aufwendiger, weshalb viele Spieler den Bau halbautomatischer Farmen bevorzugen.

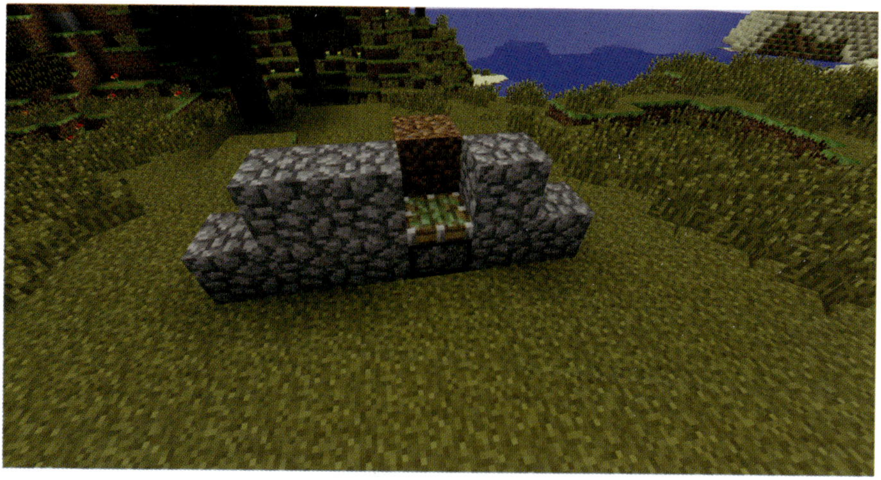

Abbildung 5.6: Basis der vollautomatischen Melonen-Farm

Zum vollautomatischen Ernten einer Melone werden zwei Kolben benötigt, von denen einer ein klebriger Kolben sein muss. Abbildung 5.6 zeigt die Basis der Konstruktion mit dem klebrigen Kolben. Der zweite Kolben wird erst später benötigt.

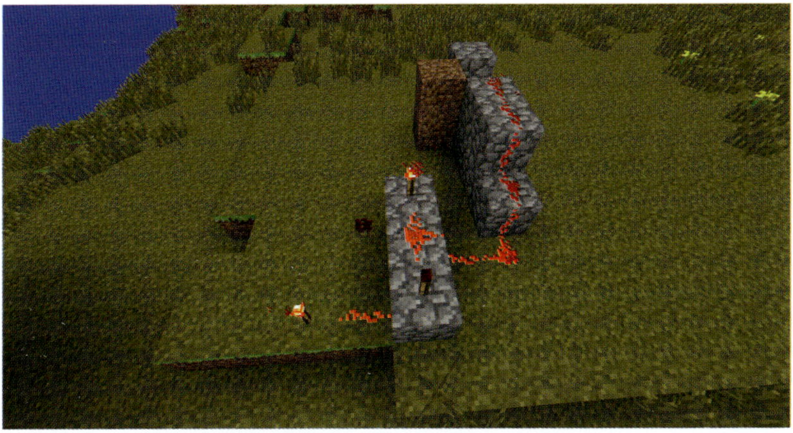

Abbildung 5.7: Nicht-Und-Schaltung

Als Nächstes wird die, in Abbildung 5.7 gezeigte, Nicht-Und-Schaltung benötigt. Wie der Name schon erahnen lässt, handelt es sich dabei um eine Kombination aus einer Nicht- und einer Und-Schaltung.

Eingang A	Eingang B	Ausgang
0	0	1
0	1	1
1	0	1
1	1	0

Tabelle 5.1: Wahrheitstabelle Nicht-Und-Gatter

Entsprechend ist das Ausgangssignal der Schaltung genau dann nicht aktiviert, wenn an beiden Eingängen ein Signal anliegt, in allen anderen Fällen ist das Ausgangssignal, wie auch Tabelle 5.1 zeigt, aktiviert.

Hinweis

Wenn du dir die Nicht-Und-Schaltung genau anschaust, fällt dir vermutlich auf, dass sie von ihrem Aufbau eigentlich gar keine Kombination aus einer Nicht- und einer Und-Schaltung ist, eine Nicht-Schaltung fehlt nämlich komplett. Das liegt daran, dass die normale Und-Schaltung bereits eine Nicht-Schaltung enthält und man deshalb, statt eine zusätzliche Nicht-Schaltung hinzuzufügen, einfach die ursprüngliche Nicht-Schaltung weglassen kann.

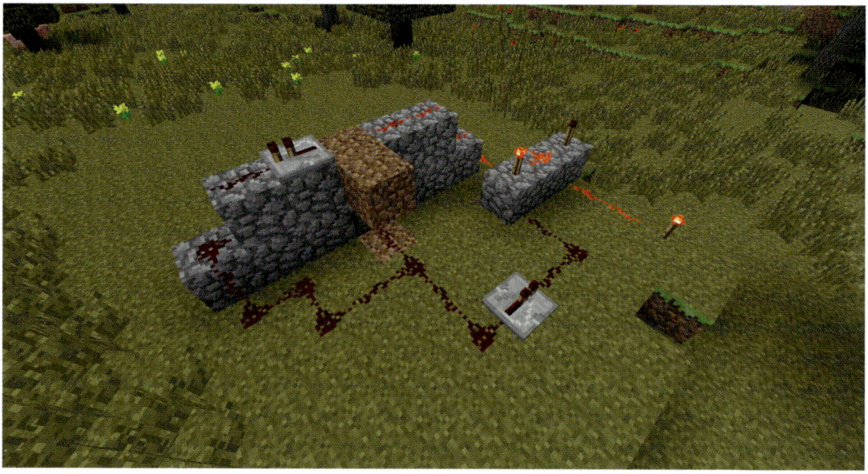

Abbildung 5.8: Erweiterte Redstone-Schaltung

Im nächsten Schritt wird nun auf dem klebrigen Kolben ein Erdblock platziert, darauf soll später die Melone wachsen. Dahinter werden zwei Redstone-Verstärker platziert und wie in Abbildung 5.8 mit der Nicht-Und-Schaltung und dem klebrigen Kolben verbunden. In ihrer bisherigen Form erkennt die Schaltung bereits, sobald eine Melone über dem klebrigen Kolben gewachsen ist, und fährt diesen dann aus.

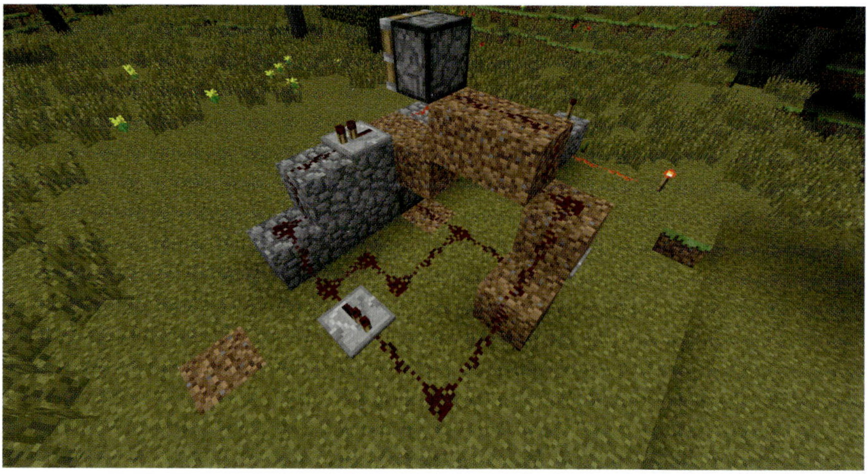

Abbildung 5.9: Fertige Schaltung

Der zweite Kolben wird nun wie in Abbildung 5.9 in den Schaltkreis eingebunden, um die Melone nach vorne zu schieben, nachdem sie angehoben wurde.

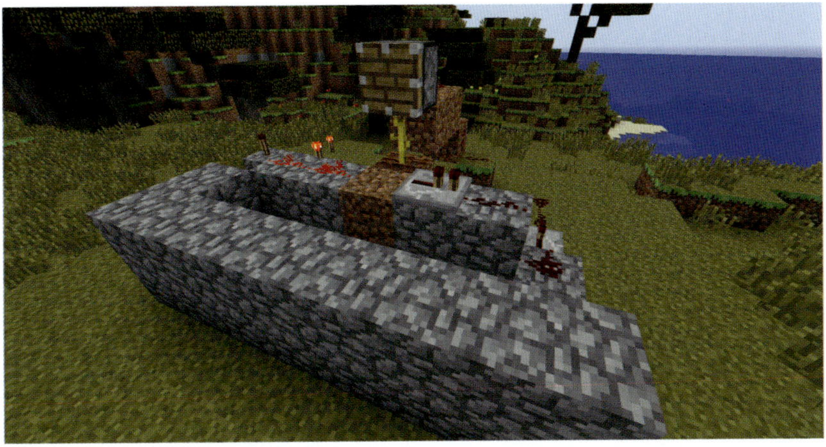

Abbildung 5.10: Gepflanzte Melonenkerne und Becken

Zum Schluss solltest du nicht vergessen, die Melonenkerne zu pflanzen. Außerdem kannst du vor dem Platz, an dem die Melone später wachsen soll, eine Wasserrinne installieren, die das Wachstum der Melone beschleunigt und die Scheiben später außerdem, wie in Abbildung 5.11 gezeigt, abtransportiert.

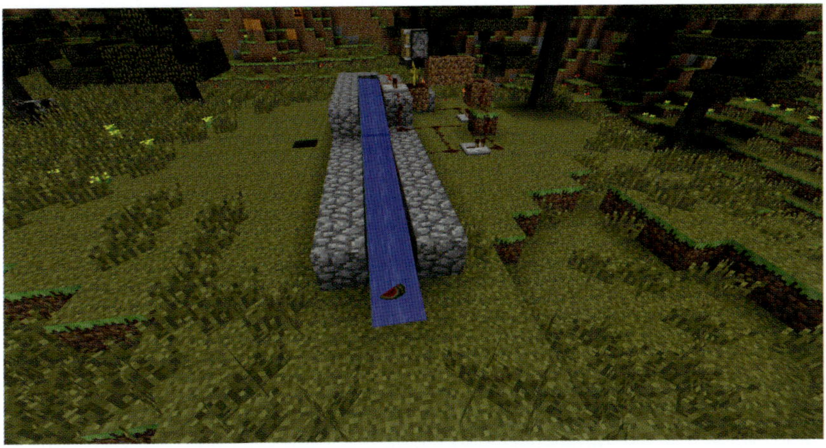

Abbildung 5.11: Vollautomatische Melonen-Farm mit Wasserrinne

Bei dieser vollautomatischen Farm musst du nun wirklich nur noch die Melonenscheiben einsammeln, alles andere passiert automatisch. Du solltest darauf achten, die Scheiben regelmäßig einzusammeln, denn sie verschwinden sonst nach fünf Minuten. Wem selbst das zu viel Arbeit ist, der kann ans Ende der Wasserrinne einen Trichter platzieren und darunter wie in Abbildung 5.12 eine Truhe stellen. Dann fließen die Melonenscheiben direkt in die Truhe, wo sie beliebig lange aufbewahrt werden können. Damit Trichter korrekt funktionieren, ist es wichtig, dass sie richtig ausgerichtet werden. Dies passiert, indem man beim Platzieren auf den Block klickt, an den sie später Gegenstände abgeben sollen. In diesem Fall darf man den Trichter also zum Beispiel nicht durch einen Klick auf die Wand platzieren, sondern muss auf die Truhe klicken. Damit sich dabei nicht das Truhen-Menü öffnet, sondern der Trichter tatsächlich platziert wird, muss die [⇧]-Taste gedrückt gehalten werden.

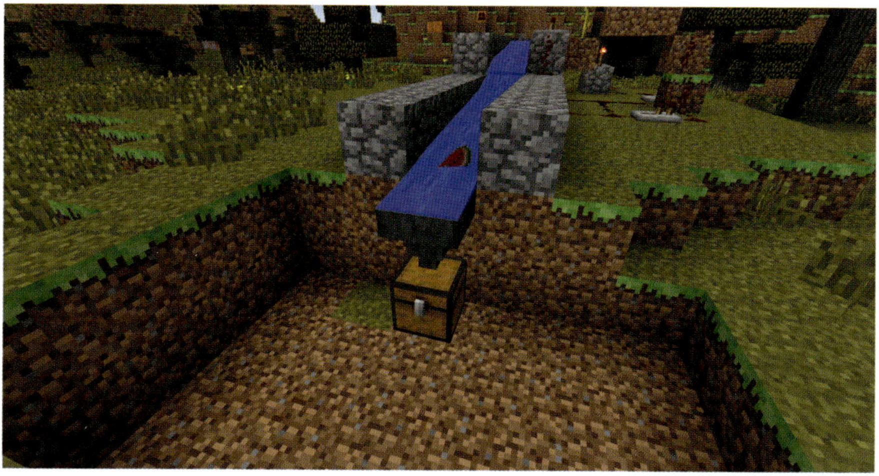

Abbildung 5.12: Trichter mit Truhe zum Sammeln der Melonen

Wenn du deine Farm noch ein Stück weiter automatisieren willst, kannst du dir die geernteten Melonen sogar noch automatisch bis vor die Haustüre fahren lassen. Wie so ein automatischer Güterbahnhof funktioniert, wirst du im nächsten Kapitel sehen.

5.3 Halbautomatische Zuckerrohr-Farm

Die Zuckerrohr-Farm ähnelt in ihrem Aufbau der halbautomatischen Melonen-Farm. Auch sie verwendet Kolben zum Abbau und eine Wasserrinne zum Transport. Unterschiede ergeben sich hauptsächlich daraus, dass Zuckerrohr, anders als Melonen, nicht in die Breite, sondern in die Höhe wächst.

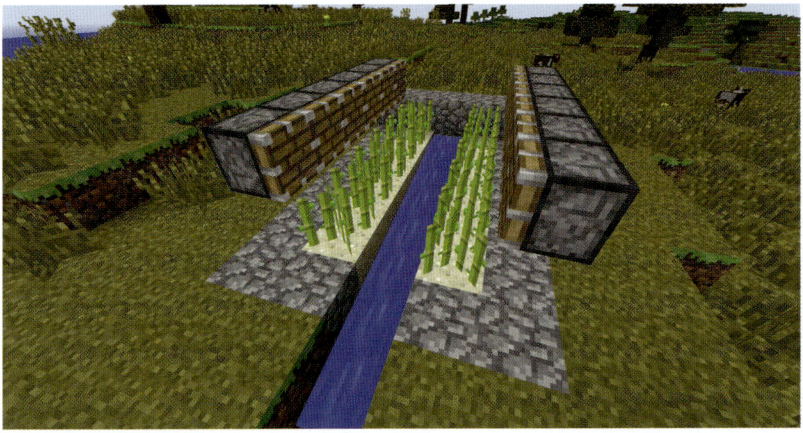

Abbildung 5.13: Zuckerrohr-Farm ohne Redstone-Leitungen

Entsprechend ähnelt der Aufbau in Abbildung 5.13 auch stark dem der Melonen-Farm in Abbildung 5.4, mit dem Unterschied, dass die Kolben diesmal höher platziert sind. Entsprechend fällt auch die Verbindung der Kolben mit dem Schalter zur Ernte etwas anders aus, wie Abbildung 5.14 zeigt.

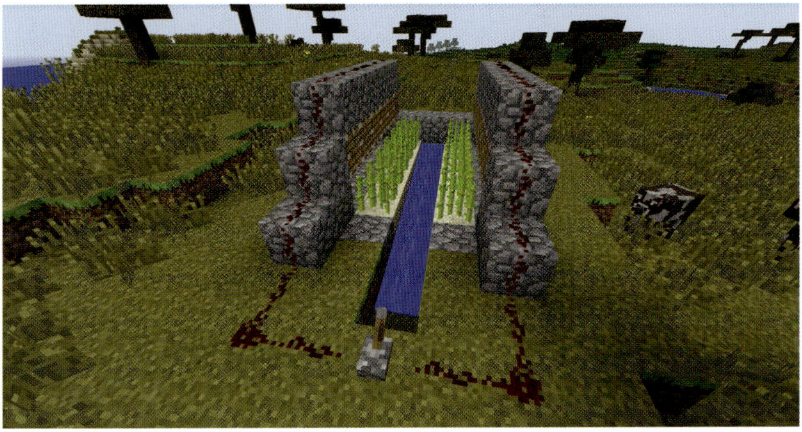

Abbildung 5.14: Fertige Zuckerrohr-Farm mit Redstone-Leitungen

Auch hier kannst du bei Bedarf am Ende der Wasserrinne natürlich wieder ein automatisches Sammelsystem mit Trichter installieren, wie du es bei der vollautomatischen Melonen-Farm gesehen hast.

5.4 Vollautomatische Kaktus-Farm

Nach exakt dem gleichen Prinzip, wie gerade beschrieben, kann auch eine halbautomatische Kaktus-Farm gebaut werden, da Kakteen, wie Zuckerrohr, nach oben wachsen. Da es aber auch eine besonders einfache Möglichkeit gibt, für Kakteen eine vollautomatische Farm zu bauen, soll diese an dieser Stelle nicht unerwähnt bleiben, obwohl sie eigentlich gar nicht so richtig zum Thema des Buches passt. Sie ist nämlich so einfach, dass sie sogar komplett ohne Redstone-Bauteile auskommt.

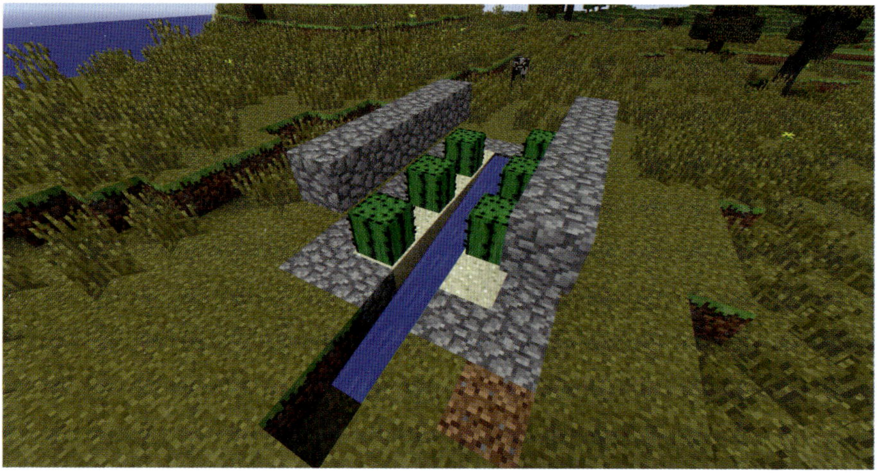

Abbildung 5.15: Vollautomatische Kaktus-Farm

Abbildung 5.15 zeigt den Aufbau der vollautomatischen Kaktus-Farm. Es reicht eine Reihe von Steinen, die sich einen Block hinter und einen Block über den Kakteen befindet. Das Besondere an Kakteen ist nämlich, dass, wenn sie an einer Stelle wachsen, neben der sich direkt ein Block befindet, die Stücke, die nachwachsen, sofort abfallen, ganz ohne Einsatz eines zusätzlichen Kolbens.

5.5 Halbautomatische Weizen-Farm

Alle bisher vorgestellten Farmen dienen dazu, Pflanzen anzubauen, die von selbst nachwachsen. Im Gegensatz zu Melonen, Zuckerrohr und Kakteen muss Weizen nach jeder Ernte neu gepflanzt werden und wächst nicht einfach nach. Dieser Schritt kann nicht automatisiert werden und muss deshalb stets von Hand ausgeführt werden. Automatisiert werden kann lediglich die Ernte.

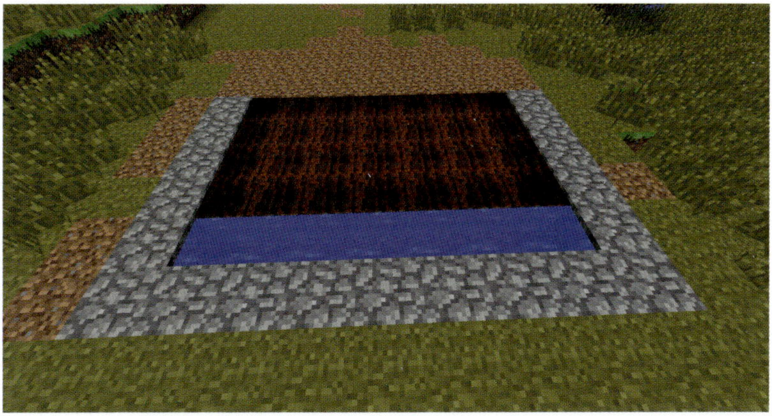

Abbildung 5.16: Unterste Ebene der Weizen-Farm

Abbildung 5.16 zeigt ein 7 x 4 Blöcke großes Weizenfeld mit Umrandung. Der vordere Kanal dient ausnahmsweise nicht zum Transport, sondern lediglich zur Bewässerung des Weizens. Da der Graben genau vier Blöcke nach hinten bewässert, ist die Tiefe der Farm dadurch beschränkt, es sei denn, man platziert eine weitere Wasserquelle auf der Rückseite des Feldes.

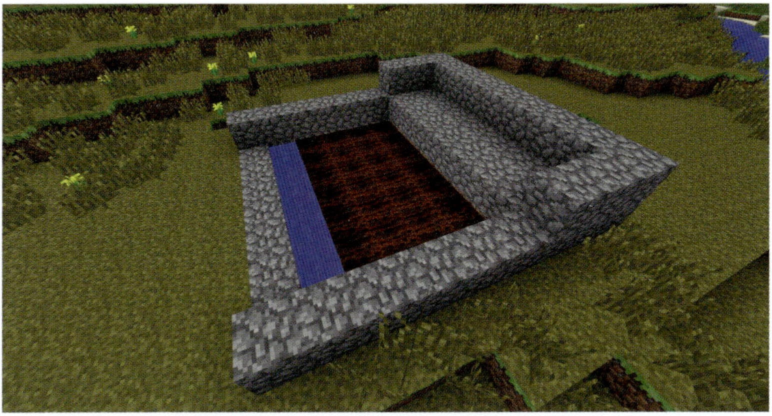

Abbildung 5.17: Umrandung der Weizen-Farm

Im nächsten Schritt muss die Umrandung des Feldes wie in Abbildung 5.17 erhöht werden. Sie soll später dafür sorgen, dass das Wasser, mit dem das Feld automatisch abgeerntet werden soll, über das komplette Feld fließt und den Weizen nach vorne transportiert.

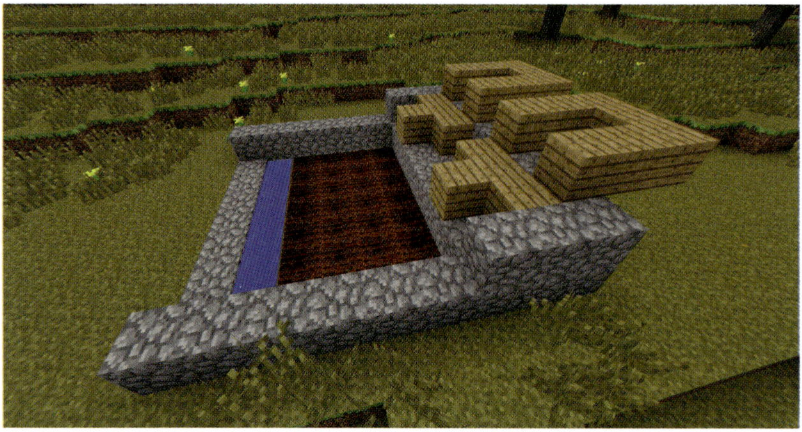

Abbildung 5.18: Platzierung der Wasserbecken

Am oberen Ende müssen nun noch zwei Wasserbecken platziert werden, aus denen sich das Wasser später über das Feld ergießt. Die beiden T-förmigen Aufbauten, die in Abbildung 5.18 zu sehen sind, helfen dabei, das Wasser über das komplette Feld zu verteilen. Zur besseren Sichtbarkeit wurden die Wasserbecken hier aus Brettern gebaut, das Material spielt aber für die Funktion keine Rolle. Damit das Wasser später nur fließt, wenn der Weizen erntereif ist, benötigst du jetzt noch eine steuerbare Wassersperre. Dafür verwendest du Kolben, die auf beiden Seiten, jeweils wie in Abbildung 5.19 gezeigt, angebracht werden.

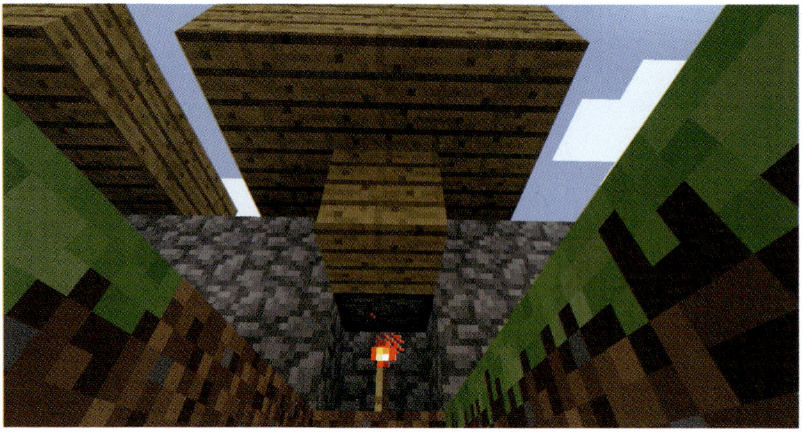

Abbildung 5.19: Kolben unter dem Wasserbecken

Die beiden Kolben müssen dann noch mit einem gemeinsamen Schalter verbunden werden. Dieser in Abbildung 5.20 gezeigte Schalter aktiviert später die automatische Ernte. In Abbildung 5.20 ist er hinter dem Feld angebracht, er kann aber selbstverständlich auch mit Redstone-Verstärkern an die Vorderseite des Feldes verlegt werden.

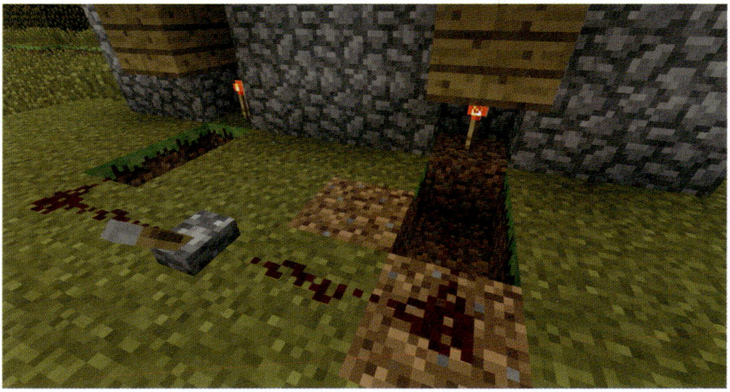

Abbildung 5.20: Kolben mit Schalter

Zum Abschluss müssen die beiden Wasserbecken nun nur noch mit Wasser gefüllt und der Weizen ausgesät werden. Ist der Weizen erst einmal ausgewachsen, sollte die Farm wie in Abbildung 5.21 aussehen.

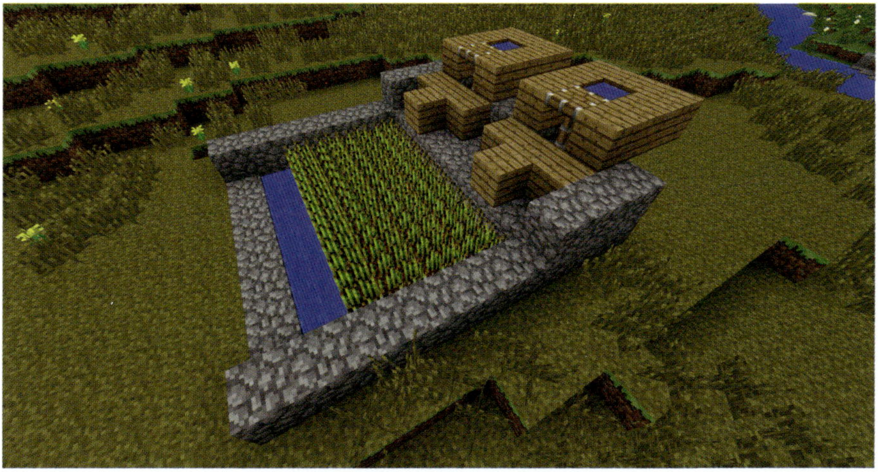

Abbildung 5.21: Fertige Weizen-Farm

Legst du nun den Hebel um, ergießen sich die Wassermassen über das Feld und spülen den Weizen, wie in Abbildung 5.22 gezeigt, an die Vorderseite, wo er bequem eingesammelt werden kann. Danach können die Wasserbecken wieder geschlossen werden und der Weizen muss neu ausgesät werden.

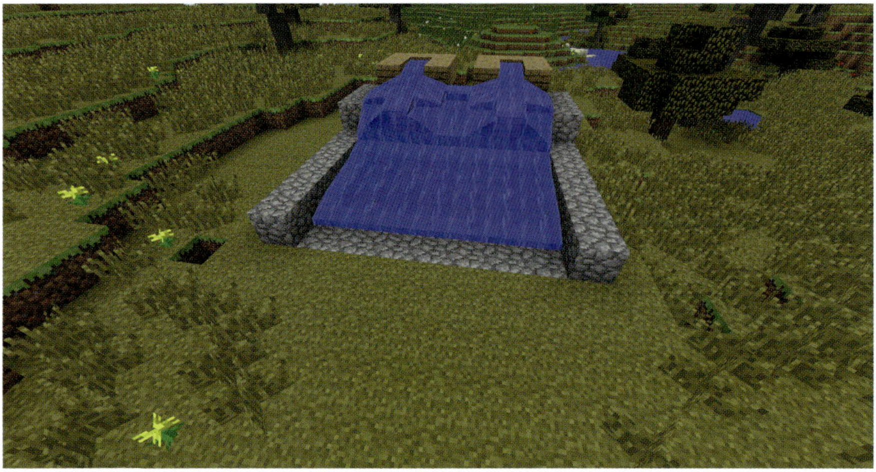

Abbildung 5.22: Weizen-Farm während der Ernte

5.6 Vollautomatische Eier-Farm

Das massenhafte Produzieren von Eiern ist in Minecraft im Prinzip ohne eigenes Zutun möglich, schließlich legen Hühner von selbst Eier. Allerdings gibt es auch hier das Problem, dass diese nach einiger Zeit verschwinden, wenn man sie nicht aufsammelt. Mit einer Eier-Farm können die Eier mit Trichtern automatisch eingesammelt werden, so ist garantiert, dass kein Ei verloren geht.

Als Basis für die Eier-Farm dient zunächst eine einfache Truhe, über der ein Trichter angebracht wird, wie in Abbildung 5.23 zu sehen. Danach werden um diesen Trichter vier weitere Trichter wie in Abbildung 5.24 platziert. Dabei ist es wichtig, darauf zu achten, dass die Trichter richtig ausgerichtet werden. Wie bereits zuvor erwähnt, entscheidet die Ausrichtung, in welche Richtung die Trichter später Gegenstände weitergeben. Da in diesem Fall gewünscht ist, dass alle Trichter die Eier von außen nach innen weitergeben, müssen die äußeren Trichter mit einem Klick auf den inneren Trichter positioniert werden.

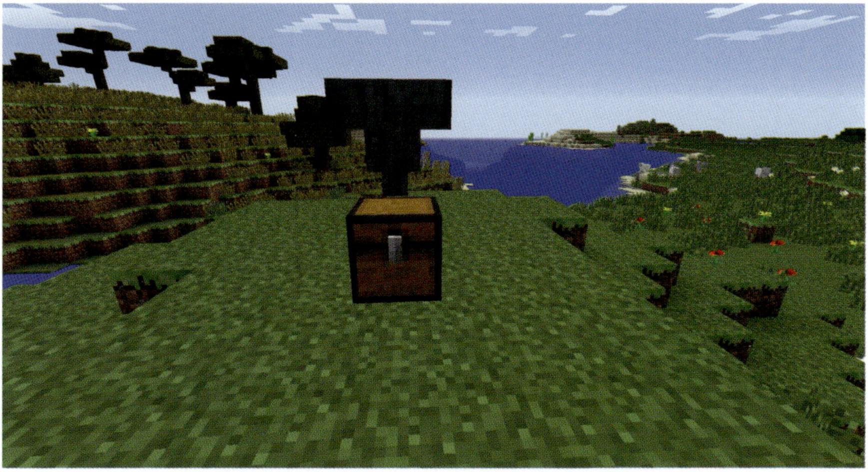

Abbildung 5.23: Truhe mit Trichter, Basis der Eier-Farm

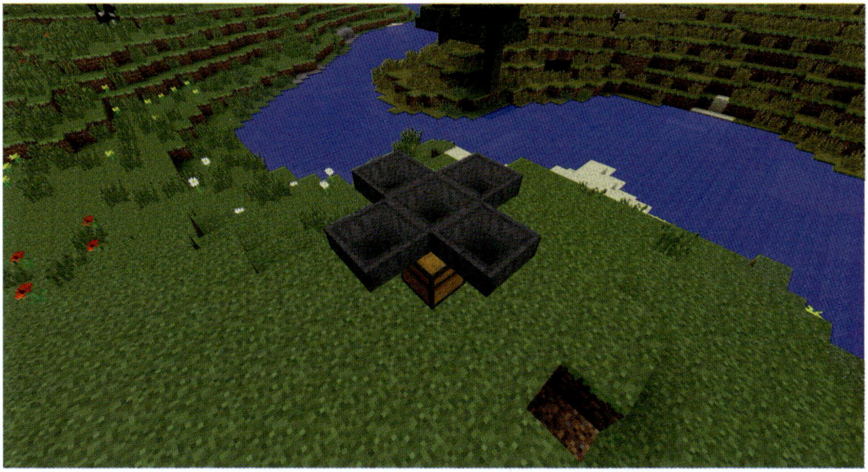

Abbildung 5.24: Zweite Baustufe der Eier-Farm

Nun können beliebig viele Trichter um diese Konstruktion herum gebaut werden, je nachdem, wie groß die Eier-Farm werden soll. Dabei ist immer darauf zu achten, dass die Trichter von außen nach innen korrekt ausgerichtet sind, damit später auch wirklich alle Eier in die Truhe gelangen und nicht in den Trichtern hängen bleiben. Am Schluss sollte die Fläche noch mit einem Zaun umrandet werden, damit die Hühner nicht weglaufen können.

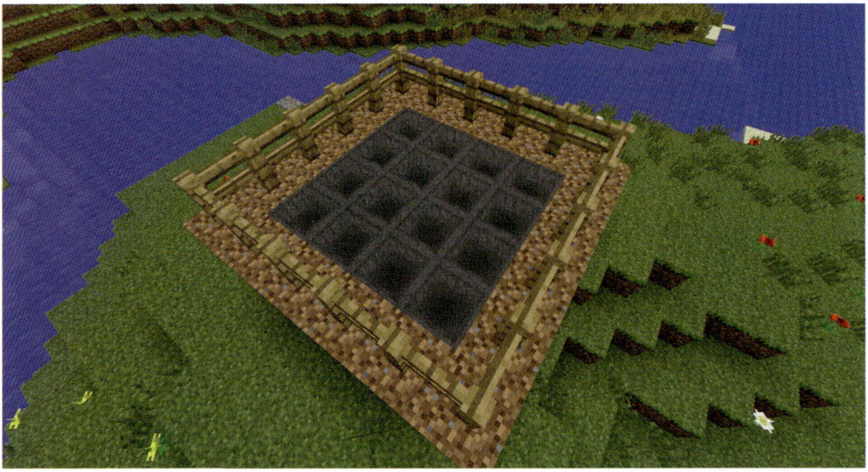

Abbildung 5.25: Fertige Eier-Farm

Nun müssen nur noch Hühner in die Eier-Farm gesetzt werden. Dies kann entweder mit einer Leine oder durch das Werfen von Eiern passieren. Fertig besetzt sieht die Farm dann wie in Abbildung 5.26 aus. Legt ein Huhn ein Ei, transportieren die Trichter es automatisch zur Truhe unter der Farm, aus der die Eier dann bequem entnommen werden können.

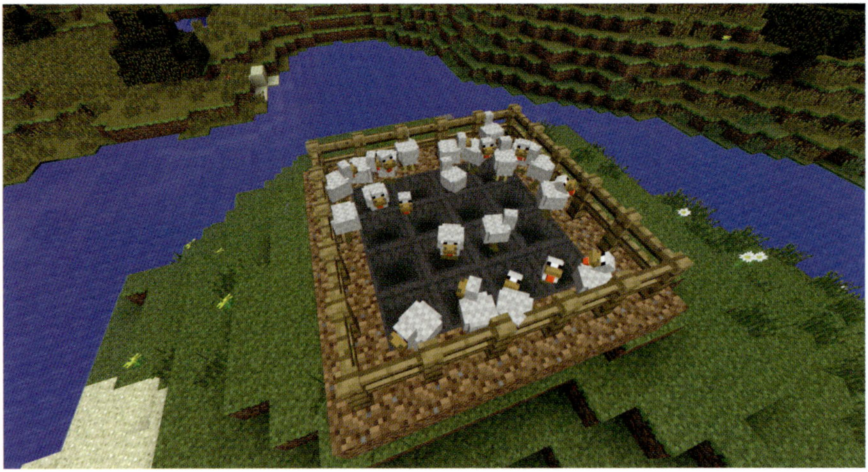

Abbildung 5.26: Eier-Farm mit Hühnern

5.7 Monsterfarmen

Fast alle Monster in Minecraft lassen bei ihrem Tod nützliche Gegenstände, wie Fäden oder Schwarzpulver, fallen. Auch diese Gegenstände können mit einer Farm, oft auch Monsterfalle genannt, automatisch produziert beziehungsweise gesammelt werden. Dazu muss die Farm so gestaltet werden, dass die Monster automatisch, also ohne Zutun des Spielers, sterben. Kleiner Nachteil dieser Methode: Erfahrungspunkte kann man auf diese Weise nicht sammeln, die gibt es nämlich nur, wenn ein Monster vom Spieler getötet wird. Es gibt Hunderte Möglichkeiten, eine Monsterfarm zu bauen, einige davon werden hier vorgestellt, um die grundlegenden Prinzipien zu verdeutlichen, nach denen jede Monsterfarm funktioniert.

5.7.1 Schacht-Monsterfalle

Als Erstes wollen wir uns die vermutlich einfachste Form einer Monsterfalle anschauen, diese beinhaltet zwar keine Redstone-Bauteile, an diesem einfachen Beispiel lassen sich aber einige grundlegende Regeln für den Bau einer Monsterfalle aufzeigen. Zunächst einmal besteht jede Falle aus drei Teilen. Den meisten Platz nimmt der Spawn-Bereich ein. Dabei handelt es sich meist um eine große Halle. In dieser Halle sollen die Monster erscheinen, die später in der Falle umgebracht werden sollen. Dazu muss diese Halle bestimmte Anforderungen erfüllen. Zunächst einmal muss es dort dunkel sein, da Monster nur im Dunkeln erscheinen. Möchtest du eine Falle bauen, die nur Spinnen tötet, reicht es, wenn das Innere der Halle einen Block hoch ist, sollen auch Skelette, Zombies und Creeper getötet werden, muss das Innere schon mindestens zwei Blöcke hoch sein, für Enderman sogar drei. Außerdem sollte die Monsterfalle nicht weniger als 25 und nicht mehr als 75 Blöcke vom Spieler entfernt sein, da in diesem Abstand zum Spieler die meisten Monster erscheinen.

Der zweite Teil der meisten Monsterfallen ist ein Transportsystem, das sicherstellt, dass die Monster sich dort hinbewegen, wo sie getötet werden, und dass die Gegenstände, die sie bei ihrem Tod fallen lassen, zum Spieler transportiert werden. Hierfür wird meistens Wasser eingesetzt.

Und der dritte Teil ist schließlich der Teil, der die Monster tatsächlich tötet. Dafür gibt es die verschiedensten Mechanismen. Bei der einfachen Schacht-Falle sterben die Monster zum Beispiel durch einen Fall aus großer Höhe.

Der Schacht unserer Monsterfalle soll einen Innendurchmesser von 3 x 3 Blöcken haben, entsprechend sieht sein Fundament wie in Abbildung 5.27 gezeigt aus. Genau in diesem Bereich werden später die Gegenstände landen, die die Farm produziert.

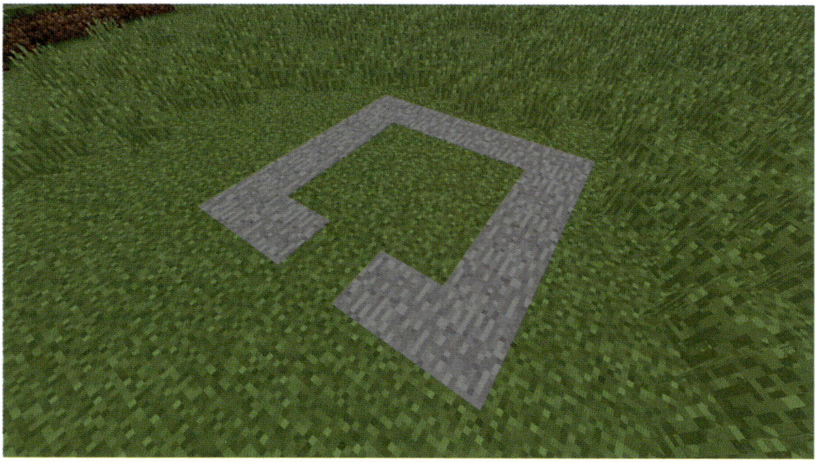

Abbildung 5.27: Fundament für den Schacht

Der Schacht selbst kann aus einem beliebigen Material gebaut werden, wichtig ist nur zu beachten, dass er mindestens 25 Blöcke hoch sein muss, damit die Monster durch den Sturz auch wirklich sterben. Außerdem sollte der letzte Teil des Schachts möglichst nicht aus Glas bestehen, da sonst bei Tag zu viel Licht in den Spawn-Bereich gelangen und so die Monster am Erscheinen hindern könnte.

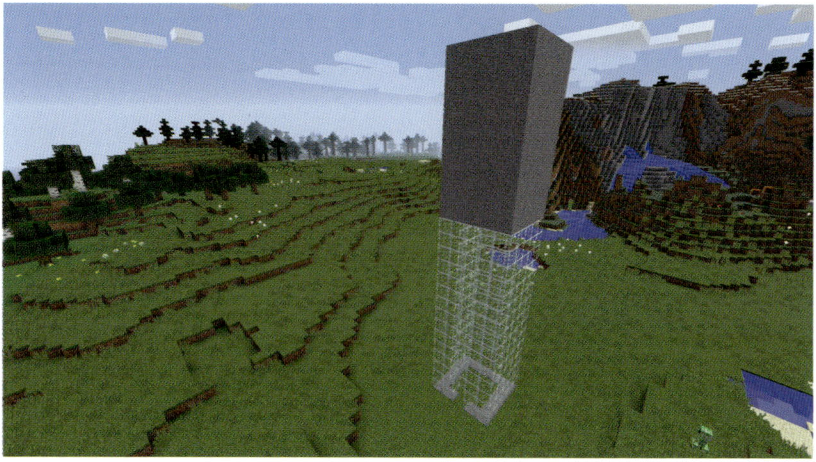

Abbildung 5.28: Schacht der Monsterfarm

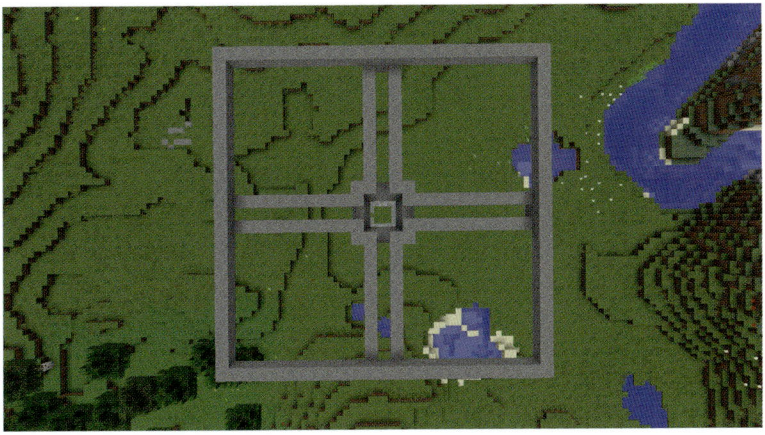

Abbildung 5.29: Grundgerüst des Spawn-Bereichs

Auf den Schacht wird dann wie in Abbildung 5.29 das Grundgerüst für den Spawn-Bereich gesetzt. Dabei gilt: Je größer der Spawn-Bereich ist, desto mehr wird die Monsterfalle produzieren. In unserem Beispiel erstreckt sich der Spawn-Bereich vom Schacht aus in jede Richtung zehn Blöcke weit.

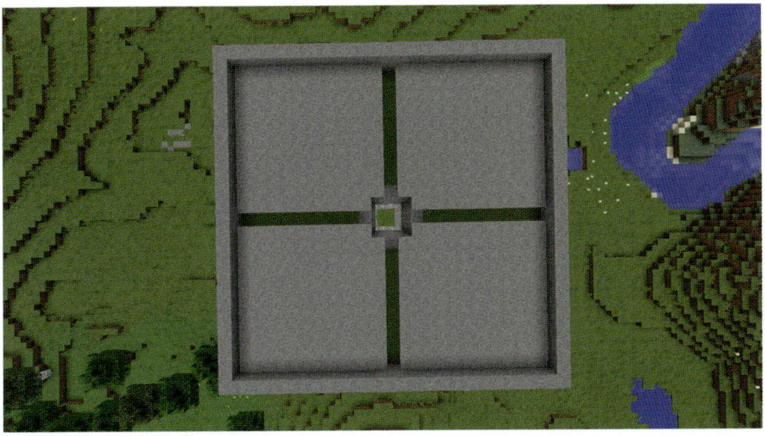

Abbildung 5.30: Spawn-Bereich mit Gräben

Danach kann der Boden des Spawn-Bereichs ausgefüllt werden. Dabei ist zu beachten, dass die Gräben in der Mitte einen Block tiefer sind als der Rest der Fläche, wie Abbildung 5.30 zeigt. Diese Gräben dienen später als Transportsystem.

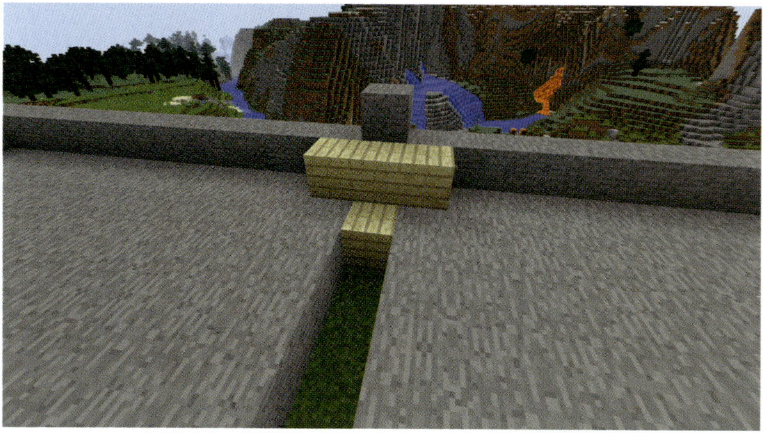

Abbildung 5.31: Graben-Ende

Damit der Transport reibungslos funktioniert, muss zunächst am Ende jedes Grabens noch eine Erhöhung, wie in Abbildung 5.31 gezeigt, gebaut werden. Diese Erhöhung sorgt später dafür, dass das Wasser auch bis zum Ende des Grabens fließt. Wenn der Graben also eine andere Länge als hier im Beispiel hat, kann es sein, dass keine beziehungsweise eine andere Erhöhung notwendig ist.

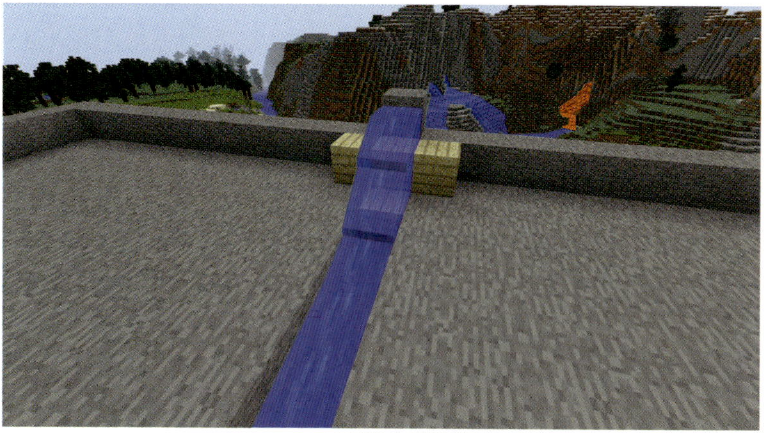

Abbildung 5.32: Graben mit Wasser

Nun wird auf der Erhöhung am Ende jedes Grabens wie in Abbildung 5.32 mithilfe eines Eimers Wasser platziert. Das Wasser aller Gräben fließt nun in Richtung des Schachtes.

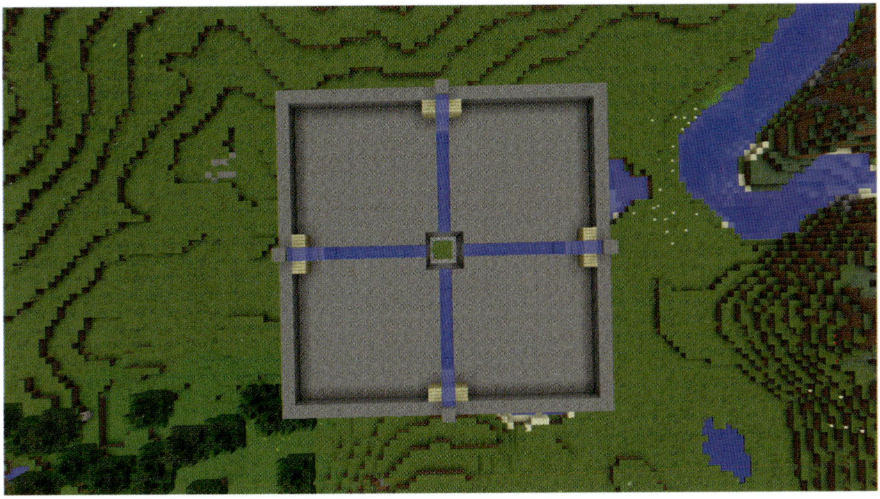

Abbildung 5.33: Mit Wasser gefüllte Gräben

Läuft später ein Monster in den Graben, wird es vom Wasser direkt in Richtung des Schachtes gespült und fällt hinunter. Damit das auch funktioniert, ist es wichtig, dass das Wasser exakt bis zur Kante des Schachtes fließt. Fließt es zu kurz, fallen die Monster nicht herunter, fließt es über die Kante hinaus, sterben die Monster beim Herunterfallen nicht.

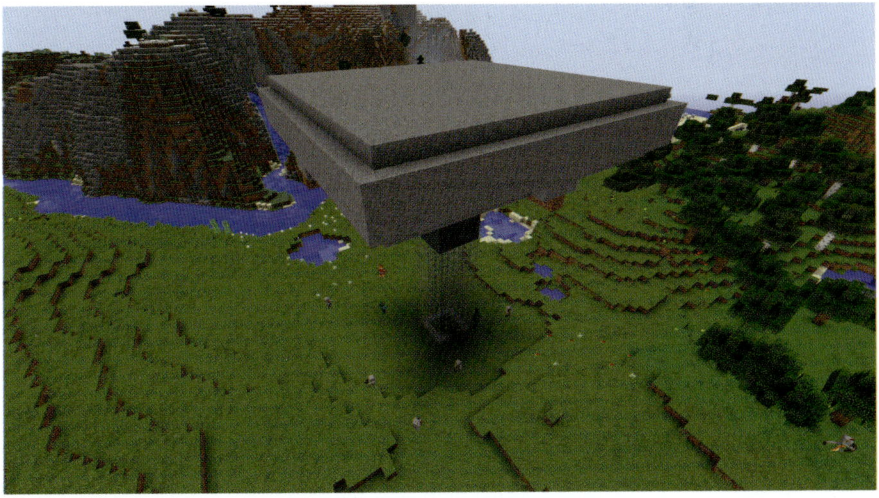

Abbildung 5.34: Fertige Monsterfalle

Zum Schluss werden noch die Wände der Monsterfalle hochgezogen und ein Dach darauf gesetzt. In Abbildung 5.34 ist das fertige Ergebnis zu sehen. Nun heißt es nur noch abwarten, bis die ersten Monster fallen. Diese Art der Monsterfalle ist in ihrem Aufbau sehr simpel, hat aber auch zwei Nachteile: Zum einen ist sie, wie du deutlich siehst, sehr groß und verschlingt deshalb viele Baustoffe, zum anderen bist du immer darauf angewiesen, zu warten, bis ein Monster in einen der Kanäle läuft.

Tipp
Du solltest die Umgebung um deine Monsterfalle ausreichend mit Fackeln ausleuchten, damit die Monster, auch in der Nacht, wirklich in deiner Monsterfalle erscheinen und nicht darunter oder darüber.

5.7.2 Lava-Monsterfalle

Eines dieser Probleme lässt sich mit einer Lava-Falle lösen, diese ist nämlich deutlich platzsparender, da auf einen großen Schacht verzichtet werden kann. Stattdessen werden die Monster, wie der Name schon erahnen lässt, durch Lava getötet.

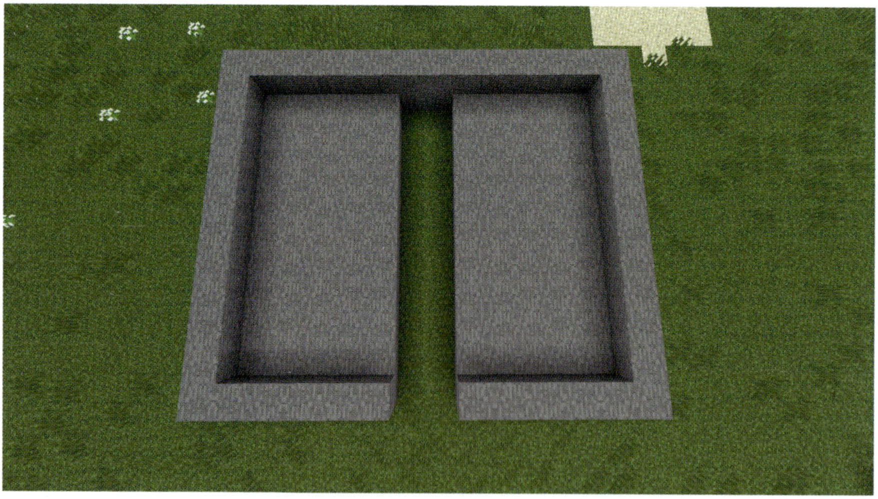

Abbildung 5.35: Grundriss Spawn-Bereich

Zunächst benötigt aber auch die Lava-Falle einen Spawn-Bereich. Dieser kann grundsätzlich genau so aufgebaut werden wie der Spawn-Bereich der Schacht-Falle. Da unser Ziel aber eine besonders kompakte Falle ist, kann der Spawn-Bereich auch, wie in Abbildung 5.35 gezeigt, deutlich kleiner ausfallen, was allerdings auch dazu führt, dass die Falle weniger Gegenstände produzieren wird.

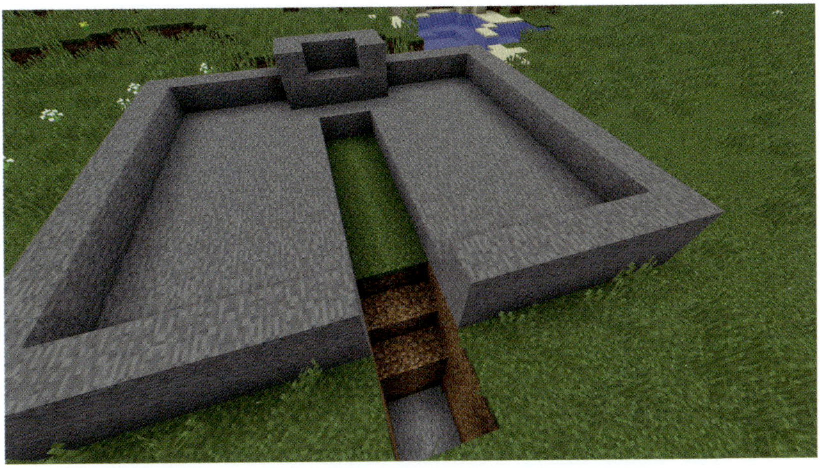

Abbildung 5.36: Spawn-Bereich mit Wasserbecken und Vertiefung

Auch bei der Lava-Falle werden die Monster mithilfe von Wasser transportiert. Dazu wird am Ende des Kanals im Spawn-Bereich wieder ein Becken für die Platzierung des Wassers angebracht. Außerdem muss am Ende des Kanals eine kleine Vertiefung gegraben werden. Zwar sollen die Monster diesmal nicht durch einen Fall aus großer Höhe sterben, trotzdem braucht es einen gewissen Abstand zwischen Lava und Spawn-Bereich, da die Lava sonst den Spawn-Bereich erhellt und keine Monster erscheinen.

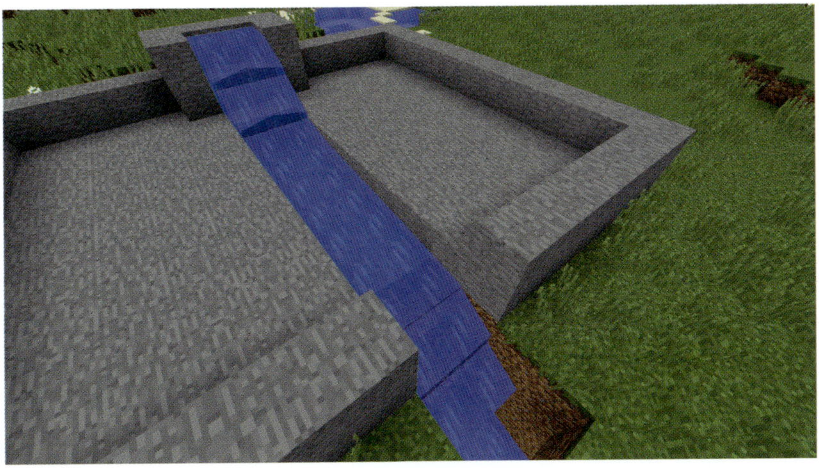

Abbildung 5.37: Spawn-Bereich mit Wasser

Nachdem der Graben in der Mitte des Spawn-Bereichs mit Wasser gefüllt wurde wie in Abbildung 5.37, kann nun der Platz für die Lava vorbereitet werden. Monster mit Lava zu töten, ist kein Problem, denn sobald sie diese berühren, fangen sie an zu brennen, die Herausforderung bei einer Lava-Falle ist aber, dafür zu sorgen, dass die Gegenstände, die die Monster fallen lassen, dabei nicht mit verbrennen.

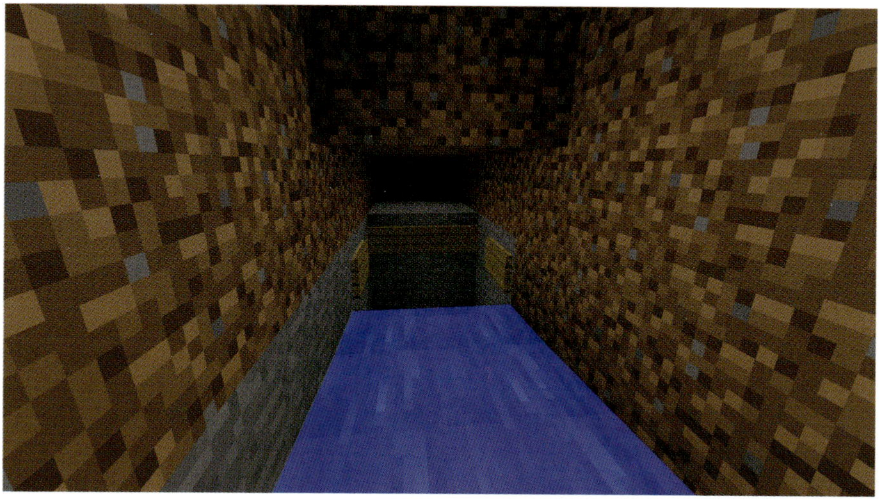

Abbildung 5.38: Vorbereitung für die Lava

Wie das funktioniert, zeigt Abbildung 5.38. Zunächst muss ein unterirdischer Gang gegraben werden. Dabei ist es wichtig, dass die Decke am Ende nicht höher als zwei Blöcke ist. Ans Ende des Gangs kommt ein 4 x 4 Blöcke großes Loch, für das eine Höhe von zwei oder drei Blöcken völlig ausreicht. Hinter dem Loch muss noch zwei Blöcke weitergegraben werden. Hier wird später die Lava platziert. Dabei ist es wichtig, dass diese einen Block höher positioniert wird als der Gang. Danach müssen an den Wänden des Lochs, wie in Abbildung 5.38 gezeigt, vier Schilder angebracht werden.

Positionierst du nun die Lava an die dafür vorgesehenen Stellen, so fließt diese über die Schilder. Monster, die durch den unterirdischen Gang angespült werden, berühren die Lava und verbrennen. Da die Lava aber nicht auf den Boden fließt, fallen die Gegenstände unbeschadet in das Loch und können dort aufgesammelt werden. Damit ist die Lava-Falle fertig und, wie Abbildung 5.40 zeigt, sie ist deutlich kompakter als die Schacht-Falle.

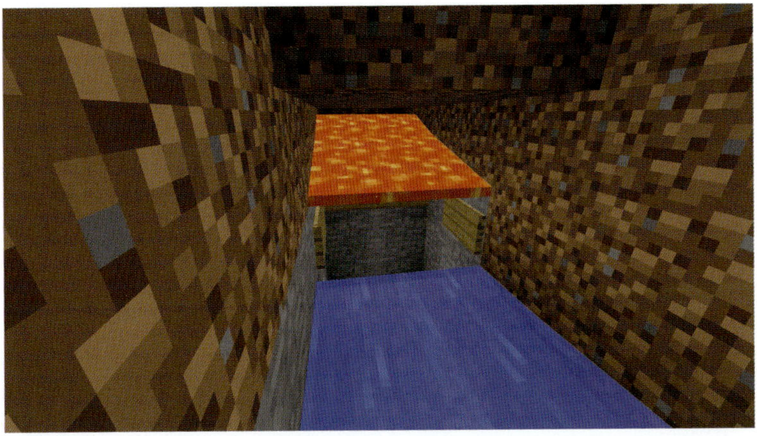

Abbildung 5.39: Lava-Falle

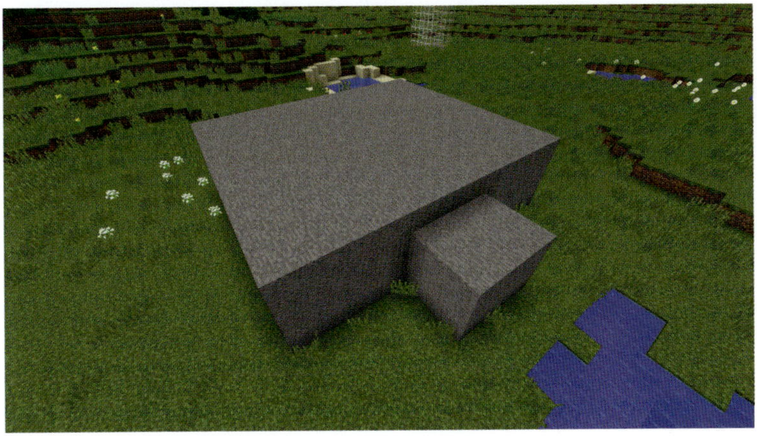

Abbildung 5.40: Lava-Falle von außen

Vorsicht

Beim Platzieren der Lava solltest du äußerst vorsichtig vorgehen, damit du nicht selbst hineinfällst. Die Lava darf immer nur von oben platziert werden, da sie sonst direkt auf dich zufließt.

5.7.3 Redstone-Monsterfalle

Neben der Benutzung von Lava gibt es noch zahlreiche andere Methoden, Monster in einer Monsterfalle zu töten, zum Beispiel mit Kakteen oder indem sie einfach ans Tageslicht geleitet werden, wo sie anfangen zu brennen.

Da es hier allerdings um das Thema Redstone gehen soll, schauen wir uns nun eine Falle an, die mit Redstone arbeitet, und zwar gleich an zwei verschiedenen Stellen. Zunächst soll das Problem gelöst werden, dass beide bisher präsentierten Monsterfallen gemeinsam haben: Die Monster werden nur getötet, falls sie zufällig in einen Wasserkanal laufen. Wenn du Pech hast, kann es auch schon einmal passieren, dass sich mehrere Minuten lang kein einziges Monster in einen Kanal verirrt.

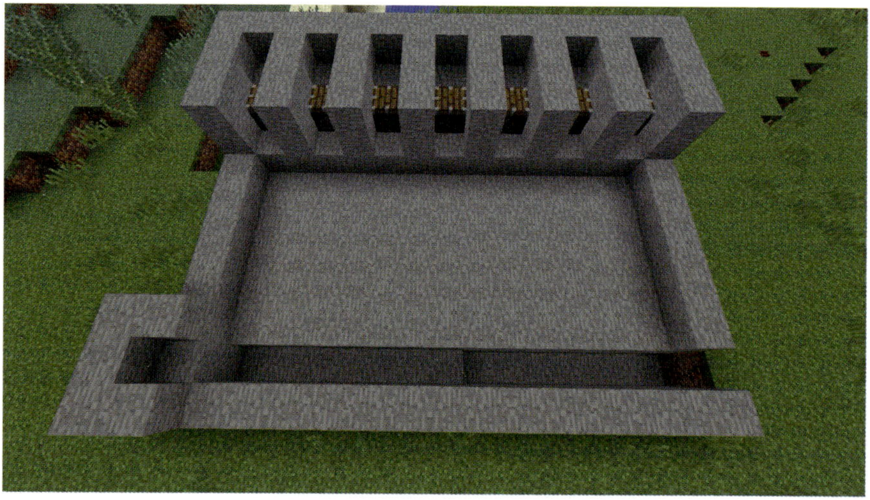

Abbildung 5.41: Basis der Redstone-Falle

Wie du dieses Problem mithilfe der Redstone-Falle umgehen kannst, lässt sich bereis an der Basis der Falle in Abbildung 5.41 erkennen. Zusätzlich zu dem üblichen Transport-Kanal erhält die Falle mehrere Wasserbecken, die mit Kolben geöffnet und geschlossen werden können. Sobald die Becken geöffnet werden, strömt das Wasser über die komplette Breite der Falle und spült alle Monster in der Falle zum Transport-Kanal.

Damit die Kolben später gesteuert werden können, müssen zunächst alle, wie in Abbildung 5.42 gezeigt, mit Redstone-Leitungen verbunden werden. In Abbildung 5.42 wurden zur Verdeutlichung einige Steinblöcke entfernt.

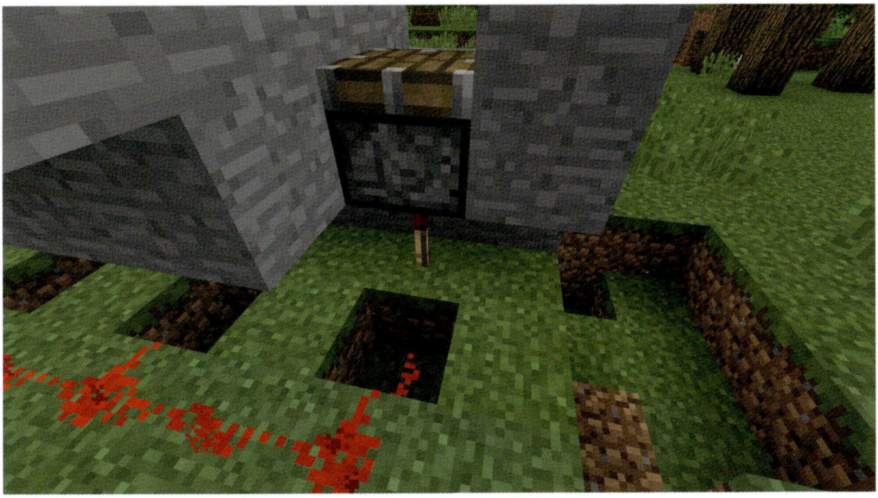

Abbildung 5.42: Anschluss eines Kolbens

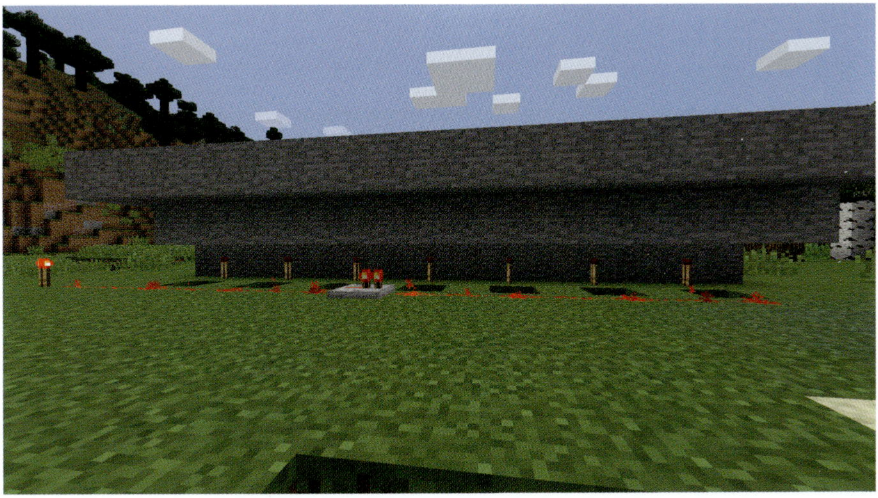

Abbildung 5.43: Fertig angeschlossene Kolben

Abbildung 5.43 zeigt, wie die fertige Schaltung aussehen sollte. Dabei ist darauf zu achten, dass, je nach Größe der Falle, ausreichend Redstone-Verstärker eingesetzt werden, damit das Signal auch bis zum letzten Kolben reicht.

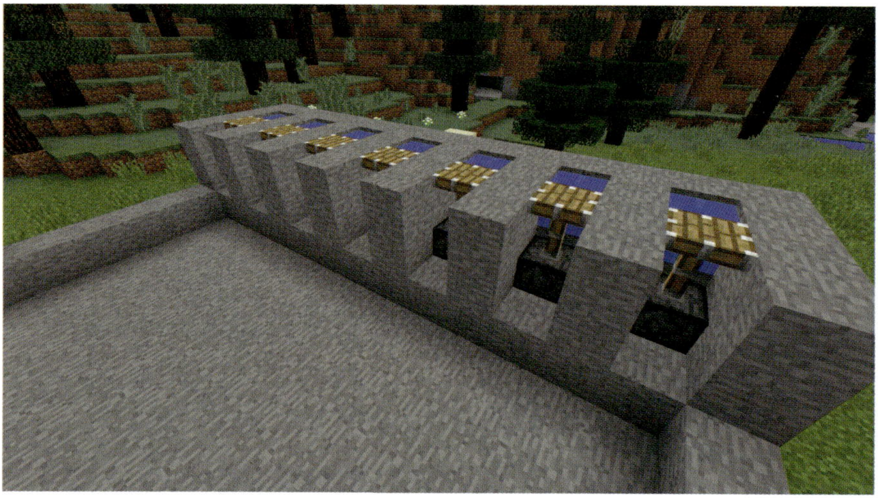

Abbildung 5.44: Gefüllte Wasserbecken

Sind die Kolben alle miteinander verbunden und aktiviert, können auf der Vorderseite der Falle nun die Wasserbecken gefüllt werden. Die Kolben verhindern, dass das Wasser ausströmt, da sonst keine Monster in der Falle erscheinen würden.

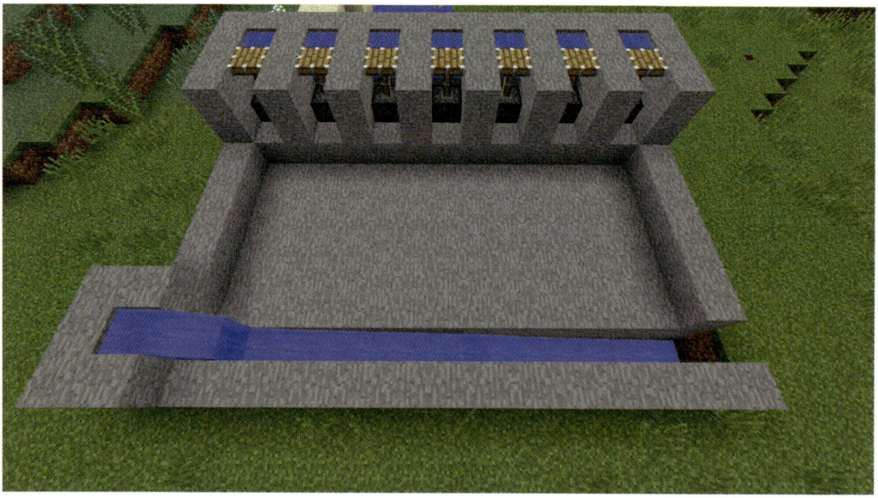

Abbildung 5.45: Transport-Kanal mit Wasser

Danach kann auch der Transport-Kanal mit Wasser gefüllt werden. Im Normalzustand sieht die Redstone-Falle dann wie in Abbildung 5.45 aus. Sobald die Kolben eingefahren werden, ergießt sich das Wasser in Richtung Transport-Kanal wie in Abbildung 5.46 und wird damit später alle Monster dort hineinspülen.

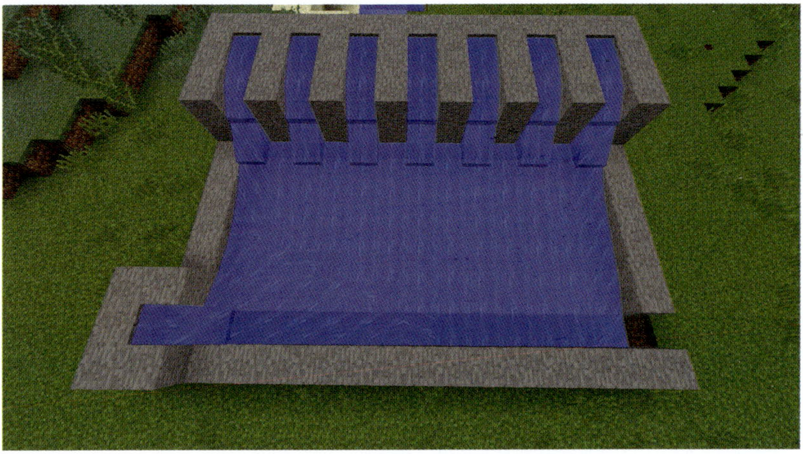

Abbildung 5.46: Ausgelöste Monsterfalle

Nun müssen die so gefangenen Monster auch noch getötet werden, auch hierfür wird eine Redstone-Schaltung verwendet.

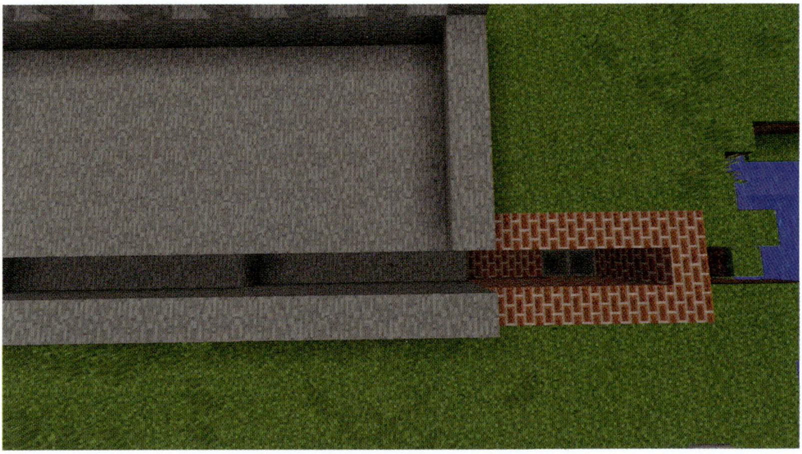

Abbildung 5.47: Gang mit Trichtern

Zunächst baust du dazu an das Ende des Transport-Kanals einen kurzen Gang an, an dessen Ende wie in Abbildung 5.47 zwei Trichter den Boden bilden.

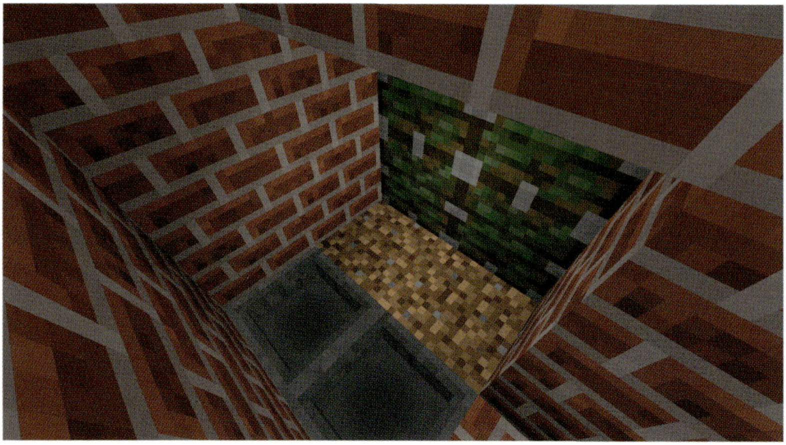

Abbildung 5.48: Platzierung der Kolben

Rechts der beiden Trichter werden dann wie in Abbildung 5.48 vier klebrige Kolben platziert, vor die später jeweils ein beliebiger Block gesetzt wird.

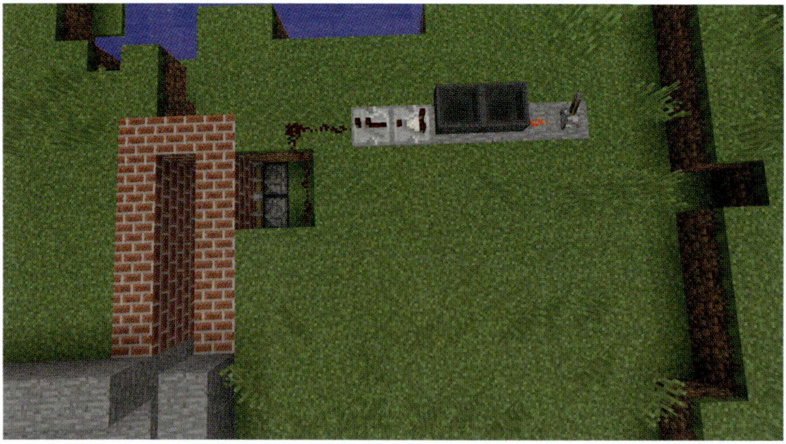

Abbildung 5.49: Trichter mit Taktgeber

Die Trichter werden dann von oben mit einem Taktgeber verbunden, wie du ihn in Kapitel 2 bereits kennengelernt hast. Für welchen du dich dabei entscheidest, bleibt dir überlassen. In Abbildung 5.49 wird zum Beispiel ein Trichter-Taktgeber eingesetzt, da dieser recht platzsparend und einfach zu bauen ist.

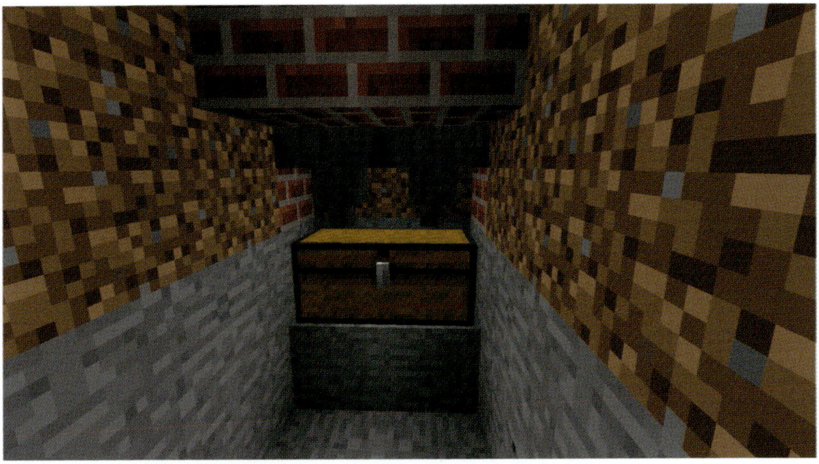

Abbildung 5.50: Truhen unter den Trichtern

Unter den beiden Trichtern, die den Boden des Ganges bilden, können dann noch wie in Abbildung 5.50 zwei Truhen platziert werden, aus denen die Gegenstände dann später entnommen werden können.

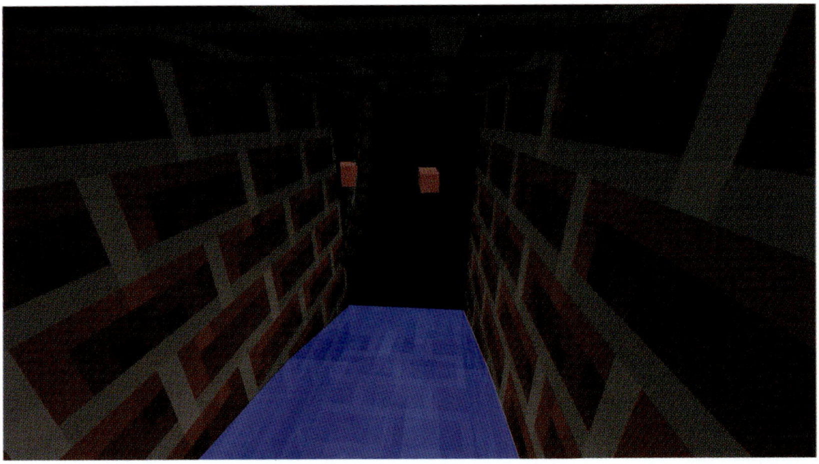

Abbildung 5.51: Monsterfalle in Aktion

Nun muss die Decke des Ganges noch geschlossen werden, dabei solltest du darauf achten, dass die Decke nicht höher als zwei Blöcke ist, damit die Monster deiner Falle nicht entkommen können. Abbildung 5.51 zeigt, wie die Falle im Einsatz funktioniert. Die Monster werden durch den Transport-Kanal auf die Trichter gespült und dann durch die Bewegung der Kolben zerquetscht. Die Gegenstände fallen in die Trichter und werden von dort an die Truhe weitergeleitet.

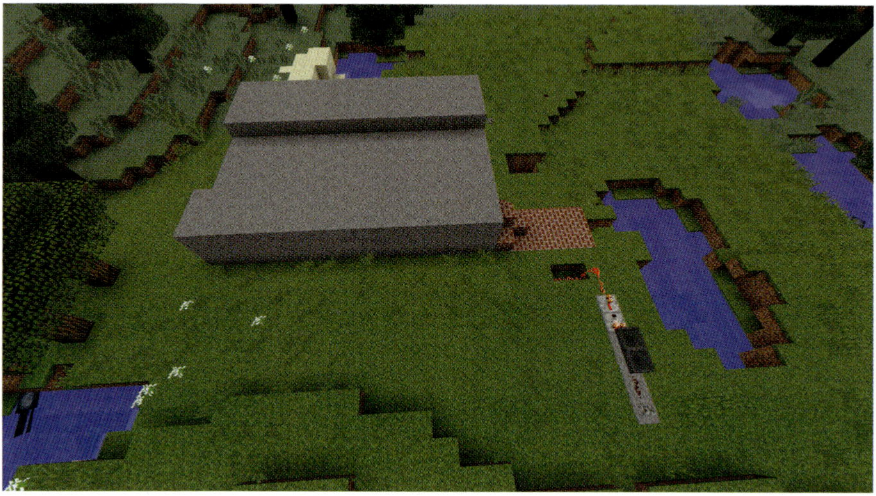

Abbildung 5.52: Fertige Redstone-Falle

Nun fehlt noch die Decke über dem Spawn-Bereich, damit es dort auch am Tag dunkel ist und Monster erscheinen können. Zum Schluss musst du dann noch entscheiden, wie du die Falle gerne auslösen möchtest. Im einfachsten Fall verbindest du die Kolben, die das Wasser zurückhalten, einfach mit einem Hebel und löst diesen von Zeit zu Zeit aus und spülst die Falle damit leer. Eine andere Möglichkeit ist, einen extrem langen Taktgeber einzusetzen, der die Falle automatisch auslöst, oder sie mithilfe eines Tageslichtsensors einmal am Tag auszulösen.

Eine einfache Möglichkeit, noch mehr Gegenstände zu produzieren, ist übrigens, einfach ein zweites Stockwerk mit einer zusätzlichen Spawn-Ebene auf die Falle zu setzen. Am Ende fallen die Monster dann einfach ein Stockwerk tiefer und werden ebenfalls zu den Trichtern geleitet.

Kapitel 6

Schienen und Loren

Weitere Einsatzgebiete für Redstone-Schaltungen sind Schienen und Loren. Geschickt kombiniert lassen sich mit Redstone-Bauteilen Weichen, ganze U-Bahn-Systeme und sogar automatische Güterbahnhöfe in Minecraft errichten.

6.1 Loren antreiben

Loren sind eine gute Möglichkeit, um weite Strecken in der Welt von Minecraft zurückzulegen, da sie sich mit einer Maximalgeschwindigkeit von bis zu acht Blöcken pro Sekunde bewegen können. Um solche Geschwindigkeiten zu erreichen, reicht es aber nicht, sich einfach in eine Lore zu setzen. Dazu wird ein zusätzlicher Antrieb benötigt.

Die einfachste Möglichkeit, Loren zu beschleunigen, ist, bergab zu fahren. Nicht umsonst ist es aber eine alte Weisheit, dass es da, wo es bergab geht, irgendwann auch wieder bergauf geht. Auf diese Art können Loren deshalb nur über kurze Strecken beschleunigt werden und auf dem Rückweg funktioniert es überhaupt nicht mehr. Die bessere Art, Loren zu beschleunigen, sind deshalb die sogenannten Antriebsschienen.

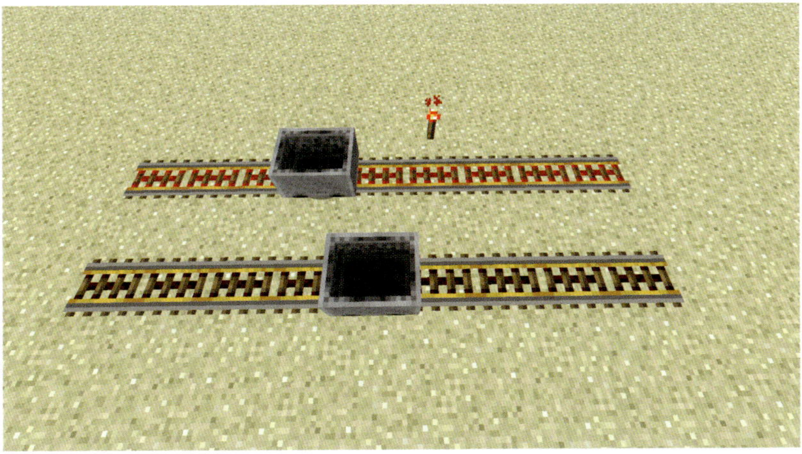

Abbildung 6.1: Aktivierte (hinten) und deaktivierte Antriebsschiene (vorne)

Abbildung 6.1 zeigt die Antriebsschienen, einmal aktiviert, im Hintergrund und einmal deaktiviert vorne. Während die aktivierten Antriebsschienen die Lore beschleunigen, bremsen die deaktivierten Antriebsschienen sie aus. Aber auch auf normalen Schienen verlieren Loren mit der Zeit an Geschwindigkeit, sodass in regelmäßigen Abständen Antriebsschienen platziert werden müssen, damit eine Lore ihre Geschwindigkeit halten kann.

Sitzt ein Spieler in der Lore, sollte alle 38 Blöcke eine Antriebsschiene verlegt werden. Gibt es Kurven oder Steigungen in der Strecke, sitzt kein Spieler in der Lore oder handelt es sich um eine Güterlore, so verkürzt sich der Abstand schnell. Den richtigen Abstand für deine Strecke kannst du am einfachsten durch Probieren herausfinden. Schließlich benötigst du zur Herstellung von Antriebsschienen Gold und solltest sie deshalb so sparsam wie möglich einsetzen.

6.2 Kreuzungen

Solange es nur eine Schiene gibt, ist klar, wohin die Fahrt mit einer Lore geht. Was passiert aber, wenn zwei Schienen wie in Abbildung 6.2 zu einer Kreuzung zusammentreffen?

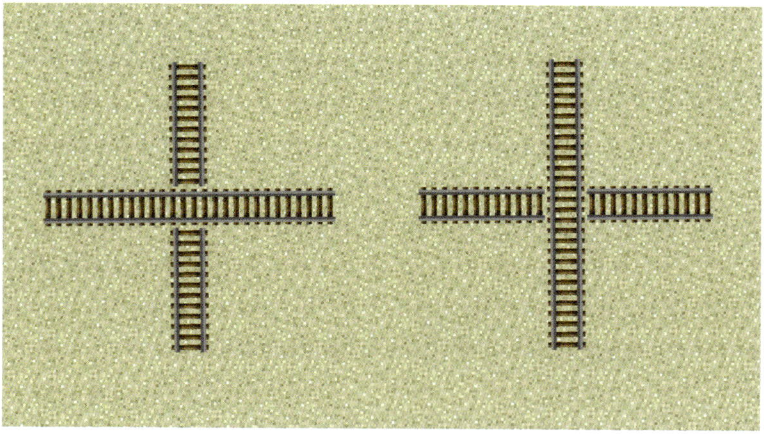

Abbildung 6.2: Kreuzungen

Wie in Abbildung 6.2 gut zu erkennen ist, können Schienen in Minecraft niemals in mehrere Richtungen miteinander verbunden sein, an einer Kreuzung gibt es immer kleine Lücken zwischen den aufeinandertreffenden Schienen. Naheliegend ist das Verhalten, wenn man sich auf der durchgehenden Strecke befindet. Dann bleibt man nämlich auch auf dieser Strecke. Was aber passiert zum Beispiel, wenn man sich der linken Kreuzung in Abbildung 6.2 von oben nähert?

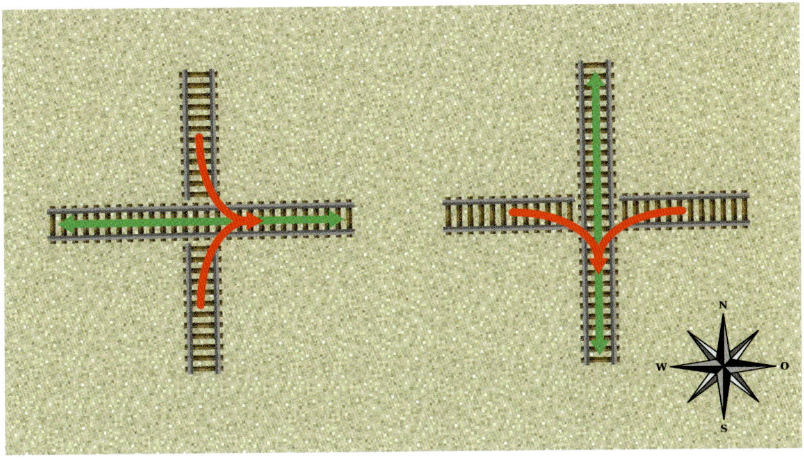

Abbildung 6.3: Süd-Ost-Regel für Kreuzungen

Wohin die Reise dann weiter geht, zeigt Abbildung 6.3: nämlich nach Osten. Für Schienen-Kreuzungen gilt in Minecraft die sogenannte Süd-Ost-Regel. Diese besagt: Verläuft die durchgehende Strecke einer Kreuzung von West nach Ost, so geht die Fahrt in Richtung Osten weiter, wenn man sich auf der nicht durchgehenden Strecke befindet. Verläuft die durchgehende Strecke von Norden nach Süden, so geht die Fahrt in Richtung Süden weiter, wenn man sich auf der nicht durchgehenden Strecke befindet.

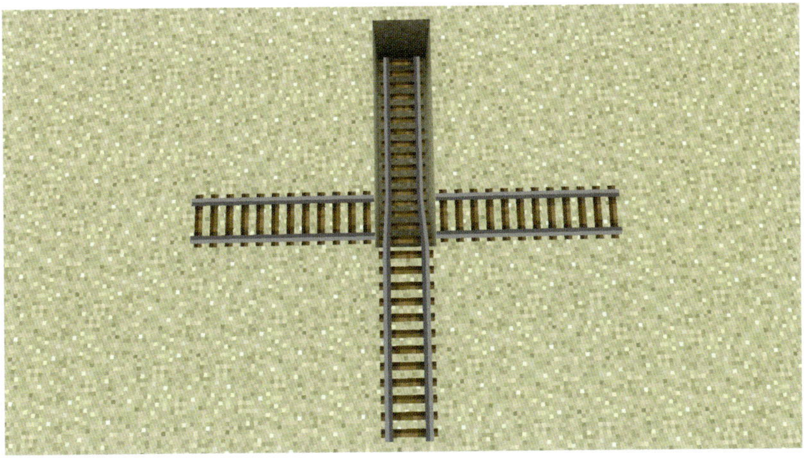

Abbildung 6.4: Kreuzung mit abschüssiger Strecke

Wie so oft gilt aber auch hier: keine Regel ohne Ausnahme. Ist die Kreuzung wie in Abbildung 6.4 in eine Richtung abschüssig, in diesem Fall in Richtung Norden, geht die Fahrt immer in die abschüssige Richtung weiter, wenn man sich auf der nicht durchgehenden Strecke befindet.

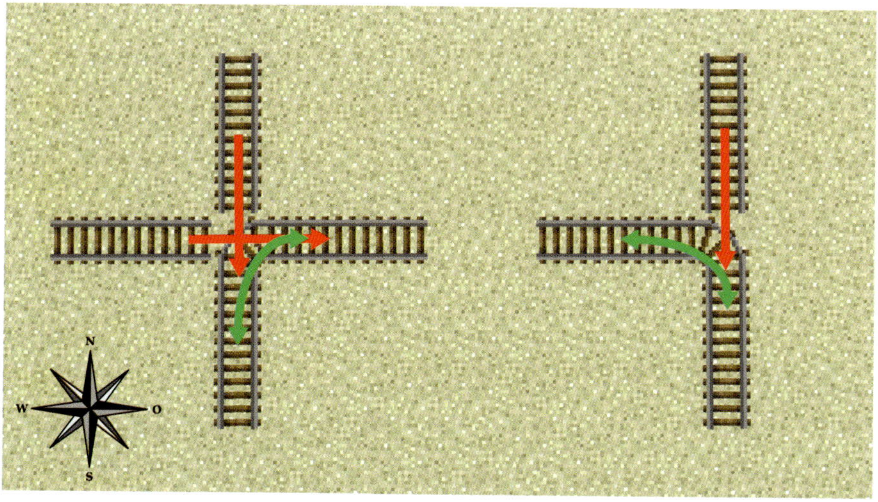

Abbildung 6.5: Abknickende und T-Kreuzung

Anders ist das Verhalten auch an Kreuzungen, an denen die durchgehende Strecke abknickt und an T-Kreuzungen, wie Abbildung 6.5 zeigt. Hier ist das Verhalten eher, wie man es intuitiv erwarten würde: Befindet man sich auf der durchgehenden Strecke, so folgt die Lore der Strecke. Befindet man sich auf einer nicht durchgehenden Strecke, so wird die Fahrtrichtung der Lore beibehalten.

6.3 Weichen

In der Praxis möchtest du an Kreuzungen natürlich nicht immer in dieselbe Richtung fahren, sondern je nach Fahrtziel die Bewegungsrichtung ändern. Dieses Verhalten kann mit verschiedenen Weichen erreicht werden.

6.3.1 T-Weiche

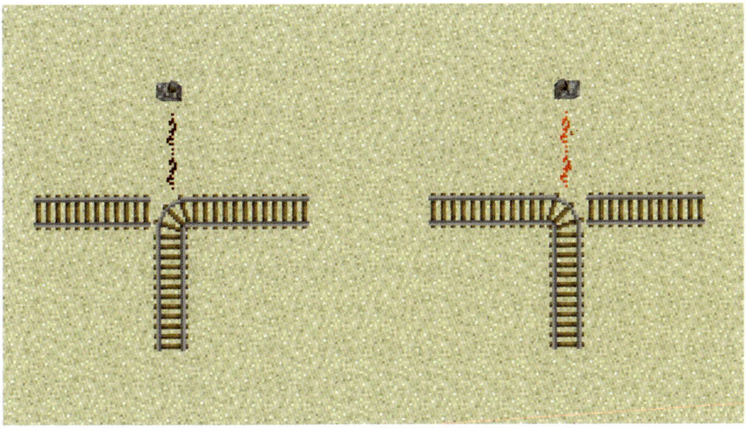

Abbildung 6.6: T-Weiche

Die T-Weiche ist die einfachste und am häufigsten eingesetzte Weiche in Minecraft. Zum Bau einer T-Weiche muss lediglich ein Redstone-Signal wie in Abbildung 6.6 an eine T-Kreuzung angelegt werden. Durch Aktivieren und Deaktivieren des Redstone-Signals lässt sich dann die Fahrtrichtung der T-Weiche ändern.

6.3.2 V-Weiche

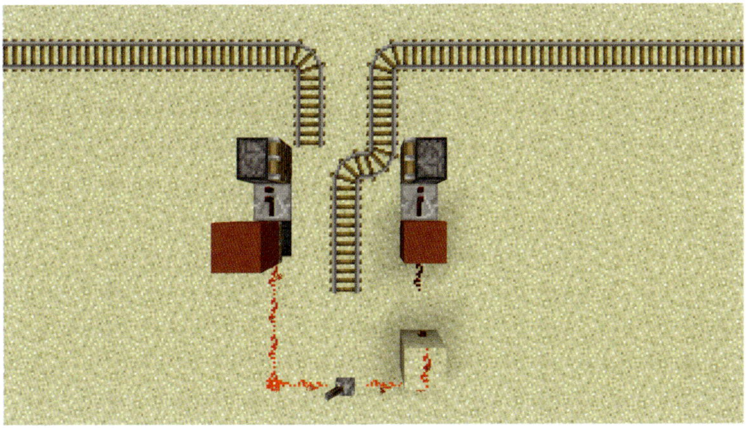

Abbildung 6.7: V-Weiche

Der Aufbau der in Abbildung 6.7 gezeigten V-Weiche ist ein wenig komplexer. Hier werden zum Ändern der Richtung Schienenteile mithilfe von zwei Kolben verschoben. Die Kolben sind jeweils über einen Redstone-Verstärker und einem klebrigen Kolben mit einem Block darauf an eine Redstone-Quelle angeschlossen. Die meisten Spieler verwenden jedoch wegen des einfacheren Aufbaus die T-Weiche.

6.4 Lorenspeicher

Mindestens genau so wichtig wie die richtige Streckenführung ist, eine Lore dabeizuhaben, um auf den Schienen fahren zu können. Das kann manchmal ganz schön nervig sein, wenn man die Lore auf den Schienen stehen lässt, wenn sie kaputtgeht oder einfach weil sie ständig Platz im Inventar belegt. Aber auch für dieses Problem gibt es natürlich eine Lösung.

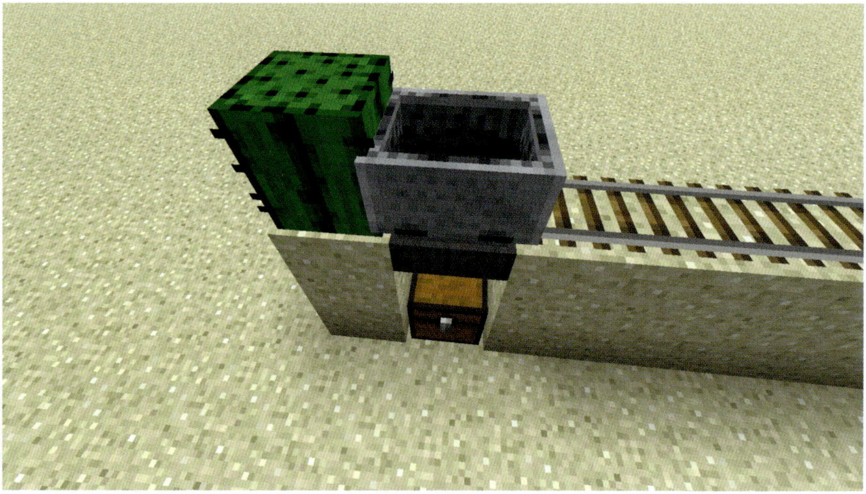

Abbildung 6.8: Einfacher Lorenspeicher

Die einfachste Version eines Lorenspeichers ist in Abbildung 6.8 gezeigt. Auch diese Version ist schon eine echte Erleichterung. Nicht mal mehr aussteigen aus der Lore musst du selbst. Am Ende der Strecke angekommen, sorgt der Kaktus dafür, dass die Lore zerkleinert wird, während du an der gleichen Stelle stehen bleibst. Der Trichter unter den Schienen nimmt die Lore auf und reicht sie an die Truhe weiter. Für die Rückfahrt musst du nun nur noch die Lore aus der Truhe nehmen und wieder auf die Schienen setzen.

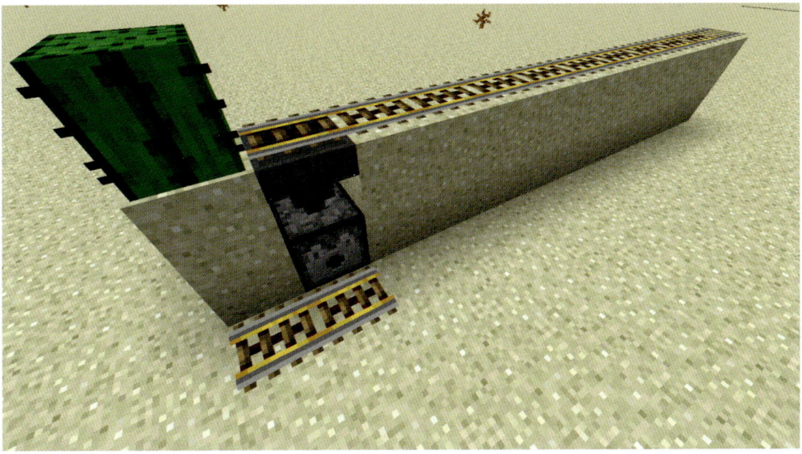

Abbildung 6.9: Lorenspeicher mit Werfer statt Kiste

Wenn du es etwas bequemer haben möchtest, kannst du auch noch dafür sorgen, dass die Lore automatisch wieder auf die Schiene gesetzt wird. Dazu wird die Truhe des Lorenspeichers zunächst wie in Abbildung 6.9 durch einen Werfer mit Antriebsschienen davor ersetzt.

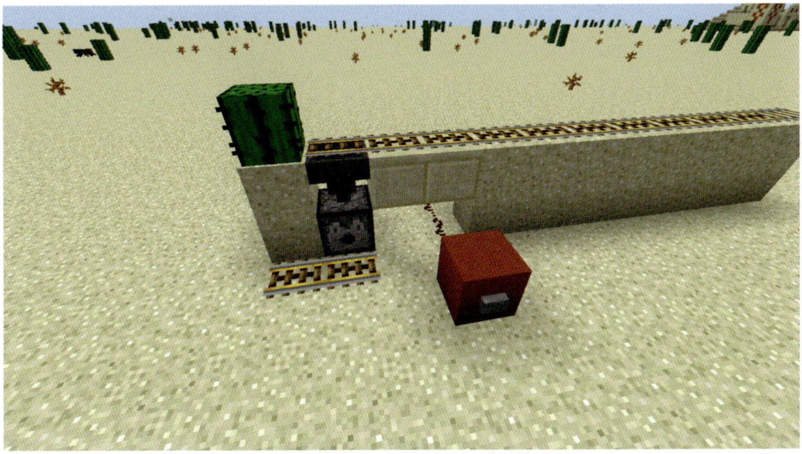

Abbildung 6.10: Knopf zum Zurücksetzen der Lore

Dazu wird noch wie in Abbildung 6.10 ein Knopf benötigt. Durch Betätigung dieses Knopfes kannst du später eine Lore automatisch auf die Schiene setzen.

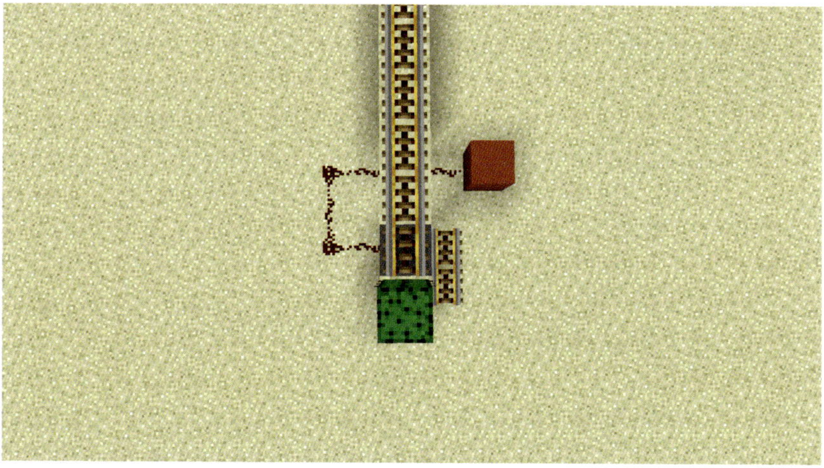

Abbildung 6.11: Der Werfer wird mit dem Knopf verbunden.

Dazu muss zunächst der Werfer, wie in Abbildung 6.11 gezeigt, mit dem Knopf verbunden werden.

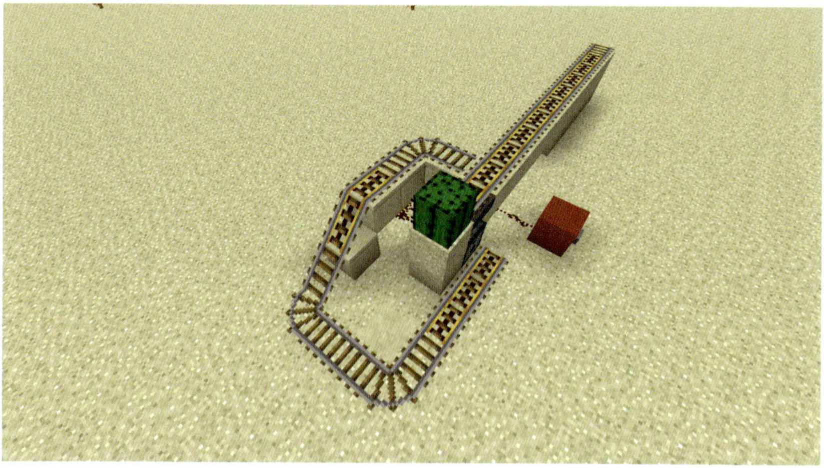

Abbildung 6.12: Schienen zum Zurücksetzen der Lore

Die Schienen vor dem Werfer müssen nun verlängert werden. Darauf wird die Lore später zu ihrem Zielpunkt, der eigentlichen Schienenstrecke, fahren.

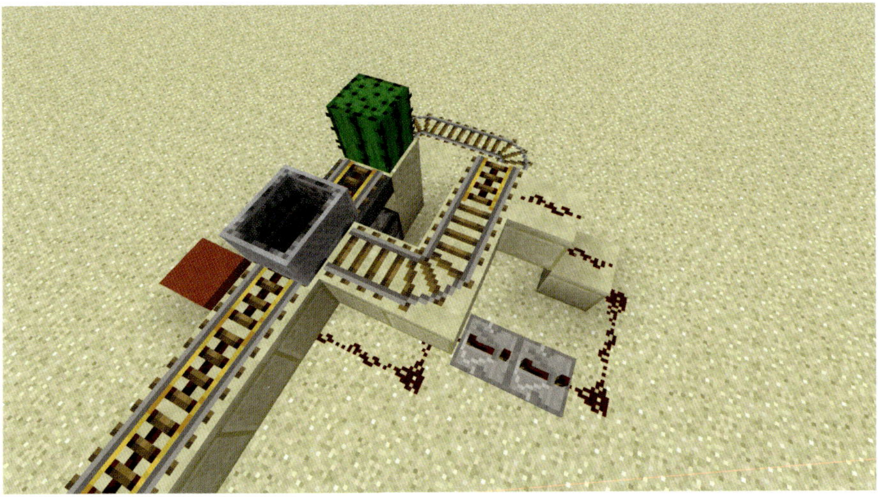

Abbildung 6.13: Verbindung der Antriebsschienen

Damit das auch funktioniert, müssen die Antriebsschienen mithilfe von zwei Redstone-Verstärkern, die auf volle Verzögerung eingestellt sind, ebenfalls mit dem Knopf verbunden werden.

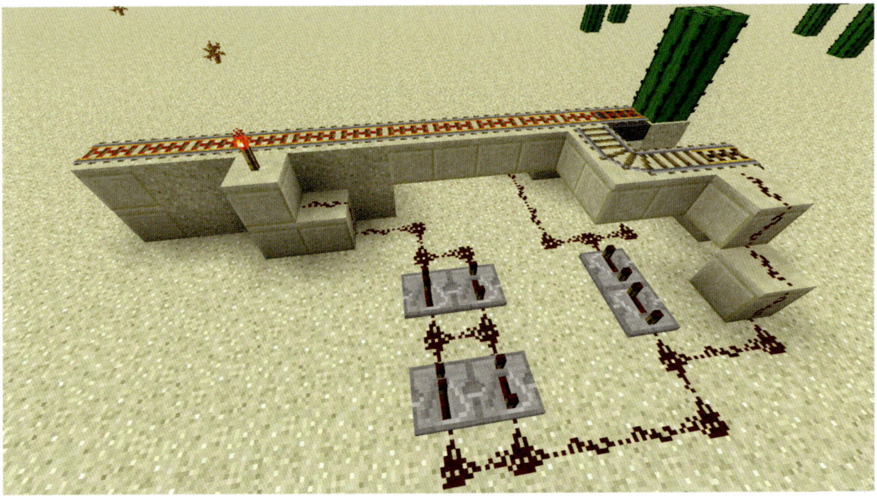

Abbildung 6.14: Anschluss der restlichen Antriebsschienen

Die Antriebsschienen auf der eigentlichen Strecke dienen später dazu, die Lore zu beschleunigen, aber auch, um sie abzubremsen beim Platzieren der Lore. Hierzu werden sie, wie in Abbildung 6.14 gezeigt, ebenfalls mit dem Knopf verbunden.

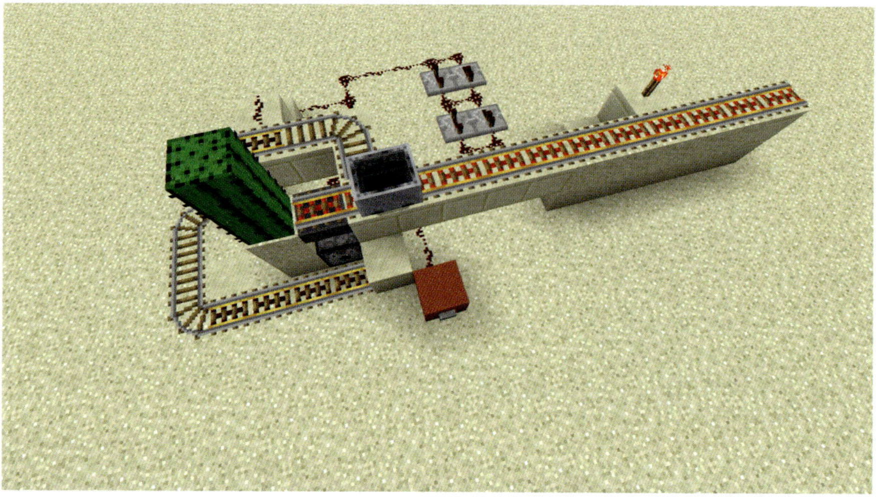

Abbildung 6.15: Fertiger Lorenspeicher

In Abbildung 6.15 ist der fertige Lorenspeicher zu sehen. Solange sich Loren im Werfer befinden, kann durch einen Druck auf den Knopf eine neue Lore auf die Schiene gesetzt werden, die dann automatisch auf derselben Position wie die Lore in Abbildung 6.15 stehen bleibt. Nur reinsetzen in die Lore musst du dich noch selbst.

6.5 U-Bahn

Lorenspeicher, die du gerade kennengelernt hast, eignen sich für Strecken, die einen unterschiedlichen Anfangs- und Endpunkt haben. Das trifft meist auf Strecken zu, die große Entfernungen überbrücken, da der Bau eines zweiten Gleises für die Rückfahrt hier viel zu aufwendig wäre. Bei kürzeren Strecken mit häufigen Haltepunkten, wenn du zum Beispiel mehrere Gebäude, die nahe beieinanderstehen, verbinden willst, bietet sich dagegen oft eine Rundstrecke an, wie man sie auch von U-Bahn-Netzen kennt.

In diesem Abschnitt wollen wir eine solche U-Bahn bauen, die auf einer Rundstrecke vollautomatisch zwischen verschiedenen Haltepunkten verkehrt. Die Strecke zwischen den Haltepunkten kann wie eine ganz normale Schienen-Strecke gebaut werden, nur die Haltestellen benötigen eine besondere Bauweise, damit die U-Bahn auch wirklich komplett automatisch verkehrt.

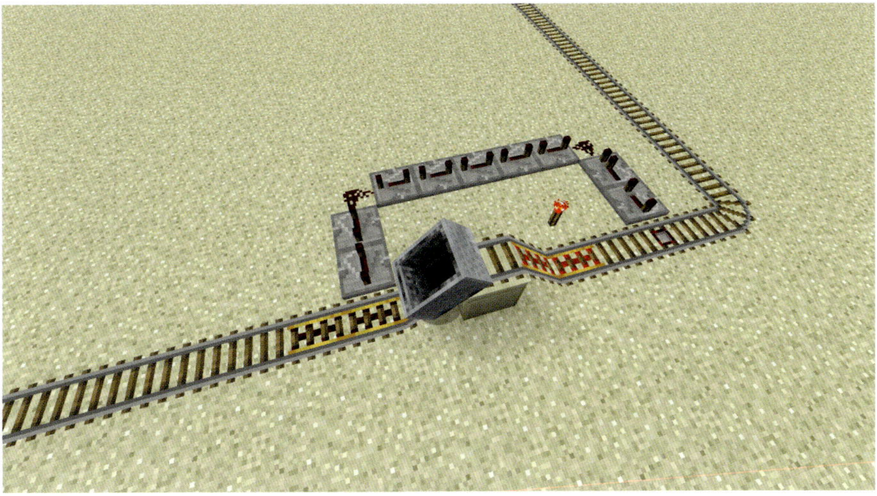

Abbildung 6.16: U-Bahn-Haltestelle

Wie die Haltestellen der U-Bahn aufgebaut sein müssen, zeigt Abbildung 6.16. Zur besseren Sichtbarkeit ist die Haltestelle in Abbildung 6.16 zwar nicht unterirdisch, dort funktioniert sie aber genau so gut. Die Haltestelle erfüllt zwei Aufgaben: Zum einen bremst sie einfahrende Loren ab, sodass diese zum Stehen kommen, zum anderen beschleunigt sie diese nach einer kurzen Zeit wieder, damit sie weiterfahren.

Die Lore fährt von rechts in die Haltestelle ein und überfährt dabei eine Sensorschiene. Durch die eingesetzten Redstone-Verstärker wird die Signalübertragung allerdings verzögert, sodass die hinteren Antriebsschienen die Lore zunächst abbremsen. Nach einer gewissen Zeit, die durch die Verwendung von Redstone-Verstärkern gesteuert werden kann, werden die Antriebsschienen aktiviert. Dadurch, dass die Lore an einer Schräge steht, fährt sie dann automatisch los. Würde die Lore nicht an einer Schräge stehen, würde sie so lange stehen bleiben, bis sie von einem Spieler angestoßen wird, obwohl die Antriebsschienen aktiviert sind.

Unterirdisch eingesetzt und eingebaut in eine ausgebaute U-Bahn-Station kann das Ganze dann wie in Abbildung 6.17 aussehen.

Hinweis

Da in Minecraft immer nur die Teile (auch Chunks genannt) der Welt geladen sind, die sich in der Nähe des Spielers befinden, läuft die U-Bahn, aber auch andere Redstone-Schaltungen, nur, solange sich ein Spieler in der näheren Umgebung befindet.

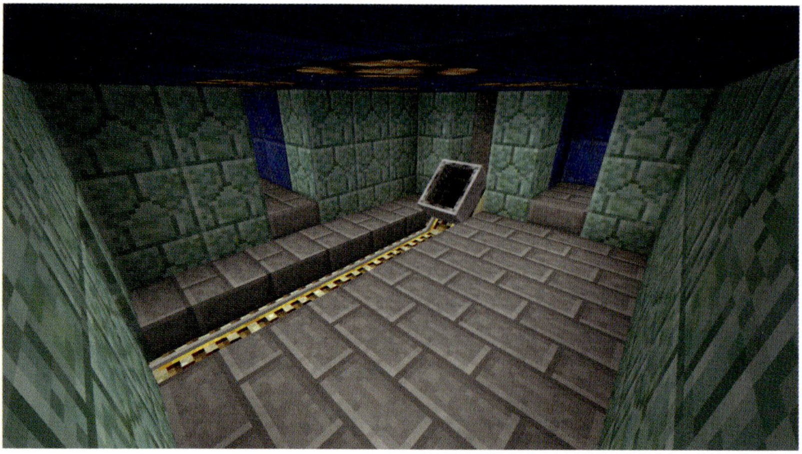

Abbildung 6.17: Komplette U-Bahn-Station

6.6 Bahnübergang

Wenn du statt einer unterirdischen Streckenführung eine überirdische bevorzugst, kann es sinnvoll sein, deine Strecke einzuzäunen, damit nicht ständig irgendetwas oder irgendwer vor deiner Lore steht.

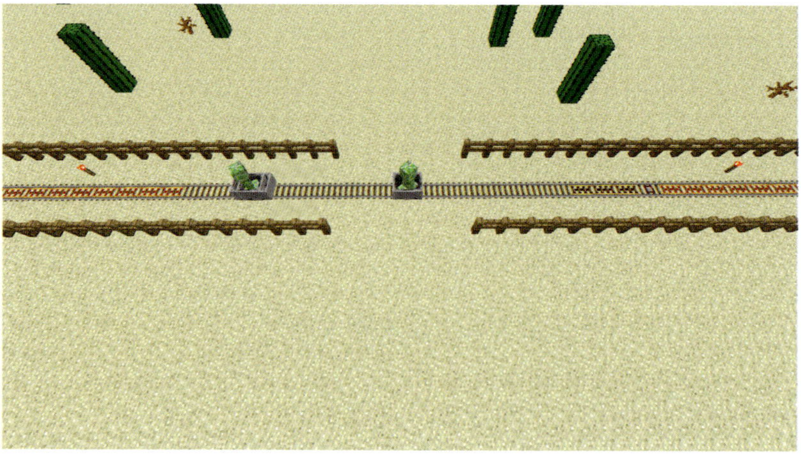

Abbildung 6.18: Ungesicherter Bahnübergang

Da es aber gerade bei längeren Strecken doch immer wieder vorkommt, dass man die Strecke auch zu Fuß kreuzen muss, bietet sich der Bau von kleinen Bahnübergängen an. In Abbildung 6.18 ist die wohl einfachste Form zu sehen, ein simples Loch im Zaun. Eine andere Möglichkeit ist natürlich auch der Bau einer Brücke über die Schienen. In diesem Abschnitt wollen wir uns aber einem Bahnübergang mit automatischen Schranken widmen.

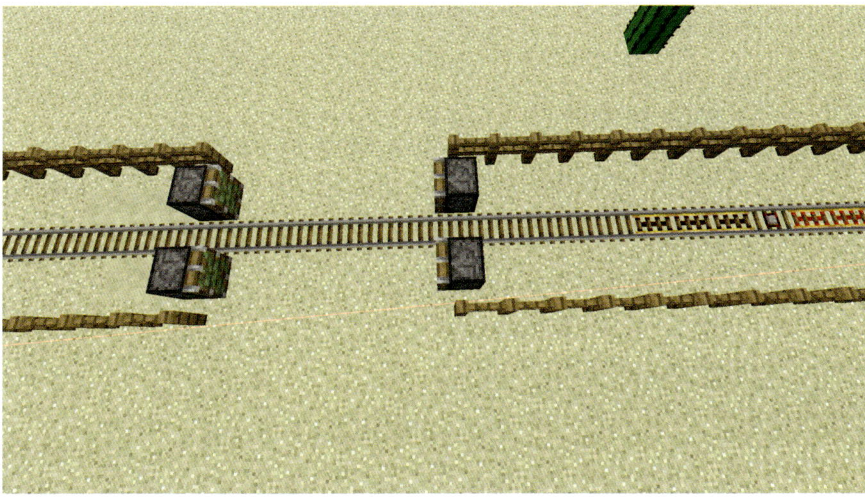

Abbildung 6.19: Klebrige Kolben für den Bahnübergang

Wichtigstes Element für einen solchen Bahnübergang ist die Sensorschiene, die in Abbildung 6.18 bereits zu sehen ist. Wenn es sich bei der Strecke um einen Rundkurs handelt, bei dem die Loren immer von der gleichen Seite kommen, reicht der Einsatz einer Sensorschiene; kommen die Loren von unterschiedlichen Seiten, so wird auf jeder Seite eine Sensorschiene benötigt. Als Nächstes werden, wie in Abbildung 6.19 zu sehen ist, vier klebrige Kolben gebraucht. Diese werden später dafür sorgen, dass die Schranken geöffnet beziehungsweise geschlossen werden.

Damit das reibungslos funktioniert, müssen die Kolben mit der Sensorschiene verbunden werden. Je weiter die Sensorschiene vom tatsächlichen Übergang entfernt ist, desto mehr Redstone-Verstärker müssen zur Verzögerung eingesetzt werden, damit der Übergang auch tatsächlich erst schließt, wenn die Lore am Bahnübergang angekommen ist. Im Beispiel in Abbildung 6.20 werden daher drei Verstärker eingesetzt, die jeweils auf maximale Verzögerung eingestellt sind.

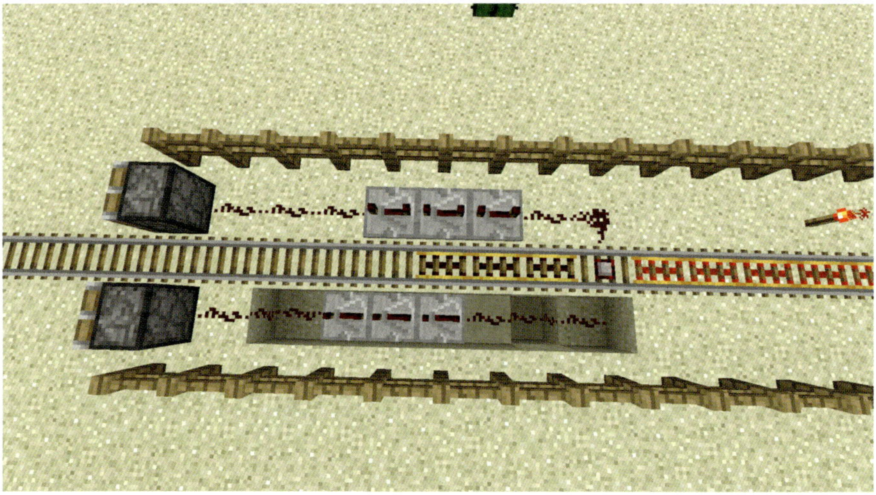

Abbildung 6.20: Anbindung der ersten beiden klebrigen Kolben

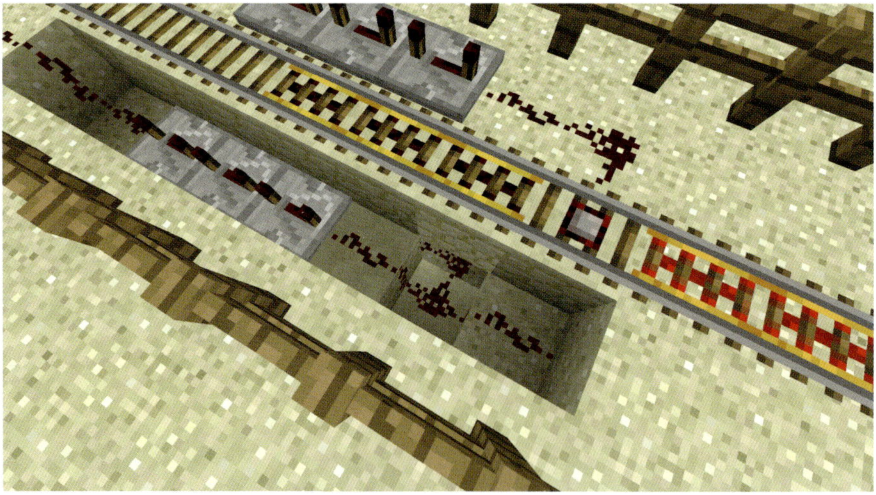

Abbildung 6.21: Unterirdische Führung der Redstone-Leitung

Im nächsten Schritt müssen nun noch die Kolben auf der gegenüberliegenden Seite mit der Sensorschiene verbunden werden. Dazu bietet es sich an, die Redstone-Leitung wie in Abbildung 6.21 unterirdisch zu verlegen.

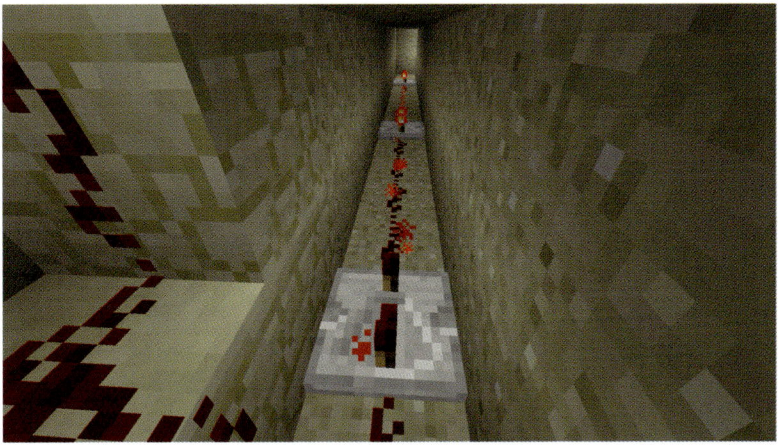

Abbildung 6.22: Unterirdische Verstärker

Auch hier müssen Verstärker eingesetzt werden, um dieselbe Verzögerung zu erreichen. Da das Signal über die längere Strecke aber auch verstärkt werden muss, sollten die Verstärker in einem gewissen Abstand voneinander platziert werden, sodass sie, wie in Abbildung 6.22 gezeigt, das Signal nicht nur verzögern, sondern auch verstärken.

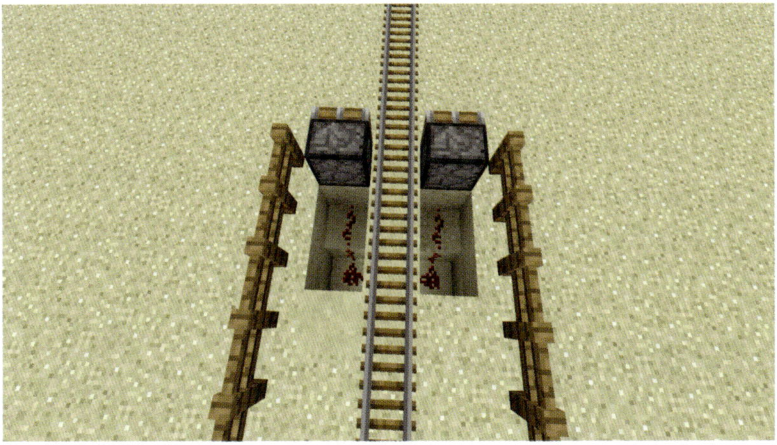

Abbildung 6.23: Anschluss der gegenüberliegenden Kolben

Auf der gegenüberliegenden Seite angekommen, können die Kolben dann einfach, wie in Abbildung 6.23 gezeigt, an das Signal angeschlossen werden.

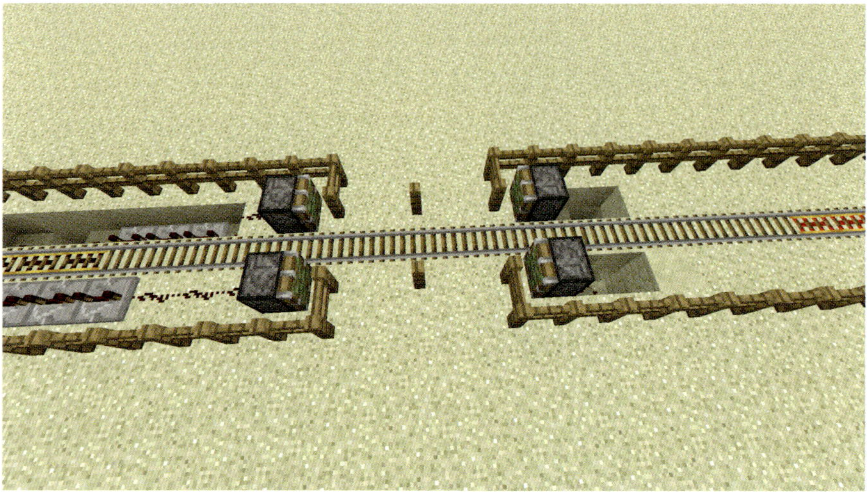

Abbildung 6.24: Geöffneter Bahnübergang

Jetzt fehlt dem Bahnübergang nur noch seine Schranke. Diese besteht aus Zäunen, die auf beiden Seiten des Übergangs jeweils direkt vor die klebrigen Kolben und in der Mitte platziert werden.

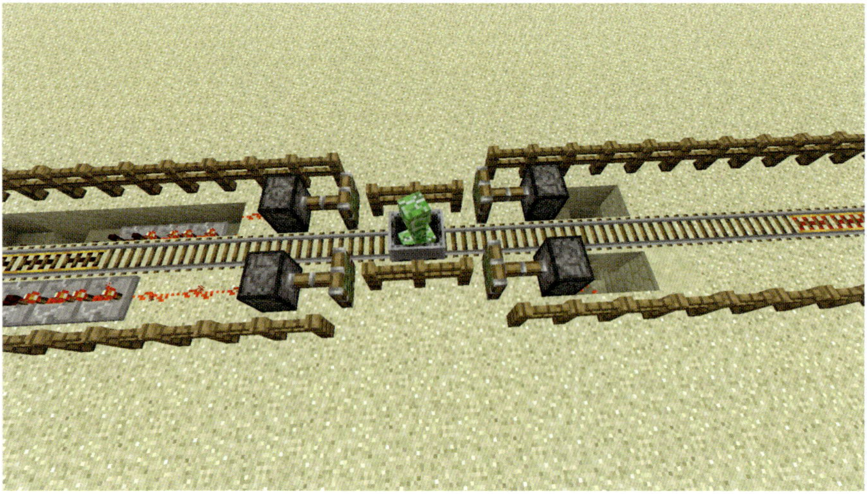

Abbildung 6.25: Geschlossener Bahnübergang

Sobald sich nun eine Lore dem Bahnübergang nähert, wird die Schranke wie in Abbildung 6.25 geschlossen und die Lore kann sicher passieren.

6.7 Automatischer Güterbahnhof

Im letzten Kapitel hast du bereits zahlreiche Farmen kennengelernt, die ihre Ernte automatisch in Kisten befördern können. In diesem Abschnitt werden wir uns passend dazu den versprochenen automatischen Güterbahnhof ansehen, der deine Ernte vollautomatisch zu deinem Haus befördern kann, sodass du noch nicht einmal mehr das Einsammeln selbst erledigen musst.

6.7.1 Beladestation

Um den Warentransport komplett zu automatisieren, benötigst du zwei unterschiedliche Stationen: Die erste dient dazu, die Gegenstände in eine Güterlore zu laden, die zweite dazu, sie aus dieser wieder zu entladen.

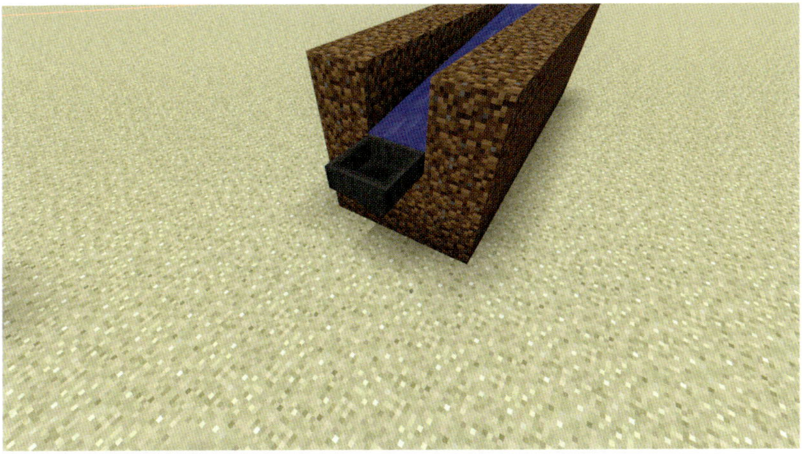

Abbildung 6.26: Platz für die Beladestation

Die Beladestation kannst du zum Beispiel am Ende einer Farm platzieren, wie in Abbildung 6.26 gezeigt.

Zunächst wird ein Füllstandsprüfer benötigt, der überprüft, ob Gegenstände zur Abholung im Trichter bereitliegen. Dieser kann, wie in Abbildung 6.27 gezeigt, mithilfe eines Komparators und eines Verstärkers realisiert werden. Da wir später wollen, dass die Güterlore stehen bleibt, wenn Gegenstände im Trichter sind, wird dahinter noch eine Nicht-Schaltung platziert.

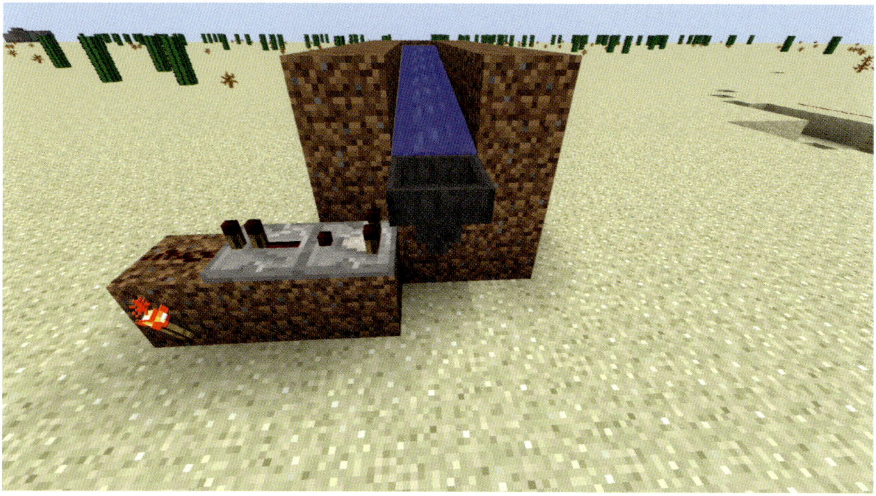

Abbildung 6.27: Füllstandsprüfer

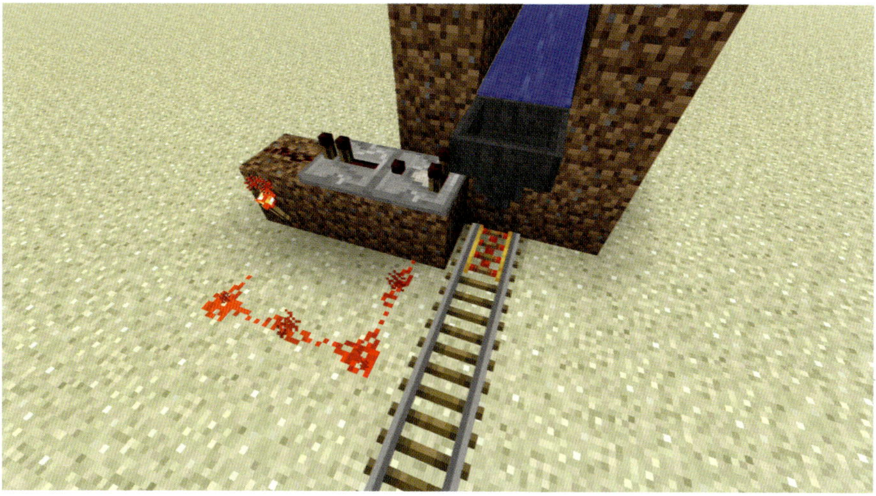

Abbildung 6.28: Anbindung der Schienen

Nun müssen nur noch Schienen zum Trichter verlegt werden wie in Abbildung 6.28. Solange der Trichter leer ist, werden ankommende Güterloren über die Antriebsschiene direkt wieder zurückgeschickt.

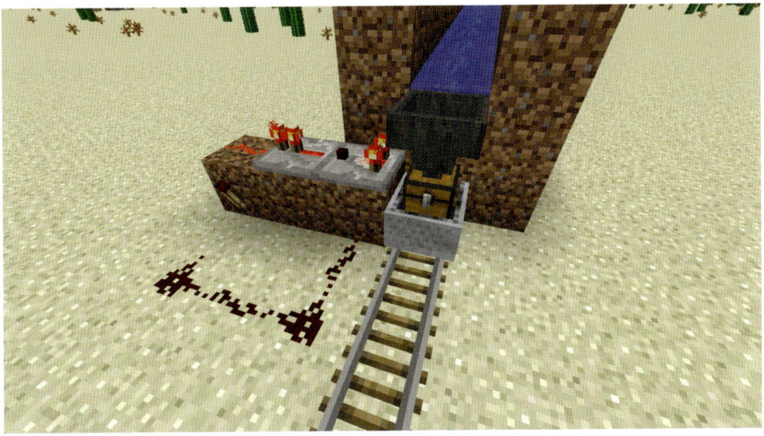

Abbildung 6.29: Beladestation mit gefülltem Trichter

Sind jedoch Gegenstände im Trichter, so bremst die deaktivierte Antriebsschiene die Güterlore wie in Abbildung 6.29 ab. Sie bleibt dann so lange unter dem Trichter stehen, bis sein kompletter Inhalt entleert wurde. Dadurch wird die Antriebsschiene wieder aktiviert und die Güterlore fährt automatisch los, da die Strecke auf einer Seite durch einen Erdblock begrenzt wird.

6.7.2 Entladestation

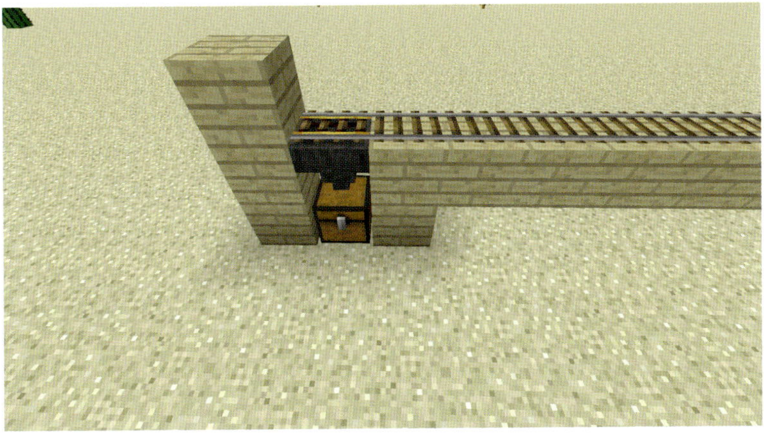

Abbildung 6.30: Aufbau der Entladestation

Der Aufbau der Entladestation ist, wie Abbildung 6.30 zeigt, dem der Beladestation sehr ähnlich, nur dass der Trichter nun unter den Gleisen platziert wird, denn die Lore soll ja entladen werden. Unter den Trichter kann noch zusätzlich eine Truhe platziert werden, um die Kapazität der Entladestation zu erhöhen.

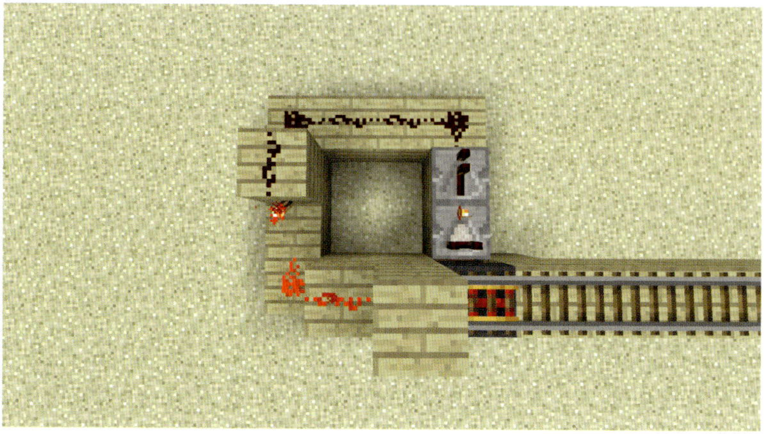

Abbildung 6.31: Füllstandsprüfer

Auch die Entladestation muss mit einem Füllstandsprüfer für den Trichter ausgestattet werden. Wie in Abbildung 6.31 zu sehen ist, ist dieser genau so aufgebaut wie der Füllstandsprüfer der Beladestation.

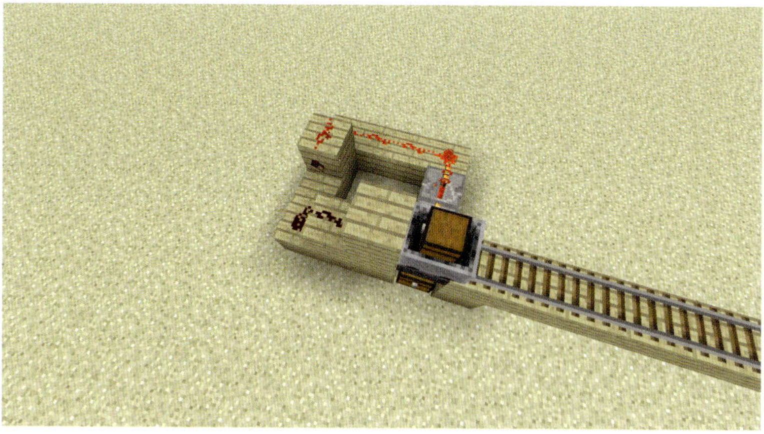

Abbildung 6.32: Fertige Entladestation

Fährt nun eine beladene Güterlore wie in Abbildung 6.32 in die Entladestation ein, so gibt die Güterlore sofort den ersten Gegenstand in den Trichter ab. Dadurch wird der Füllstandsprüfer aktiviert und die Antriebsschiene deaktiviert. Die Güterlore wird gebremst und bleibt über dem Trichter stehen. Sobald alle Gegenstände entladen sind, ist der Trichter wieder leer. Die Antriebsschiene wird aktiviert und die Güterlore fährt wieder zurück zur Beladestation. Fertig ist dein vollautomatischer Warentransport.

Kapitel 7

Kanonen

In diesem Kapitel wollen wir es so richtig knallen lassen. Denn im Vergleich zu den Kanonen, die du in diesem Kapitel kennenlernen wirst, wirken die Selbstschussanlagen, die du schon aus Kapitel 4 kennst, beinahe harmlos.

7.1 Funktionsweise

Bevor wir damit beginnen, Kanonen in verschiedenen Größen zu bauen, wollen wir uns zunächst die generelle Funktionsweise von Kanonen in Minecraft anschauen. Zunächst einmal arbeiten alle Kanonen mit TNT, weshalb sie manchmal auch TNT-Kanonen genannt werden. Neben dem eigentlichen TNT-Geschoss verwenden die Kanonen auch TNT-Blöcke als sogenannte Treibladung. Diese explodiert zuerst und befördert das Geschoss damit von der Kanone weg in Richtung des Ziels. Je mehr Blöcke als Treibladung eingesetzt werden, desto weiter fliegt das Geschoss.

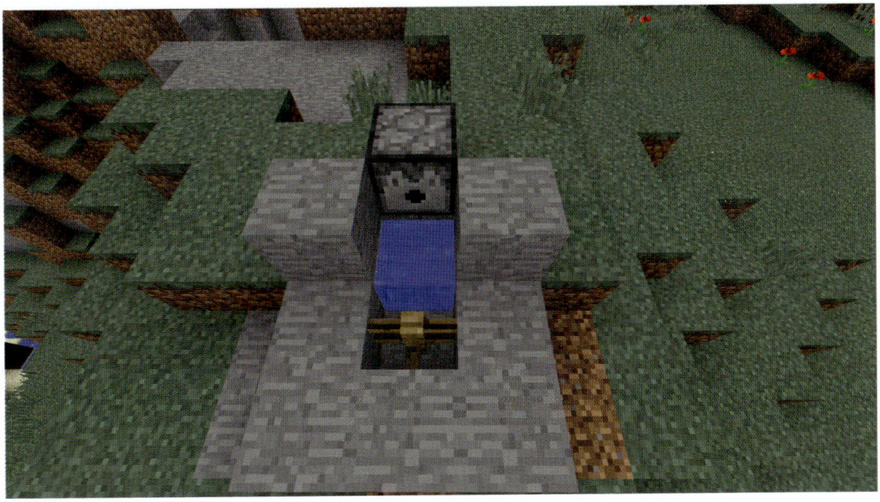

Abbildung 7.1: Werfer für die Treibladung

Die Schwierigkeit ist dabei, dafür zu sorgen, dass die Treibladung zwar das Geschoss wegkatapultiert, aber nicht gleichzeitig auch die Kanone in ihre Einzelteile zerlegt. Um das zu verhindern, kannst du dir eine besondere Eigenschaft von TNT-Blöcken zunutze machen. Wenn diese nämlich im Wasser explodieren, stoßen sie zwar wie normal eine Druckwelle aus, zerstören aber die umliegenden Blöcke nicht. Deshalb muss vor dem Werfer für die Treibladung, wie in Abbildung 7.1, stets Wasser sein. Der Zaun sorgt später dafür, dass das Geschoss nach oben katapultiert wird und nicht nur flach nach vorne weggeschoben wird.

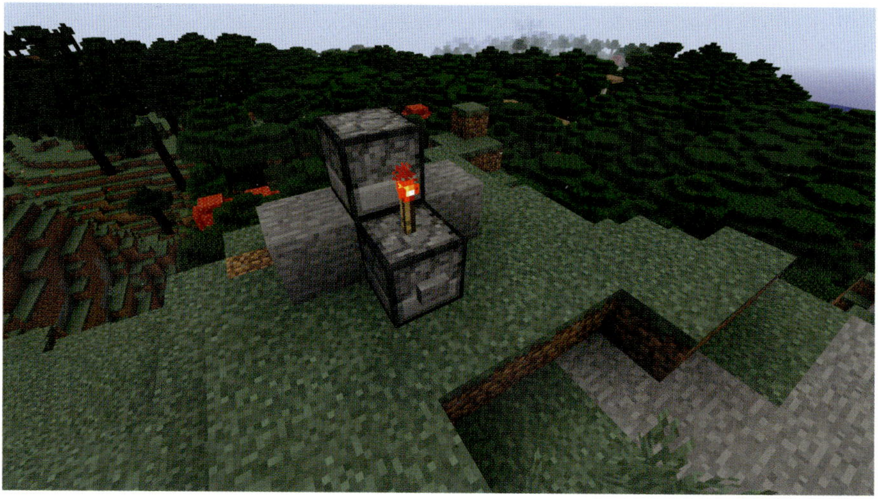

Abbildung 7.2: Werfer für das Geschoss

Der Werfer für das eigentliche Geschoss wird dann wie in Abbildung 7.2 platziert. Außerdem wird an die Rückseite des Werfers für die Treibladung ein Knopf angebracht, mit dem die Kanone später ausgelöst werden kann. Die Nicht-Schaltung darauf sorgt dafür, dass das Geschoss mit einiger Verzögerung zur Treibladung gezündet wird. Zum Schluss müssen die beiden Werfer nur noch mit jeweils einem TNT-Block beladen werden.

Vorsicht

Die Kanone darf erst mit TNT-Blöcken beladen werden, nachdem die Redstone-Fackel auf der Rückseite angebracht wurde. Werden die Werfer vorher beladen, wird die Kanone beim Anbringen der Fackel explodieren.

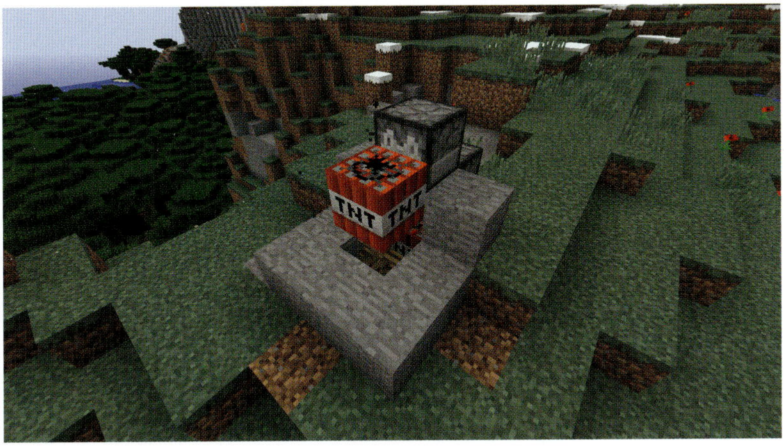

Abbildung 7.3: Gezündete Kanone

Wird die Kanone nun gezündet, so wird zunächst die Treibladung geworfen und kurz danach das Geschoss, das dann, wie in Abbildung 7.3 zu sehen, vor der Treibladung liegt.

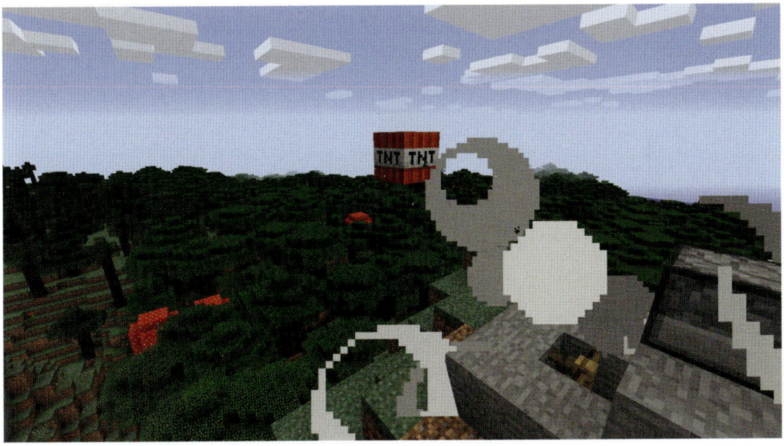

Abbildung 7.4: Fliegendes Geschoss

Da die Treibladung zuerst aktiviert wurde, explodiert sie auch vor dem Geschoss. Da die Explosion im Wasser stattfindet, werden die Blöcke in der Umgebung zwar nicht zerstört, die Druckwelle sorgt aber dafür, dass das Geschoss wie in Abbildung 7.4 wegkatapultiert wird, bis es kurz darauf explodiert.

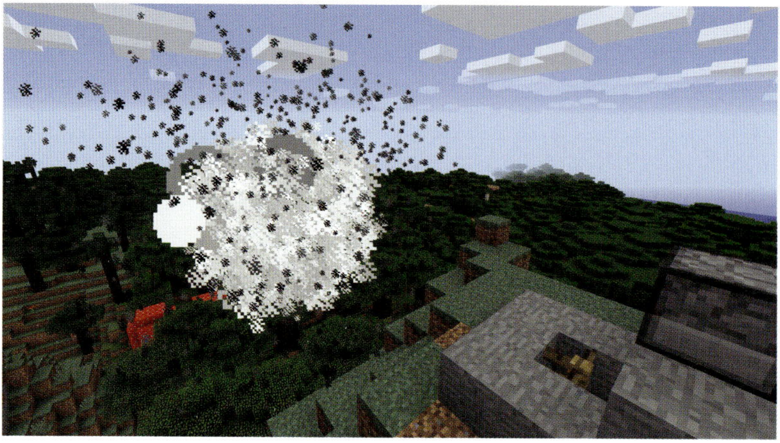

Abbildung 7.5: Explodierendes Geschoss

7.2 Kleine Kanone

Damit hast du deine erste Kanone fertig gebaut. Die ist allerdings noch so schwach, dass sie uns selbst für die »kleine Kanone« zu klein ist. Für das kleine Kanonen-Modell soll die Reichweite noch etwas erhöht werden. Das kann erreicht werden, indem die Treibladung vergrößert wird.

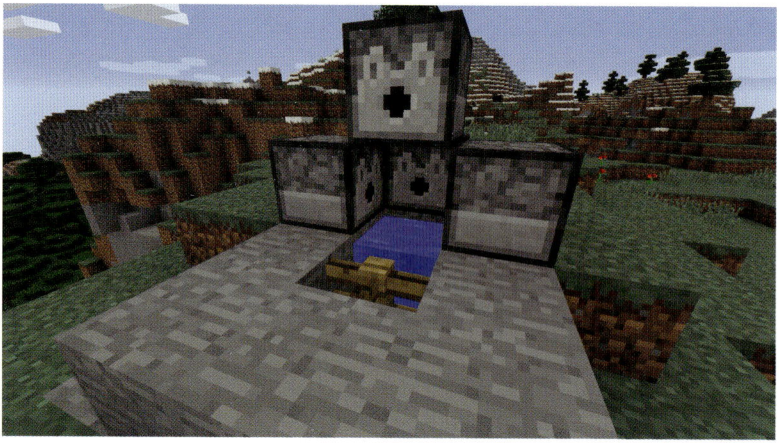

Abbildung 7.6: Zwei zusätzliche Werfer für Treibladung

Dazu können, wie in Abbildung 7.6 gezeigt, zwei zusätzliche Werfer an den Seiten der Kanone platziert werden. Statt eines TNT-Blocks werden so zukünftig drei TNT-Blöcke als Treibladung fungieren.

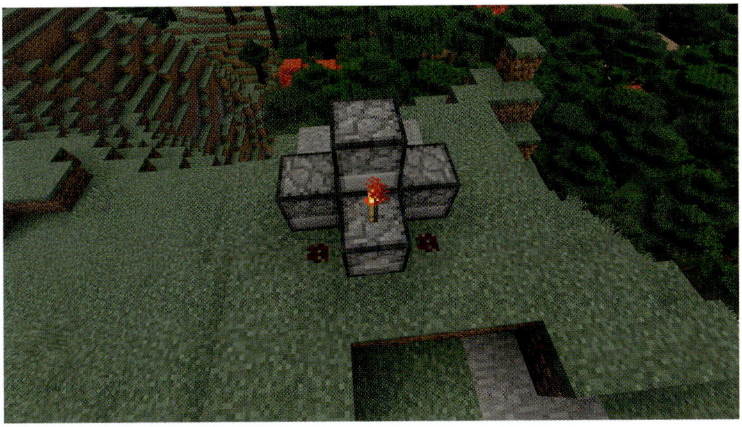

Abbildung 7.7: Anschluss der zusätzlichen Werfer

Damit alle drei Werfer ihre Treibladung zur gleichen Zeit zünden, müssen sie noch, wie in Abbildung 7.7 gezeigt, miteinander verbunden werden.

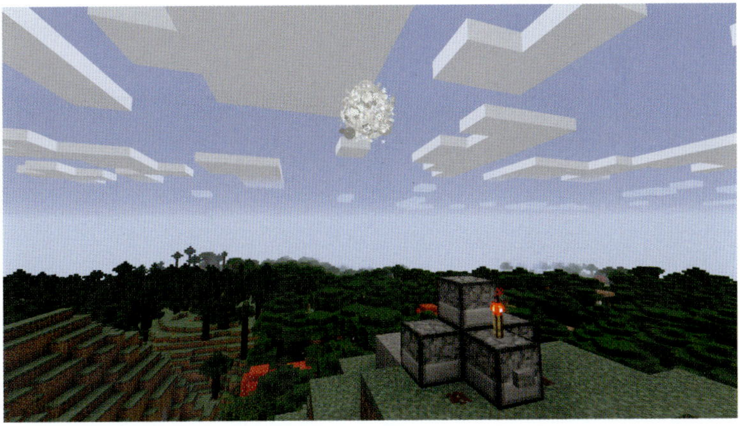

Abbildung 7.8: Explodierendes Geschoss aus der kleinen Kanone

Wie in Abbildung 7.8 deutlich zu erkennen ist, fliegt das Geschoss dank erhöhter Treibladung nun deutlich höher und weiter.

7.3 Mittlere Kanone

Wenn du die Reichweite deiner Kanone noch weiter erhöhen möchtest, musst du die Treibladung weiter vergrößern. Die mittlere Kanone unterscheidet sich im Aufbau etwas von der kleineren Version. Außerdem verwendet sie fünf statt drei TNT-Blöcke als Treibladung.

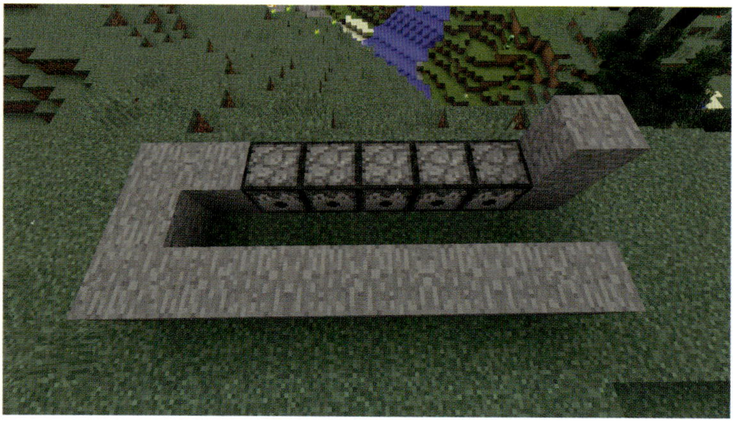

Abbildung 7.9: Werfer für die Treibladung

Abbildung 7.9 zeigt die Anordnung der Werfer für die Treibladung. Am vorderen Ende der Kanone muss nun noch der Werfer für das Geschoss platziert werden und alles, wie in Abbildung 7.10 gezeigt, miteinander verbunden werden.

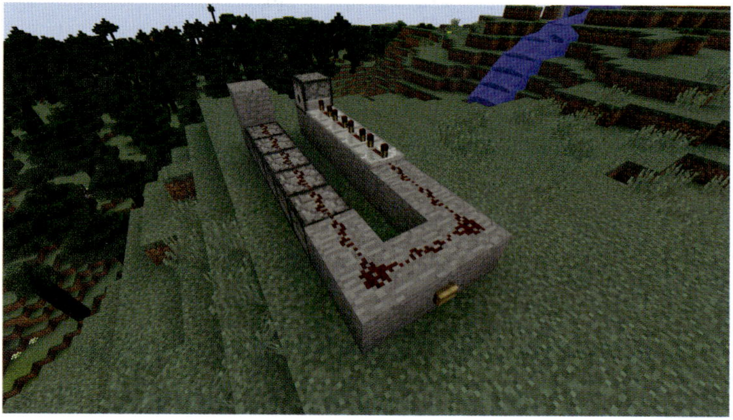

Abbildung 7.10: Anschluss der Werfer

Im Unterschied zur kleinen Kanone, die alle Treibladungen an demselben Punkt platziert, werden die Treibladungen bei der mittleren Kanone aus Platzgründen hintereinander platziert. Damit sie trotzdem ihre volle Wirkung entfalten können, müssen sie aber alle direkt hinter dem Geschoss explodieren.

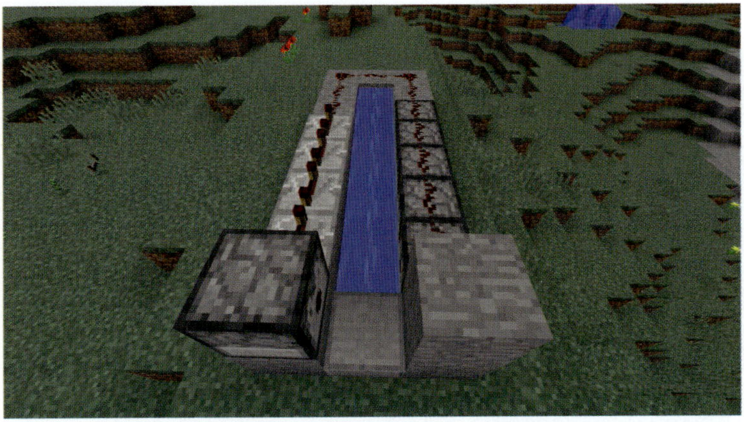

Abbildung 7.11: Fertige mittlere Kanone

Um das zu erreichen, wird, wie in Abbildung 7.11 gezeigt, Wasser eingesetzt, das alle Treibladungen vor der Detonation nach vorne spült. In Abbildung 7.12 ist zu sehen, wie die Kanone kurz vor dem Abschuss aussieht. Die Treibladungen wurden nach vorne gespült und das Geschoss bereits platziert.

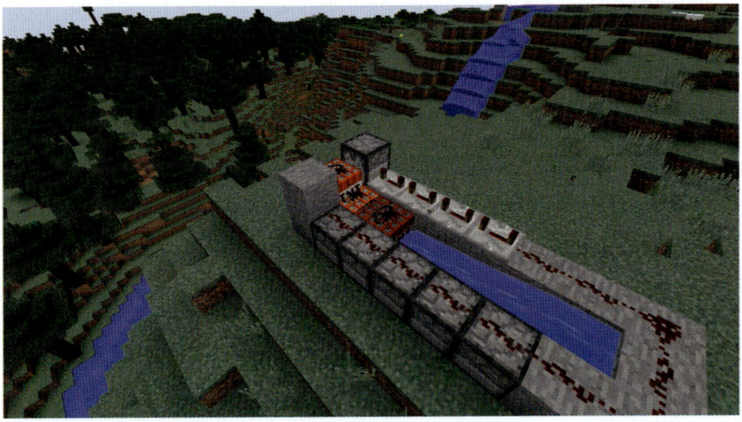

Abbildung 7.12: Mittlere Kanone kurz vor dem Abschuss

In Abbildung 7.11 ist außerdem zu sehen, dass das Geschoss diesmal nicht auf einen Zaun, sondern auf eine Stufe platziert wurde. Dadurch wird die Flugbahn des Geschosses zwar flacher, dafür fliegt es aber auch weiter.

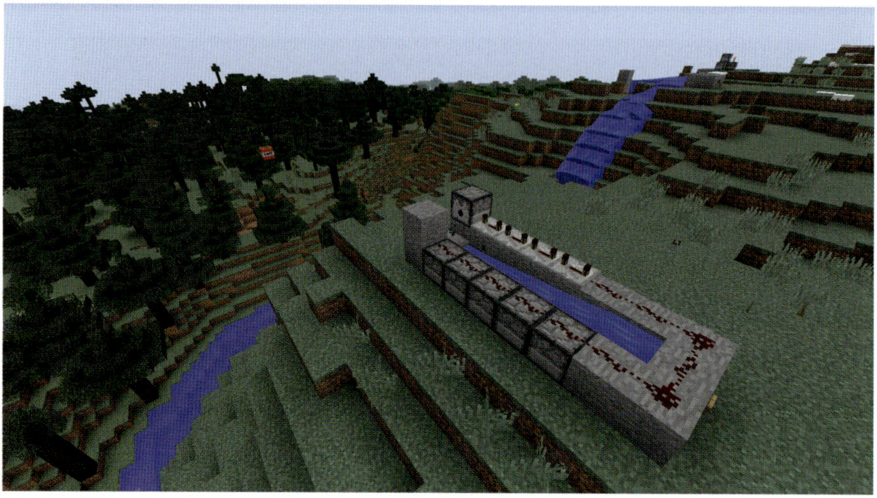

Abbildung 7.13: Flugbahn der mittleren Kanone

Wenn du Abbildung 7.13 mit Abbildung 7.4 vergleichst, kannst du die flachere Flugbahn gut erkennen. Eine steile Flugbahn eignet sich gut, um Gebäude anzugreifen oder Gegner, die sich auf einer erhöhten Position befinden. Gegner, die direkt auf dich zulaufen, triffst du dagegen besser mit einer flachen Flugbahn.

7.4 Große Kanone

Zum Abschluss des Kapitels über Kanonen wollen wir uns noch ein besonders mächtiges Modell anschauen. Dabei sind es weniger die Maße, die die »große Kanone« ausmachen, sondern vielmehr ihre Feuerkraft. Es kommen nicht nur zehn Blöcke TNT als Treibladung zum Einsatz, sondern es werden auch gleich zwei Geschosse auf einmal abgefeuert. Das bedeutet, für jeden Schuss benötigt die große Kanone zwölf Blöcke TNT. Deshalb solltest du dir schon vor dem Bau überlegen, ob du überhaupt genug Munition zur Verfügung hast, und im Zweifel lieber auf eines der kleineren Modelle zurückgreifen.

Auch diesmal wollen wir mit der Platzierung der Werfer für die Treibladung beginnen. Abbildung 7.14 zeigt die Position der ersten sechs Werfer. Da wir insgesamt eine Treibladung von zehn Blöcken TNT haben wollen, werden vier weitere Werfer über Kopf wie in Abbildung 7.15 platziert.

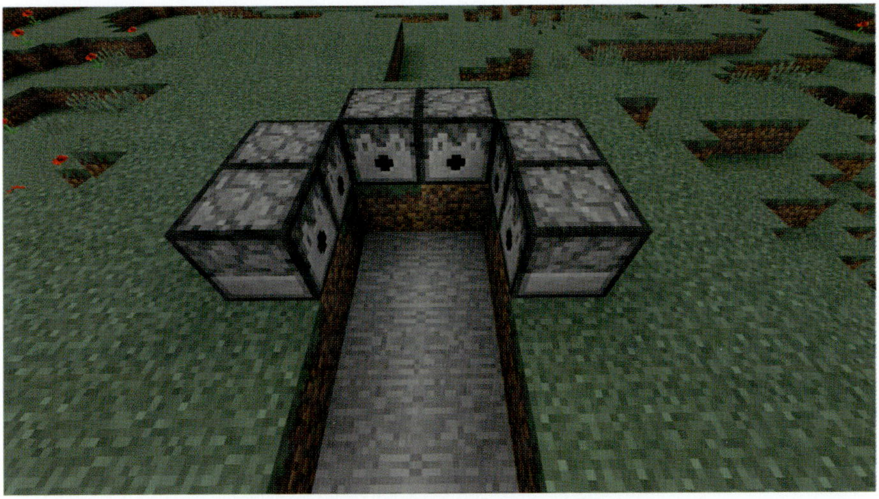

Abbildung 7.14: Werfer für die Treibladung

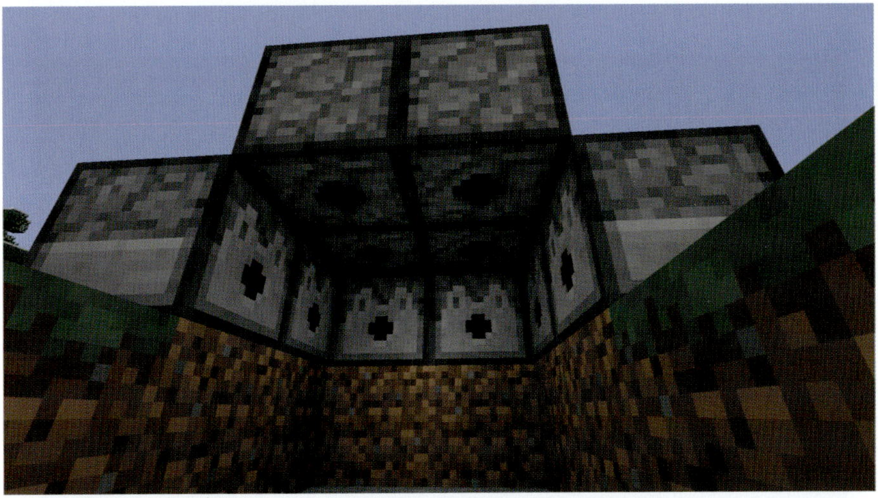

Abbildung 7.15: Zusätzliche Werfer für Treibladung

Auch bei dieser Kanone sorgt wieder Wasser dafür, dass die Treibladung zwar explodiert, aber nicht die umliegenden Blöcke zerstört. Da wir zwei Geschosse gleichzeitig abfeuern wollen, benötigen wir diesmal auch zwei Werfer für die Geschosse, wie Abbildung 7.16 zeigt.

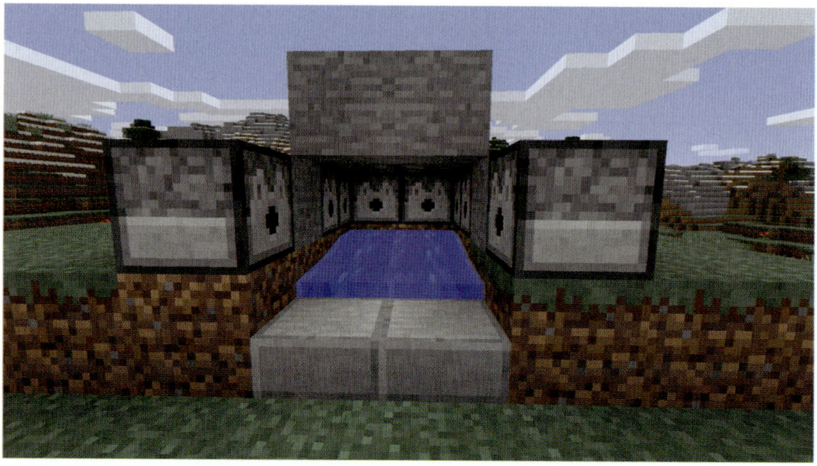

Abbildung 7.16: Werfer für die beiden Geschosse

Nun müssen die Werfer für die Treibladungen noch mit einem Knopf zum Auslösen verbunden werden. Wie das funktioniert, ist in Abbildung 7.17 zu sehen.

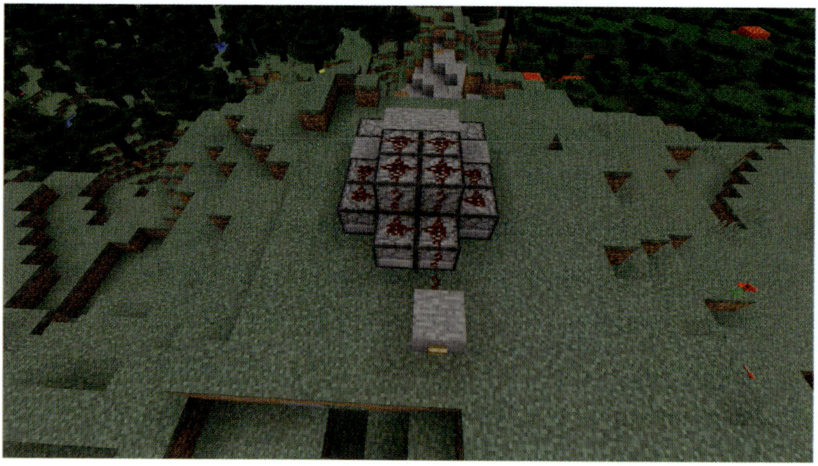

Abbildung 7.17: Anbindung der Werfer für die Treibladung

Die Werfer für die Geschosse werden wie bereits zuvor zeitverzögert ausgelöst und deshalb mithilfe von Redstone-Verstärkern mit eingestellter Verzögerung mit dem Auslöser verbunden, wie Abbildung 7.18 zeigt.

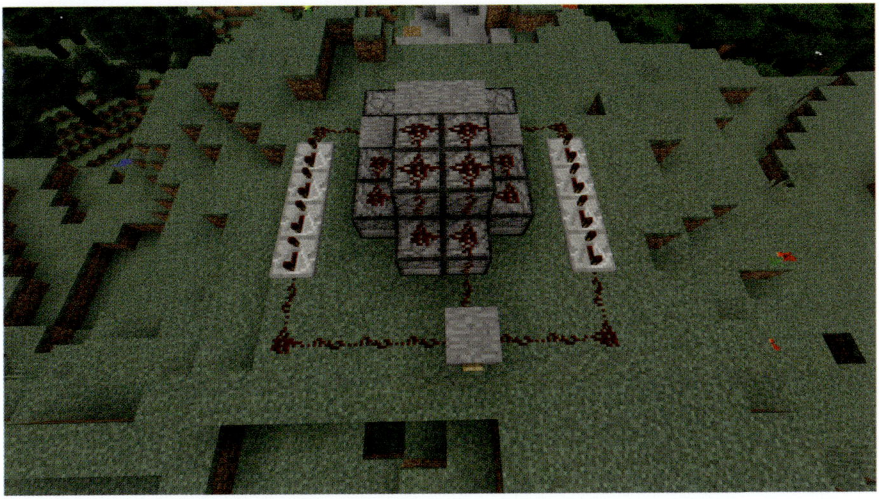

Abbildung 7.18: Anbindung der Werfer für die Geschosse

Damit ist die große Kanone fertig gebaut und, nachdem du sie mit ausreichend TNT beladen hast, auch einsatzbereit. Abbildung 7.19 zeigt die mächtige Explosion der Treibladung sowie das fliegende Doppelgeschoss. Gegen diese mächtige Waffe haben deine Gegner garantiert keine Chance mehr!

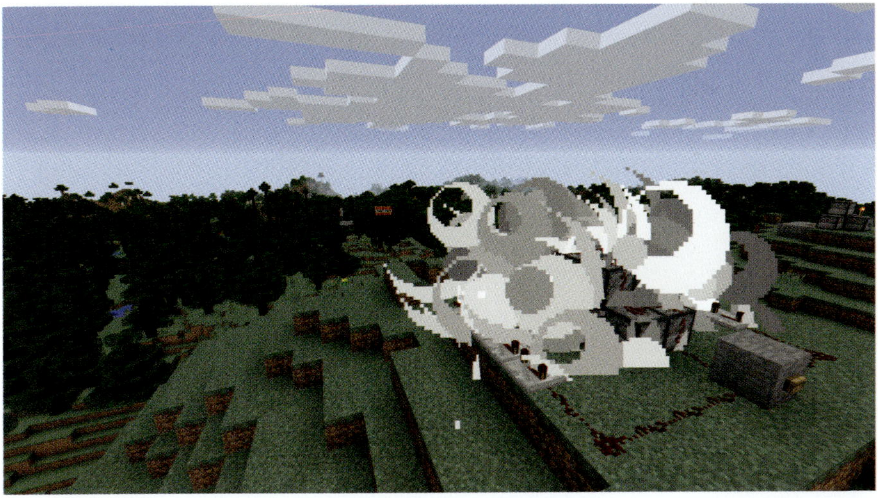

Abbildung 7.19: Schuss aus der großen Kanone

Kapitel 8

Musik

In Kapitel 3 hast du im Zusammenhang mit Klingeln bereits Notenblöcke kennengelernt. In diesem Kapitel wollen wir nun noch einmal einen genaueren Blick auf die Notenblöcke werfen und wie man sie einsetzen kann.

8.1 Töne

Insgesamt können in Minecraft 25 verschiedene Töne, oder für Musiker ausgedrückt zwei Oktaven, gespielt werden. Wie du bereits weißt, kann der Ton, den ein Notenblock spielt, durch einen Rechtsklick darauf verändert werden. Durch jeden Klick wird der gespielte Ton einen Halbton höher. Tabelle 8.1 zeigt, wie viel Klicks für die einzelnen Töne nötig sind.

Ton	Benötigte Klicks
f#	0
g	1
g#	2
a	3
a#	4
h	5
c	6
c#	7
d	8
d#	9
e	10
f	11
f#	12

Ton	Benötigte Klicks
g	13
g#	14
a	15
a#	16
h	17
c	18
c#	19
d	20
d#	21
e	22
f	23
f#	24

Tabelle 8.1: Liste der Töne in Minecraft

Hinweis

Die Länge eines Tones kann im Gegensatz zur Höhe nicht verändert werden. Jeder Ton, der von einem Notenblock gespielt wird, ist immer gleich lang.

8.2 Instrumente

Neben der Tonhöhe kann auch das Instrument, das von einem Notenblock verwendet wird, geändert werden. Dabei stehen folgende fünf Instrumente zur Auswahl: Klavier, Bass, große Trommel, kleine Trommel und einfache Klicks.

Welches Instrument ein Notenblock verwendet, hängt davon ab, auf welchem Block er gebaut ist. Wird ein Notenblock auf einen Glas- oder Glowstone-Block gebaut, wie in Abbildung 8.1 ganz rechts zu sehen, so spielt er einfache Klicks. Wird er auf einen Sand- oder Seelensandblock gebaut, verwendet er die kleine Trommel. Die große Trommel verwendet er, wenn er auf einen beliebigen Stein-Block gebaut wird, den Bass auf allen Blöcken, die aus Holz bestehen, also zum Beispiel auch auf einem weiteren Notenblock. Steht der Notenblock auf irgendeinem anderen, oder auch gar keinem, Block, so verwendet er das Klavier als Instrument.

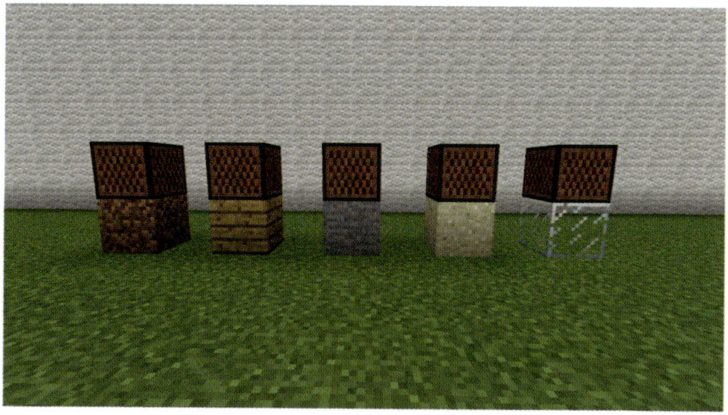

Abbildung 8.1: Notenblöcke mit verschiedenen Instrumenten: Klavier, Bass, große Trommel, kleine Trommel, Klicks (von links nach rechts)

8.3 Längere Melodien

Wie man aus einzelnen Notenblöcken eine komplette Melodie bauen kann, wollen wir uns in diesem Abschnitt an einem Beispiel ansehen. So viel sei schon einmal verraten: Es ist von Hand sehr aufwendig.

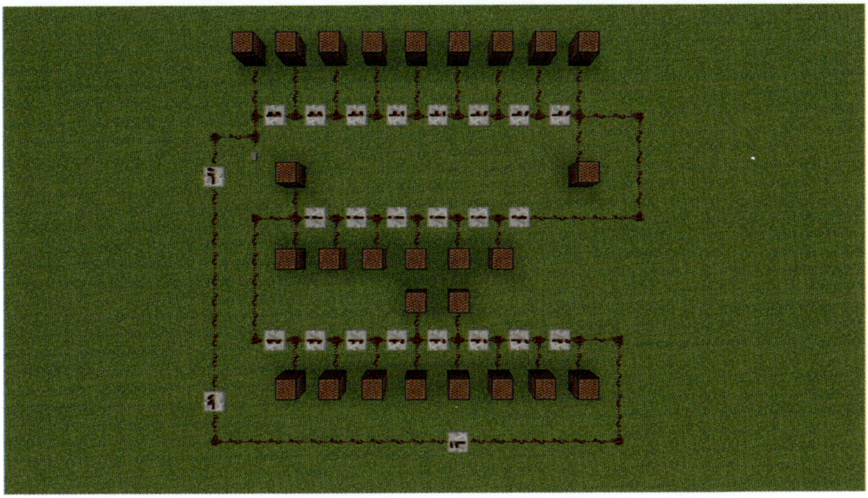

Abbildung 8.2: Anfangsmelodie von »Für Elise« als Notenblöcke

Als Beispiel wollen wir den Anfang von Ludwig van Beethovens bekannter Komposition »Für Elise« nehmen. Insgesamt sollen am Ende 27 Töne hintereinander gespielt werden, aber nur elf verschiedene Tonhöhen. Nun gibt es zwei mögliche Herangehensweisen: Entweder wir bauen 27 Notenblöcke auf, also viele Töne doppelt, können dafür aber einfach alle Notenblöcke miteinander verbinden, oder wir bauen nur elf Notenblöcke auf, müssen dann aber dafür sorgen, dass jedes Mal das Redstone-Signal zur richtigen Zeit am richtigen Notenblock ist.

Wie in Abbildung 8.2 unschwer zu erkennen ist, werden wir wie die meisten Spieler den Weg der 27 Notenblöcke wählen. Gerade wenn die Melodien noch länger und umfangreicher werden, ist es beinahe unmöglich, den Überblick über die eigene Schaltung zu behalten, wenn man jede Note nur einmal baut. Zwischen jeden Notenblock bauen wir außerdem einen Redstone-Verstärker, der auf die erste Verzögerungsstufe eingestellt ist. Vergrößerst beziehungsweise verkleinerst du die Verzögerung zwischen den Notenblöcken, so wird die Melodie langsamer beziehungsweise schneller gespielt.

An manchen Stellen, zum Beispiel beim neunten Ton, werden außerdem zwei Töne gleichzeitig gespielt. Aktiviert wird die Melodie durch einen Knopf. Wenn du die Schaltung wie in Abbildung 8.2 aufgebaut hast, müssen noch die Tonhöhen eingestellt werden. Und das kann eine besonders nervenaufreibende Aufgabe sein. Denn jedes Mal, wenn du aus Versehen einmal zu viel klickst, musst du dich noch einmal komplett von vorne bis zur richtigen Stelle durchklicken. Also gut aufgepasst und mitgezählt.

Die richtigen Einstellungen für die erste Reihe lauten: 22 – 21 – 22 – 21 – 22 – 17 – 20 – 18 – 3 / 15. Beim ersten Block musst du also 22-mal klicken, beim zweiten 21-mal und so weiter. Am Ende der Reihe werden zwei Töne gleichzeitig gespielt, einer davon muss mit drei Klicks eingestellt werden, der andere mit 15. Die Einstellungen für die zweite Reihe lauten: 10 – 3 – 6 – 10 – 15 – 10 / 17. Und für die letzte Reihe sind es: 10 – 2 – 10 – 17 / 14 – 18 / 3 – 10 – 3 – 10.

Fertig ist das klassische Meisterwerk, oder zumindest ein Teil davon. Wie du gemerkt hast, ist das Bauen von Melodien, selbst wenn sie vergleichsweise kurz sind, sehr aufwendig. Vielleicht hast du im Internet auch schon einmal Videos von Spielern gesehen, die mit Notenblöcken ganze Lieder mit drei Minuten Länge und verschiedenen Instrumenten nachspielen, und fragst dich jetzt, wie sie das machen? Die Antwort ist recht einfach, sie bauen das gar nicht selbst, sondern lassen es automatisch von einem Programm bauen. Das sogenannte »Minecraft Note Block Studio« kann nämlich Noten oder MIDI-Dateien ganz automatisch in Redstone-Schaltungen mit Notenblöcken umwandeln. Das Programm kann unter *http://www.stuffbydavid.com/mcnbs* kostenlos heruntergeladen werden.

Kapitel 9

Schießstand

Um Gegner aus der Ferne anzugreifen, gibt es, neben den bereits vorgestellten Möglichkeiten der Kanone und der Selbstschussanlage, auch die Möglichkeit, den Bogen einzusetzen. Im Gegensatz zur Kanone und der Selbstschussanlage, die fest ausgerichtet sind, muss man beim Einsatz des Bogens jedes Mal aufs Neue zielen, was auf größere Distanz gar nicht so einfach ist. In diesem Kapitel soll es deshalb um den Bau von zwei verschiedenen Schießständen gehen, mit denen du deine Fertigkeiten mit dem Bogen trainieren kannst.

9.1 Scheibenschießen

Zunächst bietet es sich an, mit unbeweglichen Zielen zu trainieren, da diese einfacher zu treffen sind. Damit das Üben auch Spaß macht, wollen wir aber nicht nur einfache Zielscheiben bauen, sondern sie auch mit einer Schaltung ausstatten, die Treffer anzeigt.

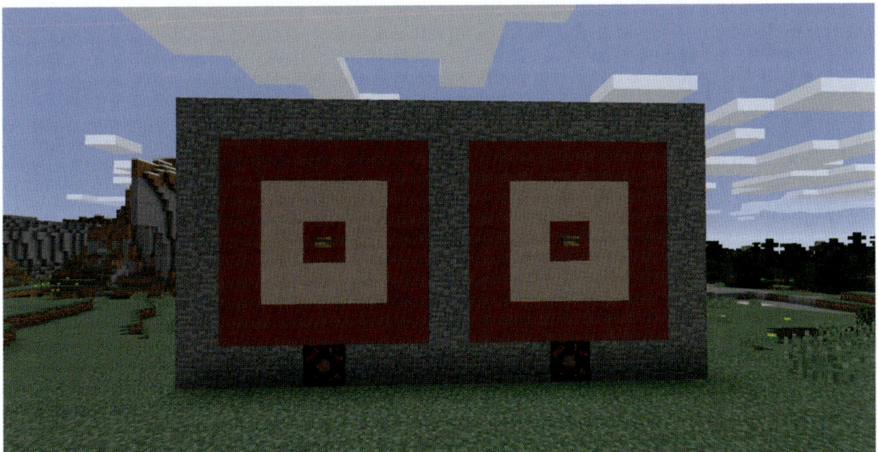

Abbildung 9.1: Zielscheiben

Dazu bauen wir zunächst, wie in Abbildung 9.1 gezeigt, zwei Zielscheiben, zum Beispiel aus weißem und rotem Ton, unter die wir jeweils eine Redstone-Lampe platzieren. Genau in der Mitte jeder Zielscheibe wird außerdem ein Knopf befestigt.

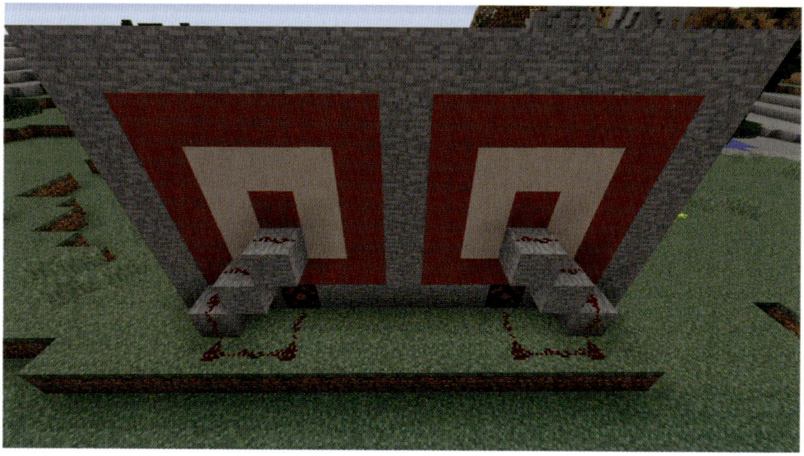

Abbildung 9.2: Verbindung von Knopf und Lampe

Auf der Rückseite werden die Knöpfe, wie in Abbildung 9.2 zu sehen, jeweils mit einer Redstone-Leitung mit den Lampen unter den Zielscheiben verbunden. Sobald nun ein Pfeil die Mitte einer Zielscheibe trifft, leuchtet die Lampe darunter auf.

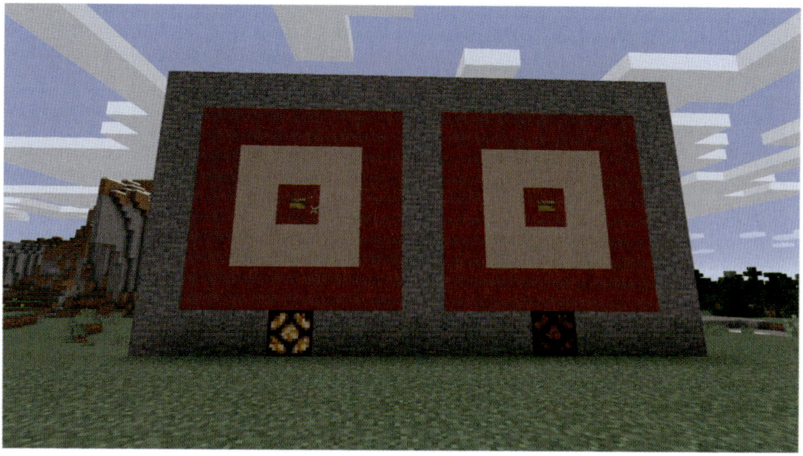

Abbildung 9.3: Getroffene Zielscheibe

Wie du in Abbildung 9.3 erkennen kannst, reicht es aus, das mittlere Feld der Zielscheibe zu treffen, um die Lampe zu aktivieren, es muss nicht genau der Knopf getroffen werden.

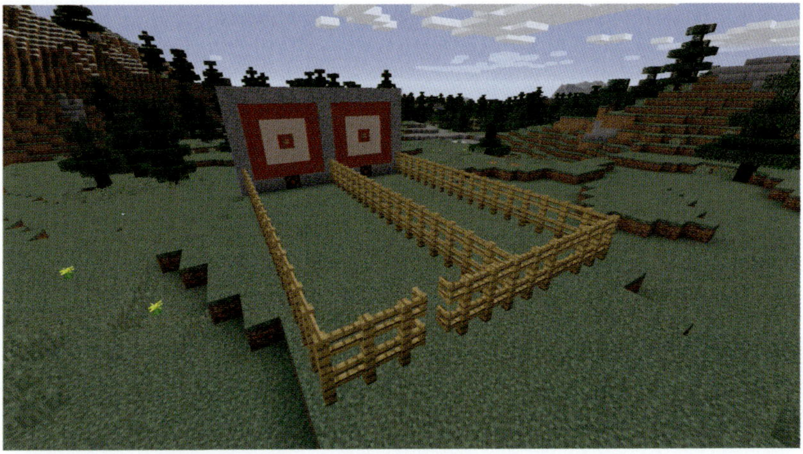

Abbildung 9.4: Begrenzung um den Schießstand

Nun kann der Schießstand natürlich noch etwas ausgebaut werden. In Abbildung 9.4 wurde er zum Beispiel um einen Schutzzaun erweitert, der dafür sorgt, dass Zuschauer nicht aus Versehen oder gar absichtlich beim Schießtraining getroffen werden.

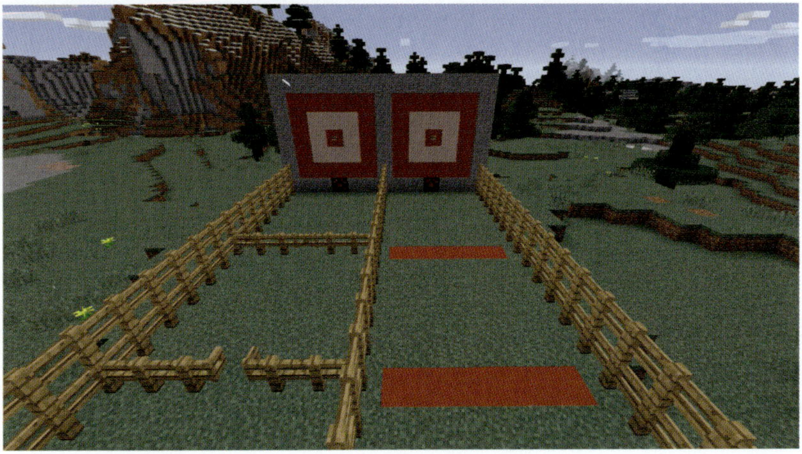

Abbildung 9.5: Schießstand mit Entfernungsmarkierungen

Wenn du dich auf deinem Schießstand gerne mit anderen Spielern messen möchtest, könntest du ihn außerdem noch um Entfernungsmarkierungen erweitern, denn je weiter man von der Zielscheibe entfernt ist, umso schwieriger wird das Treffen. Zwei verschiedene Möglichkeiten für solche Markierungen sind in Abbildung 9.5 zu sehen. Auf der rechten Seite ist eine einfache farbige Markierung in den Boden eingelassen, auf der linken Seite wird dafür ein Zaun genutzt.

9.2 Bewegliche Ziele

Wenn du erst einmal einige Zeit an der Zielscheibe geübt hast, wird dir das Zielen zunehmend leichter fallen und du wirst dich vielleicht schon bald nach einer neuen Herausforderung umsehen. Der nächste Schritt sind dann bewegliche Ziele, diese sind aber nicht nur schwerer zu treffen, sondern auch schwerer zu bauen.

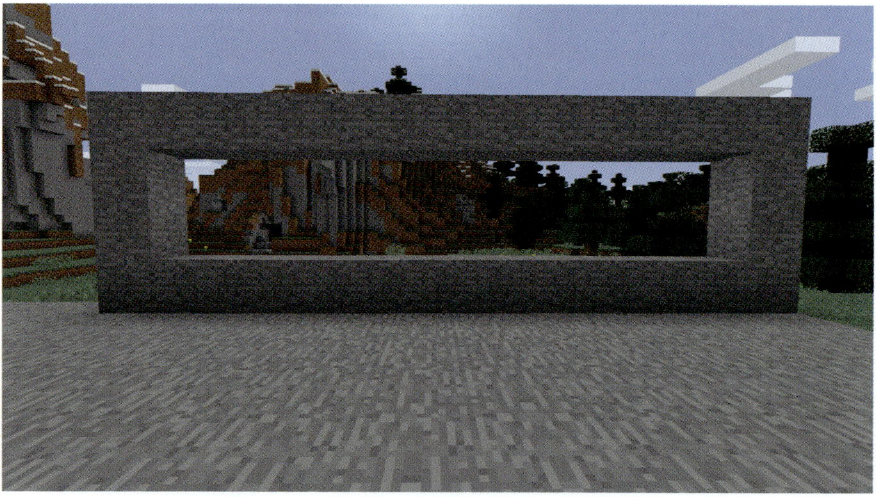

Abbildung 9.6: Rahmen für die beweglichen Ziele

Zunächst bauen wir einen einfachen Rahmen wie den in Abbildung 9.6. In ihm werden später die beweglichen Ziele auftauchen. Da mit der Größe auch der Aufwand für den Bau wächst, solltest du zu Beginn keine zu große Fläche wählen.

Auf der Rückseite des Rahmens werden nun farbige Blöcke angebracht, die später die Ziele darstellen. In Abbildung 9.7 werden dafür zum Beispiel rot gefärbte Tonblöcke eingesetzt.

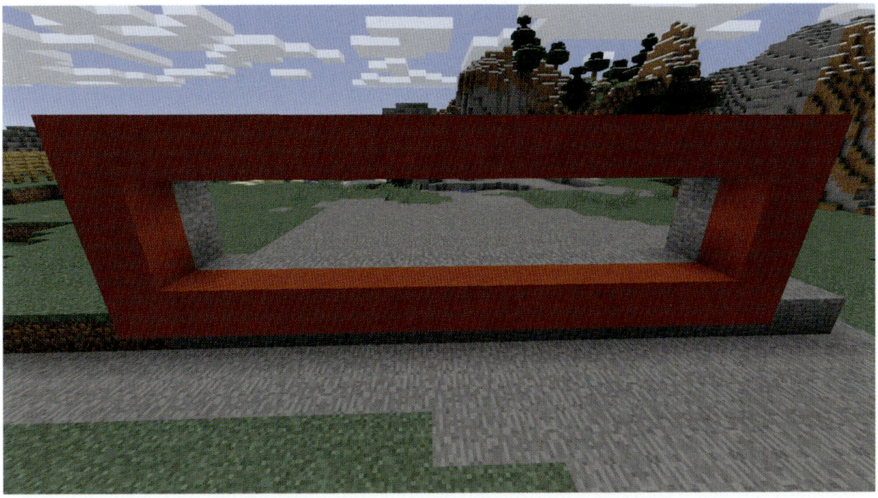

Abbildung 9.7: Ziele an der Rückseite des Rahmens

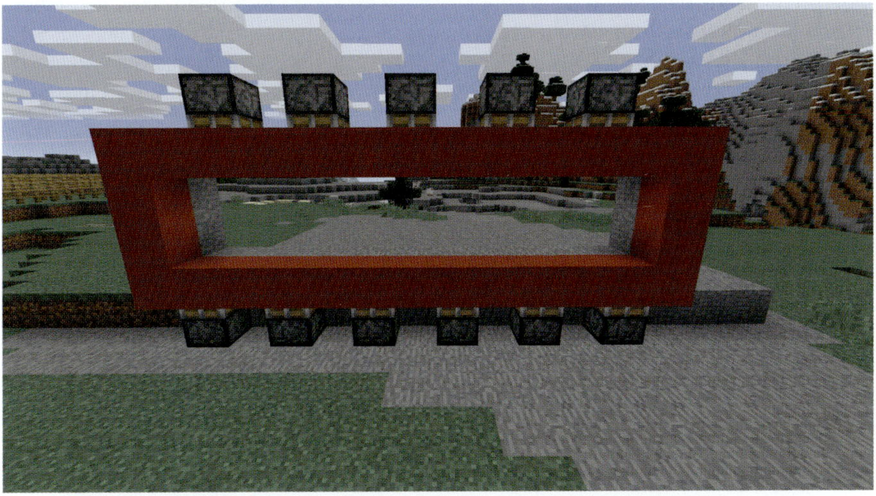

Abbildung 9.8: Klebrige Kolben zum Bewegen der Ziele

Damit die Ziele später ein- und ausgefahren werden können, werden auf der Ober- und Unterseite nun jeweils versetzt klebrige Kolben unter beziehungsweise über den Zielen angebracht.

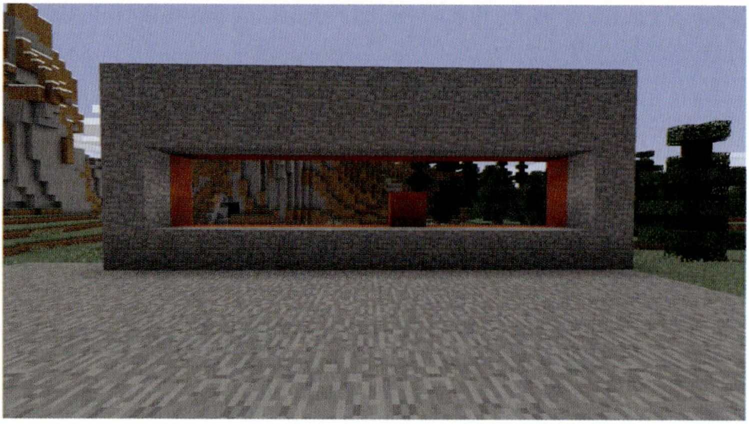

Abbildung 9.9: Rahmen mit ausgefahrenem Ziel

Abbildung 9.9 zeigt, wie das Ergebnis mit zusätzlicher Verkleidung von vorne aussieht. Jetzt benötigen wir noch eine Redstone-Schaltung, die die Ziele steuert. Die einfachste Möglichkeit wäre, die Ziele in einer vorgegebenen Reihenfolge mithilfe eines Taktgebers und mehrerer Redstone-Verstärker zur Verzögerung ein- und ausfahren zu lassen. Spätestens nach den ersten paar Versuchen hätte man sich die Reihenfolge aber eingeprägt und der ganze Reiz der Anlage wäre verloren.

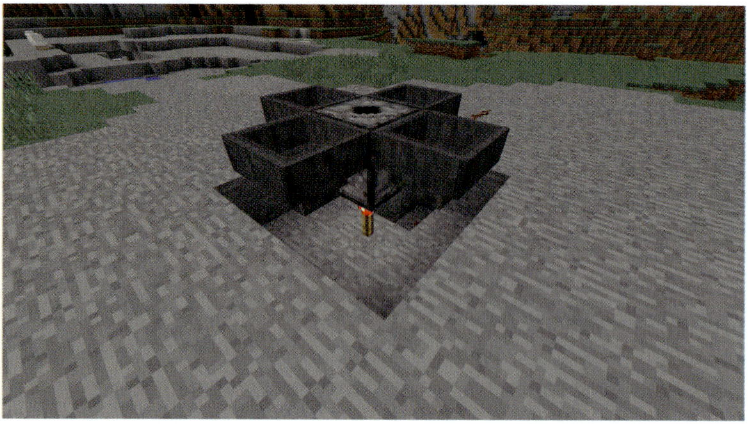

Abbildung 9.10: Grundlage für den Zufallsgenerator

Aus diesem Grund wollen wir eine etwas durchdachtere Konstruktion wählen und einen Zufallsgenerator verwenden, damit die Ziele in einer zufälligen Reihenfolge erscheinen.

Dazu machen wir uns zunutze, dass der Werfer seinen Inhalt in eine zufällige Richtung verschießt. Deshalb bauen wir zunächst, wie in Abbildung 9.10 gezeigt, vier Trichter um einen Werfer, die jeweils in Richtung des Werfers ausgerichtet sind.

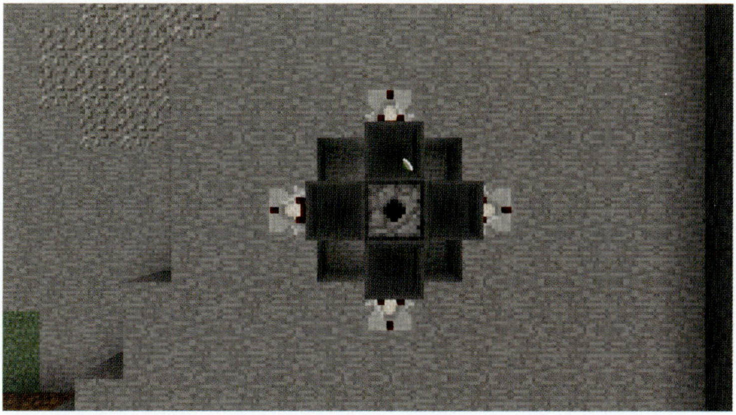

Abbildung 9.11: Zufallsgenerator mit Redstone-Komparatoren

Wirft der Werfer nun einen Gegenstand in die Luft, so landet er auf einem der vier Trichter. Positionierst du nun neben jeden Trichter wie in Abbildung 9.11 einen Redstone-Komparator, so wird zufällig einer der vier Komparatoren aktiviert.

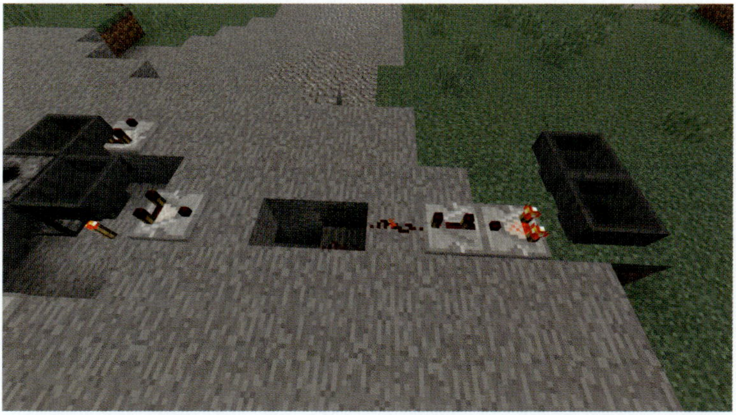

Abbildung 9.12: Taktgeber für den Zufallsgenerator

Da der geworfene Gegenstand von den Trichtern immer wieder an den Werfer zurückgegeben wird, kannst du nun wie in Abbildung 9.12 einen Taktgeber an den Trichter anschließen und erhältst dann im Takt des Taktgebers zufällig auf einem der Redstone-Komparatoren ein Signal.

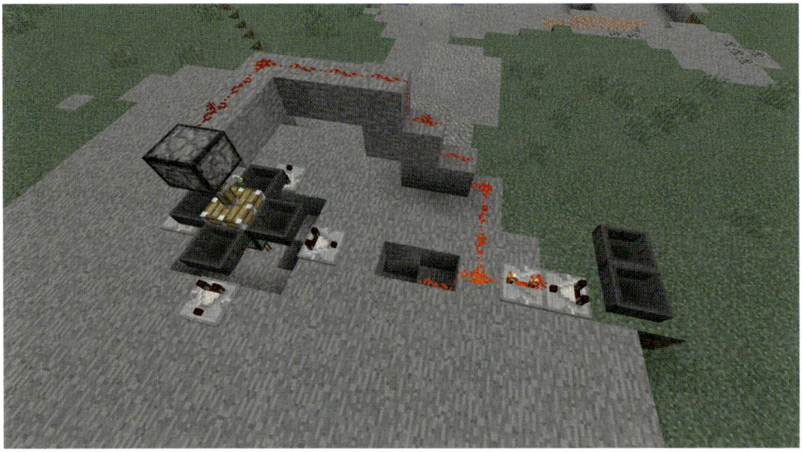

Abbildung 9.13: Fertiger Zufallsgenerator

Da es auch passieren kann, dass der geworfene Gegenstand auf dem Werfer selbst liegen bleibt und nicht sofort in einem der Trichter landet, kann über dem Werfer noch ein Kolben angebracht werden, wie in Abbildung 9.13 gezeigt. Dieser sorgt dafür, dass der Gegenstand in einen der Trichter geschoben wird, sollte er auf dem Werfer selbst liegen bleiben.

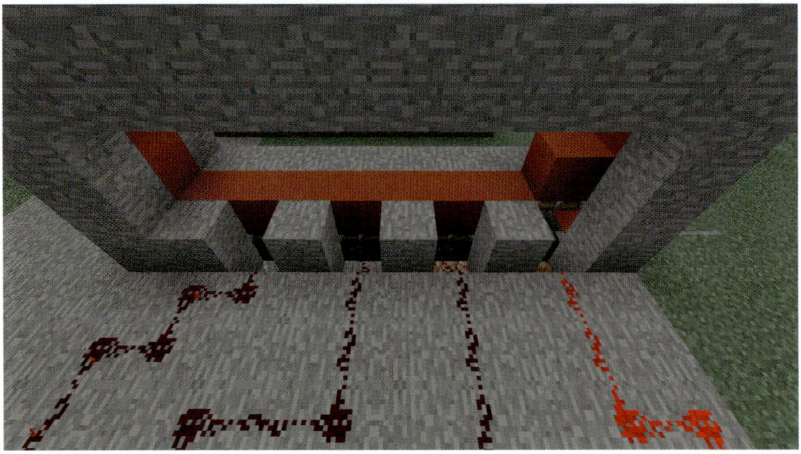

Abbildung 9.14: Anschluss des Zufallsgenerators

Der fertige Zufallsgenerator kann dann, wie in Abbildung 9.14 gezeigt, direkt an die Kolben angeschlossen werden, der die Ziele hebt. Für die obere Reihe Ziele kann ein zweiter Zufallsgenerator gebaut werden, dann werden immer zwei Ziele gleichzeitig aktiviert.

Wenn du möchtest, dass immer nur ein Ziel gleichzeitig ausgefahren werden kann, oder wenn du generell mehr Ziele ansteuern möchtest, kannst du aber auch mehrere Zufallsgeneratoren hintereinander schalten. Dazu benutzt du das Signal der Komparatoren, um jeweils einen neuen Zufallsgenerator zu starten, statt sie direkt mit den Kolben zu verbinden. So kannst du nicht mehr nur vier Kolben auf einmal steuern, sondern 16, da jeder der vier Komparatoren jeweils wieder vier Ausgänge hat, die du mit Kolben verbinden kannst.

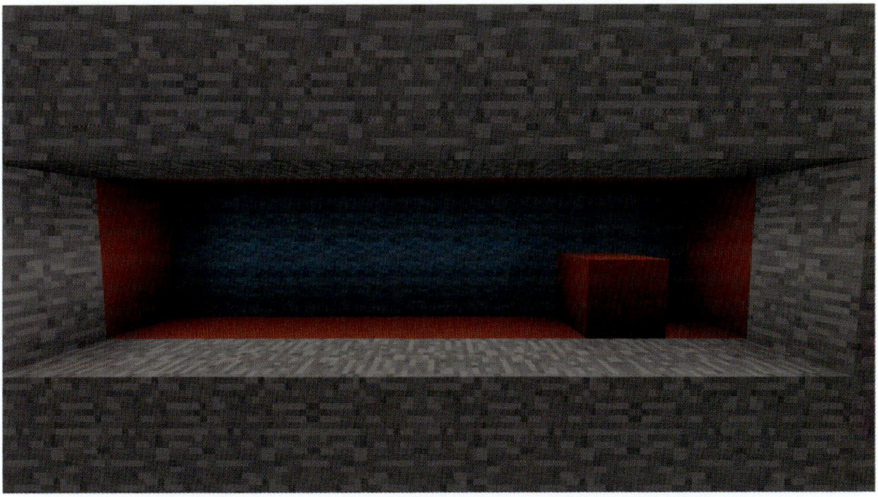

Abbildung 9.15: Fertiger Schießstand mit beweglichen Zielen

Wenn du dann noch eine Rückwand in deinen Schießstand einbaust, kann er zum Beispiel wie in Abbildung 9.15 aussehen und hilft dir dabei, ein perfekter Bogenschütze zu werden.

Kapitel 10

Automatischer Ofen

In diesem Kapitel werden wir uns ansehen, wie man mit einem Ofen automatisch größere Mengen von Material, wie zum Beispiel Sand, einschmelzen kann. Zwar verrichtet der Ofen seine Arbeit ohnehin automatisch, er kann aber maximal mit 64 Gegenständen gleichzeitig beladen werden und auch nur mit Gegenständen derselben Sorte. Möchtest du also mehr als 64 Gegenstände oder zum Beispiel 10 Blöcke Sand, 10 Blöcke Eisenerz und 10 Blöcke Bruchstein einschmelzen, so musst du den Ofen immer wieder von Hand entleeren und befüllen. Diesen Vorgang wollen wir automatisieren.

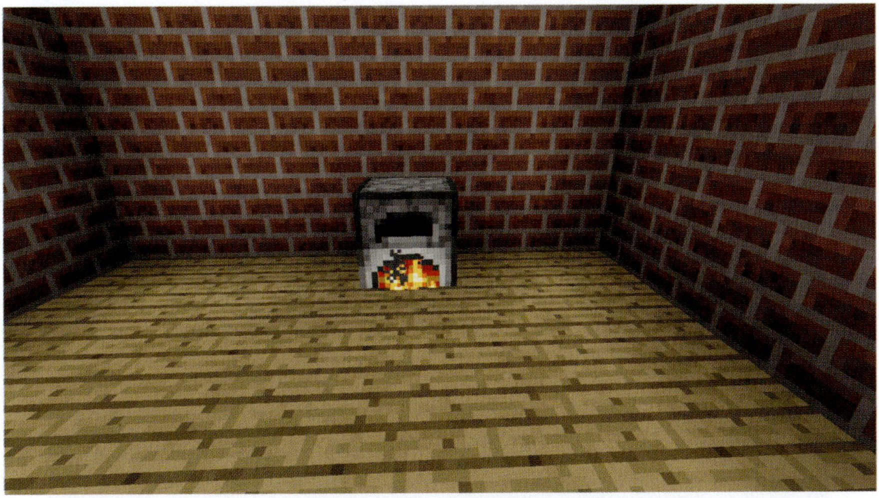

Abbildung 10.1: Ofen in Betrieb

Vom eigentlichen Ofen wird man, wenn die Konstruktion fertig ist, überhaupt nichts mehr sehen. Statt einfach einen Ofen in den Raum zu stellen wie in Abbildung 10.1, platzieren wir zunächst zwei Trichter und einen Spender im Boden, wie in Abbildung 10.2 gezeigt. Darauf werden wir später jeweils eine Truhe stellen. In die rechte Truhe werden wir dann das Brennmaterial legen, in die mittlere Truhe die Gegenstände, die geschmolzen werden sollen, und in der linken Truhe werden die fertig geschmolzenen Gegenstände ganz automatisch erscheinen.

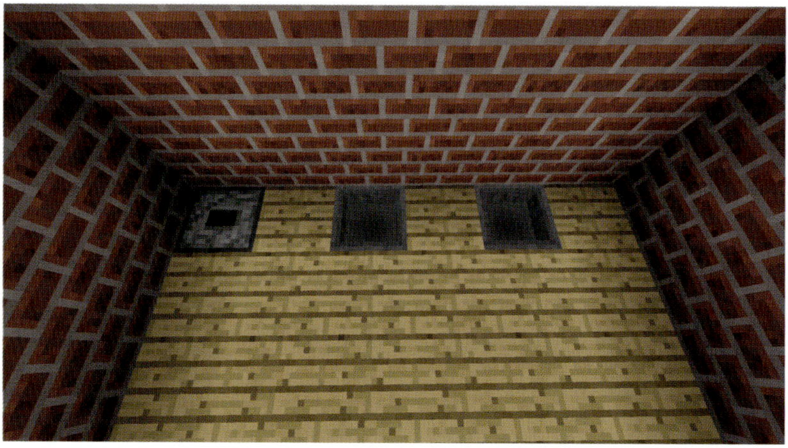

Abbildung 10.2: Öffnungen für den automatischen Ofen

Damit das auch funktioniert, müssen wir die Trichter aber zunächst mit einem Ofen verbinden. Dabei ist es wieder wichtig, auf die richtige Ausrichtung der Trichter zu achten. Direkt unter den mittleren Trichter platzieren wir den Ofen, wie in Abbildung 10.3 gezeigt. Denn die Gegenstände, die eingeschmolzen werden sollen, müssen immer von oben in den Ofen gefüllt werden. Den rechten Trichter verbinden wir mit zwei weiteren Trichtern, wie ebenfalls in Abbildung 10.3 gezeigt, seitlich mit dem Ofen. Hier wird später das Brennmaterial eingefüllt.

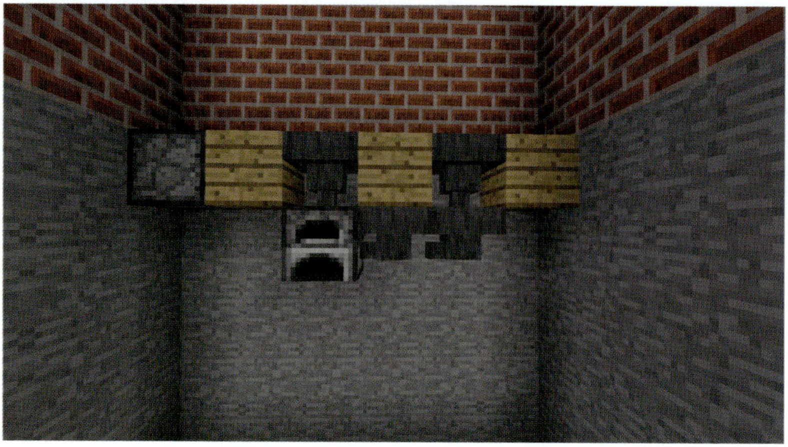

Abbildung 10.3: Verbindung der Trichter mit dem Ofen

Jetzt müssen wir noch dafür sorgen, dass die fertig geschmolzenen Gegenstände auch abtransportiert werden und zum Spender gelangen, der sie dann in die linke Kiste ablegt. Dazu benötigen wir zwei weitere Spender, die, wie in Abbildung 10.4 gezeigt, mit zwei Trichtern mit dem Ofen verbunden werden. Jedes Mal, wenn nun einer der Spender aktiviert wird, gibt er einen Gegenstand an den Spender über sich weiter.

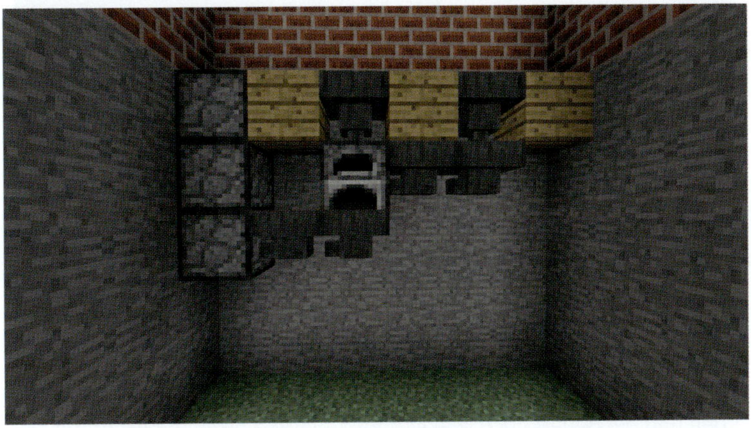

Abbildung 10.4: Platzierung der Spender zum Abtransport

Damit alle Gegenstände bis ganz nach oben durchgereicht werden, müssen die Spender noch an einen Taktgeber angeschlossen werden, der zum Beispiel wie in Abbildung 10.5 auf der Rückseite der Anlage platziert werden kann.

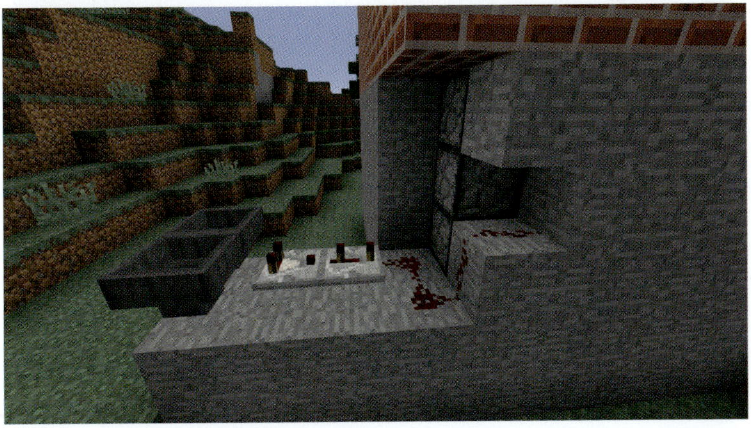

Abbildung 10.5: Taktgeber auf der Rückseite

Um auch den oberen Spender an den Taktgeber anschließen zu können, wird noch eine kleine Treppenkonstruktion wie in Abbildung 10.6 benötigt.

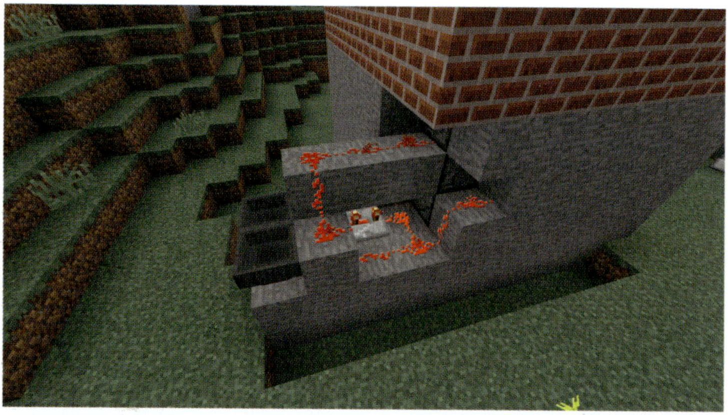

Abbildung 10.6: Anbindung des oberen Spenders an den Taktgeber

Zum Schluss können die Kisten auf den oberen Trichtern und dem oberen Spender platziert werden und bei Bedarf noch, wie in Abbildung 10.7 gezeigt, beschriftet werden.

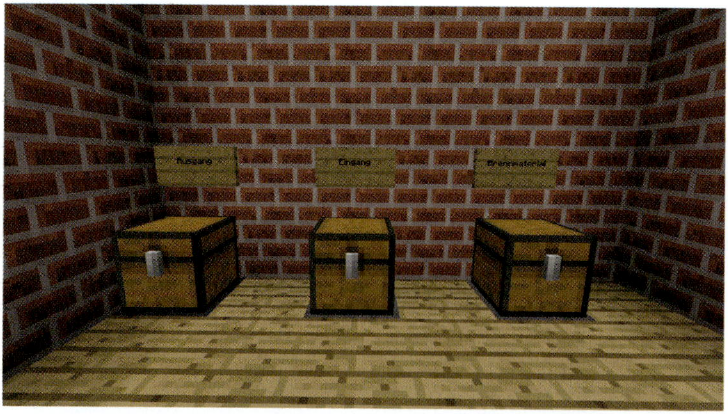

Abbildung 10.7: Kisten für den automatischen Ofen

Nun kannst du alle möglichen Gegenstände, die geschmolzen oder gekocht werden sollen, in die Eingangstruhe legen und jedes beliebige Brennmaterial in die Truhe für das Brennmaterial. Der automatische Ofen wird dann nacheinander alle Gegenstände verarbeiten und du musst sie nur noch aus der Truhe nehmen.

Kapitel 11

Automatisches Lagerhaus

Je länger du spielst, desto mehr verschiedene Gegenstände sammeln sich in deinem Inventar an und bald wird der Platz dort nicht mehr ausreichend sein. Passen am Anfang noch alle Gegenstände in eine einfache Truhe, muss es bald schon eine Doppeltruhe sein und irgendwann hast du vermutlich einen ganzen Raum voller Truhen. Gar nicht so einfach, da den Überblick zu behalten. Deshalb beschäftigt sich dieses Kapitel damit, wie man mit automatischen Lagerhäusern Ordnung in das Truhen-Chaos bringen kann. Da du inzwischen schon ein echter Redstone-Profi bist, werden die Schaltungen in diesem Kapitel etwas größer und komplizierter ausfallen als die vorherigen.

11.1 Loren-Lagerhaus

Zunächst wollen wir ein Lagerhaus bauen, das auf Güterloren statt auf Truhen zum Verstauen der Gegenstände setzt. Da die Konstruktion komplizierter wird, je mehr Güterloren als Speicher fungieren, wollen wir uns zunächst auf vier beschränken.

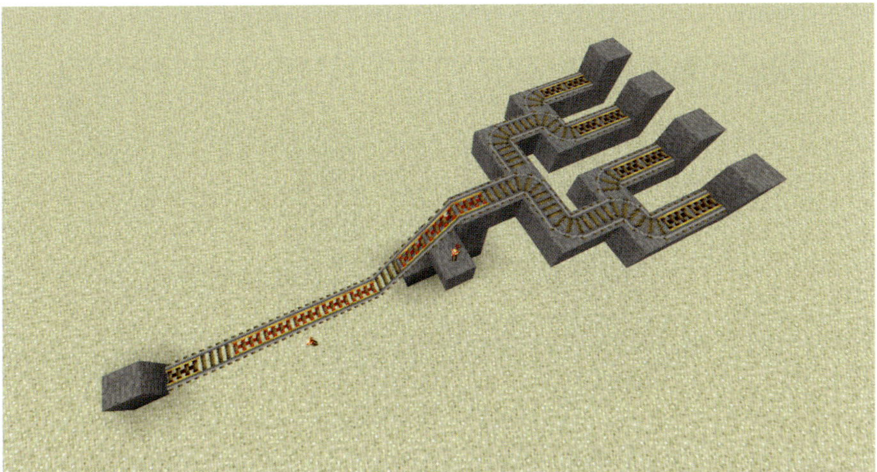

Abbildung 11.1: Grundgerüst für ein Lagerhaus mit vier Güterloren

Abbildung 11.1 zeigt das Grundgerüst für ein solches Lagerhaus mit vier Güterloren. Wie schon gut zu erkennen ist, hat jede Lore im Hintergrund ihr eigenes Gleis, während es vorne eine zentrale Stelle zum Be- und Entladen der Loren gibt.

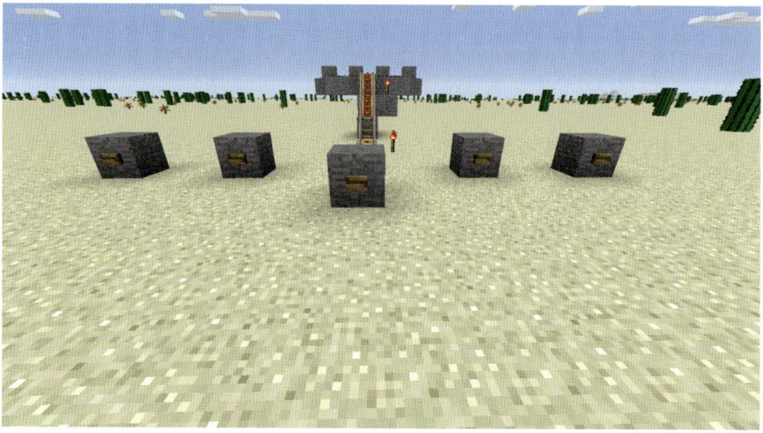

Abbildung 11.2: Knöpfe an der Vorderseite des Lagerhauses

An der Vorderseite des Lagerhauses werden, wie in Abbildung 11.2 gezeigt, fünf Knöpfe angebracht. Während die vier nach hinten versetzten Knöpfe später dazu dienen werden, die Güterloren zur Be- und Entladestation zu befördern, wird der etwas weiter vorne sitzende Knopf dafür sorgen, sie wieder zurückzuschicken.

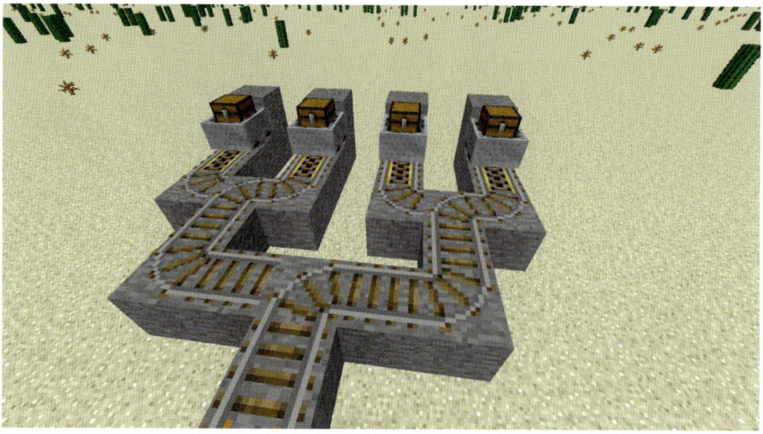

Abbildung 11.3: Loren in Halteposition

Damit das funktioniert, müssen die Güterloren in die in Abbildung 11.3 gezeigte Halteposition gebracht werden. Über die vier Knöpfe werden dann später die Antriebsschienen unter den Loren aktiviert und die Loren fahren nach vorne. Damit sie auch am Ausgang ankommen, müssen aber auch die drei Weichen im Lagerhaus richtig gestellt werden.

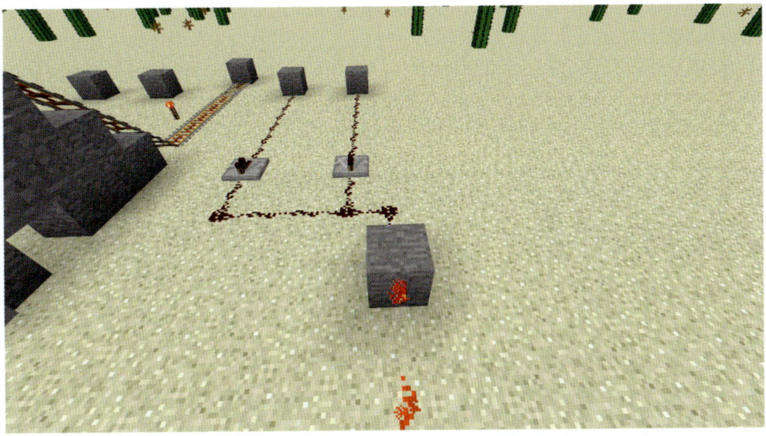

Abbildung 11.4: Anbindung der beiden linken Knöpfe

Wird zum Beispiel einer der beiden linken Knöpfe gedrückt, so muss die erste Weiche nach links umschalten, damit die Lore ihren Weg nach vorne findet. Dazu muss zunächst das Signal beider Knöpfe, wie in Abbildung 11.4 gezeigt, miteinander verbunden werden.

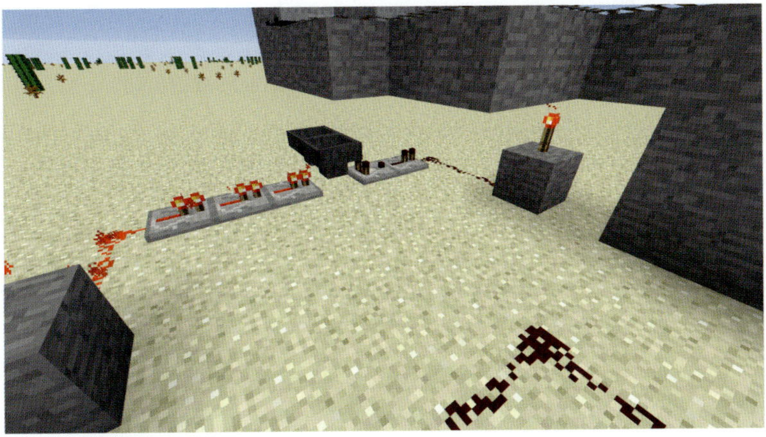

Abbildung 11.5: Verbindung mit der Weiche mithilfe eines Speichers

Würdest du dieses Signal nun einfach direkt zur Weiche weiterleiten, so würde die Weiche bei einem Knopfdruck kurz nach links umschalten, nach wenigen Augenblicken aber wieder in ihre Ausgangsstellung zurückgehen.

Aus diesem Grund müssen wir in die Schaltung noch einen sogenannten Speicher einbauen, der das kurze Signal des Knopfes speichert, oder anders ausgedrückt, »festhält«. Dazu platzieren wir, wie in Abbildung 11.5 gezeigt, zwei Trichter nebeneinander, wie wir es auch beim Bau eines Taktgebers tun. In einen der beiden Trichter platzieren wir einen beliebigen Gegenstand, der andere bleibt leer. Außerdem verbinden wir das Signal der Knöpfe mit einem der beiden Trichter.

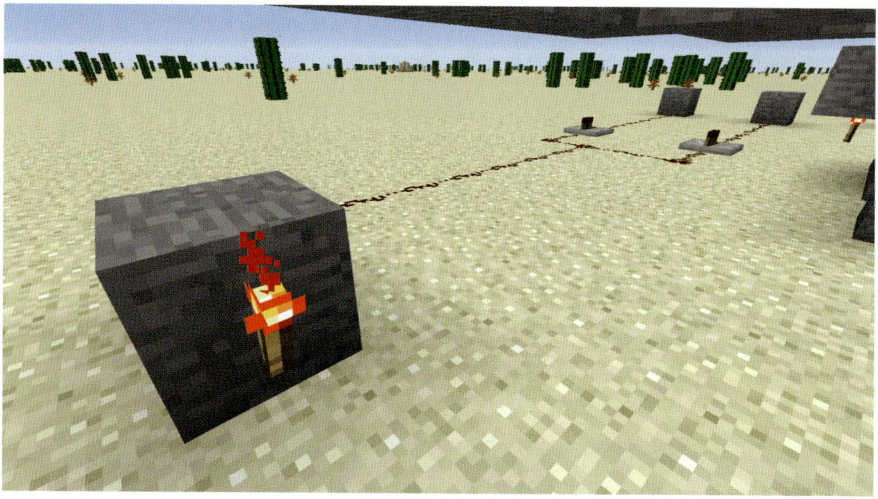

Abbildung 11.6: Anbindung der beiden rechten Knöpfe

Genauso gehen wir für die beiden Knöpfe auf der rechten Seite vor. Zunächst verbinden wir sie, wie in Abbildung 11.6 gezeigt, zu einem gemeinsamen Signal, dann leiten wir dieses Signal, wie in Abbildung 11.7 gezeigt, zu einem der Trichter weiter.

Dadurch, dass nun an beiden Trichtern ein Redstone-Signal anliegt, wird verhindert, dass der Gegenstand im Inneren der Trichter, wie bei einem Taktgeber üblich, zwischen den Trichtern hin- und hergegeben wird. Wird jedoch einer der Knöpfe gedrückt, so erlischt eines der Signale kurz. Dann wird der Gegenstand an den nächsten Trichter weitergegeben und bleibt dort, da das Redstone-Signal inzwischen wieder aktiviert ist. Dadurch ändert sich das Signal, das an der Weiche anliegt, und bleibt so lange gleich, bis ein Knopf auf der anderen Seite gedrückt wird.

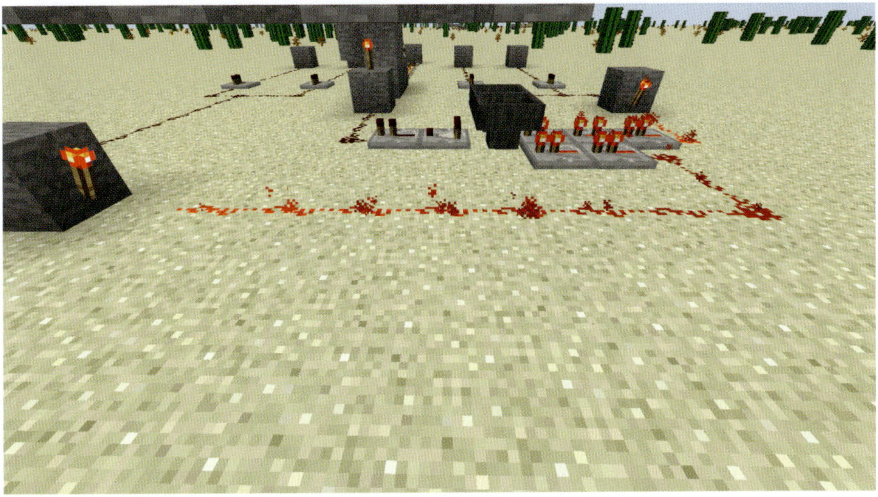

Abbildung 11.7: Anbindung der rechten Knöpfe an den Trichter

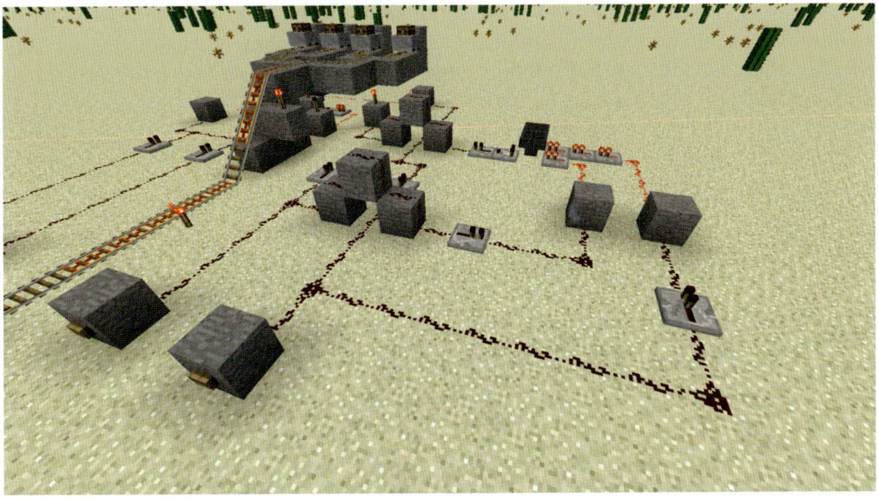

Abbildung 11.8: Anbindung der zweiten Weiche auf der rechten Seite

Damit ist die erste Weiche überwunden, auf jeder Seite gibt es aber jeweils noch eine weitere Weiche, die angesteuert werden muss. Auch hierfür wird wieder ein Speicher verwendet, an den aber diesmal nur die beiden rechten Knöpfe wie in Abbildung 11.8 beziehungsweise die beiden linken Knöpfe wie in Abbildung 11.9 angeschlossen werden.

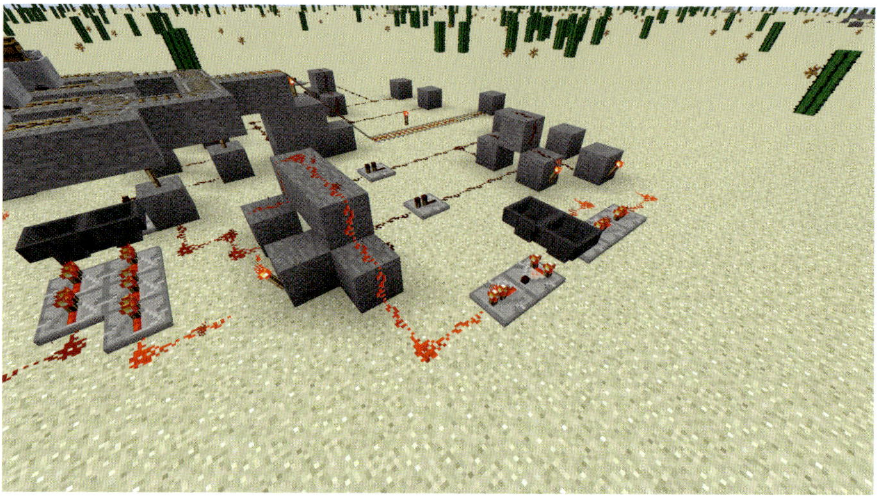

Abbildung 11.9: Anbindung der zweiten Weiche auf der linken Seite

Inzwischen ist die Schaltung schon ganz schön groß geworden und nicht mehr so leicht zu überblicken, ein wichtiger Teil fehlt aber noch. Denn wie bereits angemerkt, müssen wir die Knöpfe jetzt noch jeweils mit der zugehörigen Antriebsschiene verbinden, damit die Güterloren bei einem Druck auf einen der Knöpfe auch losfahren.

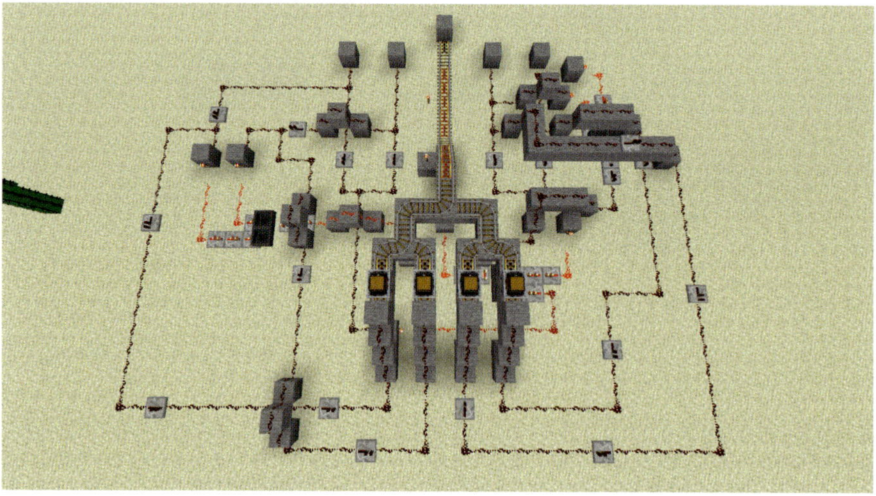

Abbildung 11.10: Anbindung der Knöpfe an die Antriebsschienen

Die Anbindung der Knöpfe an die verschiedenen Antriebsschienen ist in Abbildung 11.10 gezeigt. Da hierfür längere Strecken überbrückt werden müssen, ist es wichtig, darauf zu achten, genügend Redstone-Verstärker einzusetzen, damit das Signal am Ende auch wirklich bei den Antriebsschienen ankommt.

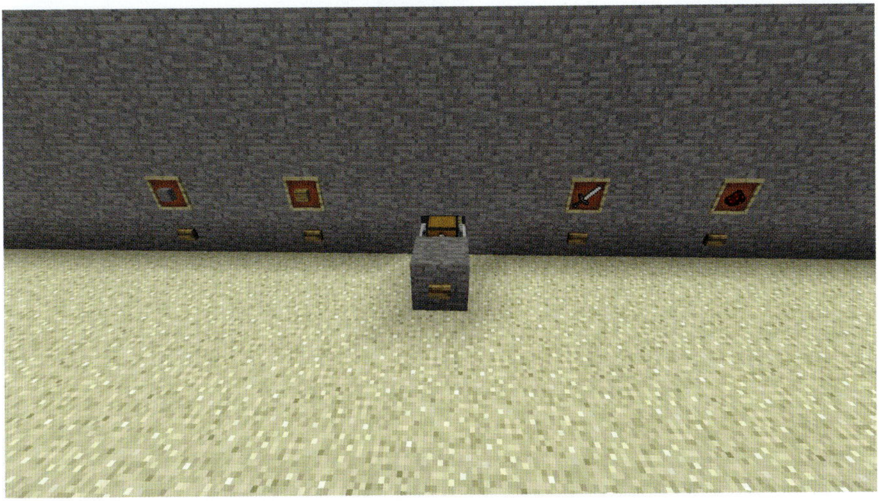

Abbildung 11.11: Fertige Front des Lagerhauses

Zum Schluss kannst du dein Lagerhaus natürlich noch nach Belieben verschönern, es bietet sich auf jeden Fall an, eine Mauer darum zu bauen, damit keine Tiere oder Monster auf die Gleise laufen können. Je nachdem, was du in den verschiedenen Loren verstauen möchtest, kannst du die verschiedenen Knöpfe wie in Abbildung 11.11 mit Rahmen beschriften. Alles, was du jetzt tun musst, um an eine bestimmte Güterlore zu kommen, ist, den entsprechenden Knopf zu drücken. Danach kommt die Lore zum Ausgang gefahren und du kannst Gegenstände entnehmen oder einlegen. Danach drückst du auf den mittleren Knopf und die Lore fährt automatisch zu ihrer Warteposition zurück.

11.2 Trichter-Lagerhaus

Das Einzige, was wir bei dieser Form des Lagerhauses noch selbst vornehmen müssen, ist, die Gegenstände in die richtige Truhe zu sortieren. Und, du ahnst es schon, genau das wollen wir natürlich auch noch automatisieren, mit einem Trichter-Lagerhaus. Kleiner Nachteil: Diese Version eines automatischen Lagerhauses funktioniert nur mit Gegenständen, die sich im Inventar stapeln lassen, mit Booten oder Schwertern kommt ein Trichter-Lagerhaus also zum Beispiel nicht zurecht.

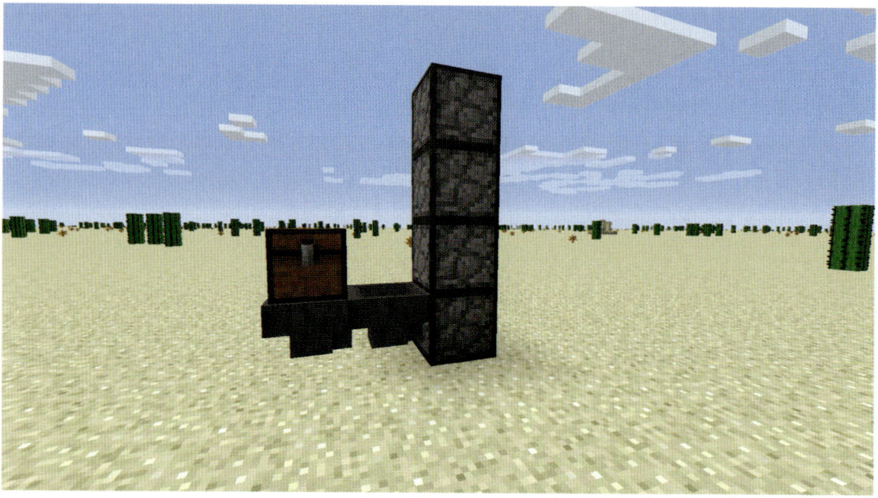

Abbildung 11.12: Eingangstruhe für das Lagerhaus

Die Grundlage für das Lagerhaus bildet zunächst eine Truhe, in die später die Gegenstände gelegt werden, die eingelagert werden sollen. Mithilfe zweier Trichter wird diese Truhe, wie in Abbildung 11.12 gezeigt, mit vier Spendern verbunden.

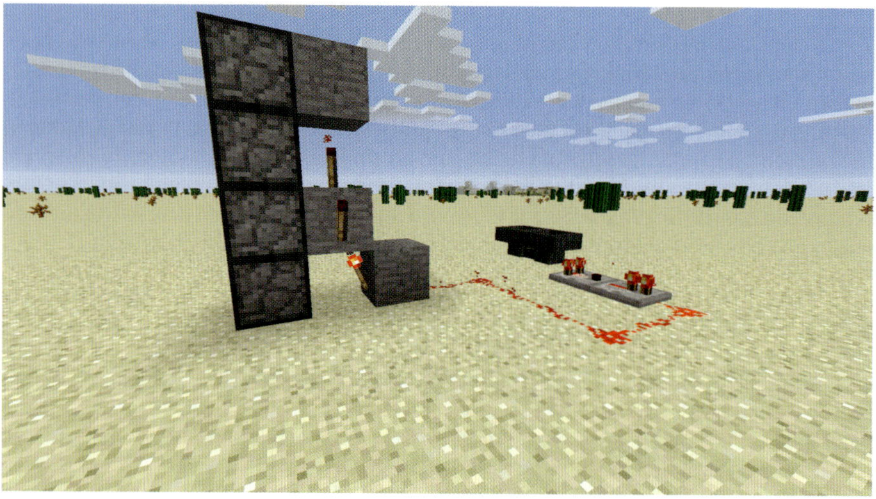

Abbildung 11.13: Taktgeber zum Betrieb der Spender

Da diese Spender die Gegenstände nach oben weiterreichen sollen, wie du es schon vom automatischen Ofen kennst, müssen sie noch, wie in Abbildung 11.13 gezeigt, mit einem Taktgeber verbunden werden, der für die reibungslose Weitergabe sorgt.

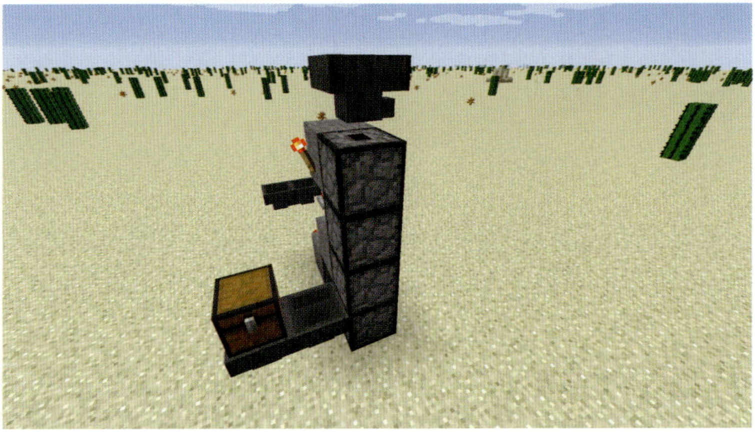

Abbildung 11.14: Trichter am oberen Ende der Spender

Die Schaltung ist in Abbildung 11.14 noch einmal von der anderen Seite zu sehen, ebenso ist in dieser Abbildung bereits der Trichter zu sehen, der am oberen Ende der Spender platziert wird. Wie immer ist es bei der Platzierung des Trichters wichtig, auf die korrekte Ausrichtung, in diesem Fall nach rechts, zu achten.

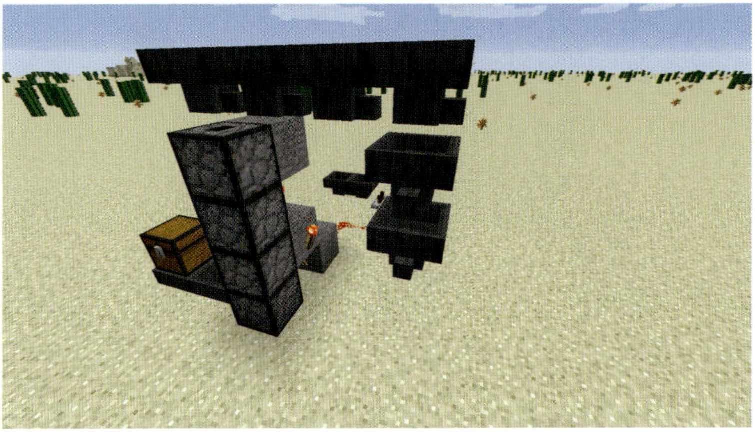

Abbildung 11.15: Platzierung zusätzlicher Trichter

In Abbildung 11.15 sind weitere Trichter platziert worden. Über die oberen, horizontal verlaufenden Trichter sollen die Gegenstände später so lange weitergegeben werden, bis sie die richtige Kiste erreichen, dann werden sie über die vertikal platzierten Trichter nach unten an die Kiste weitergegeben.

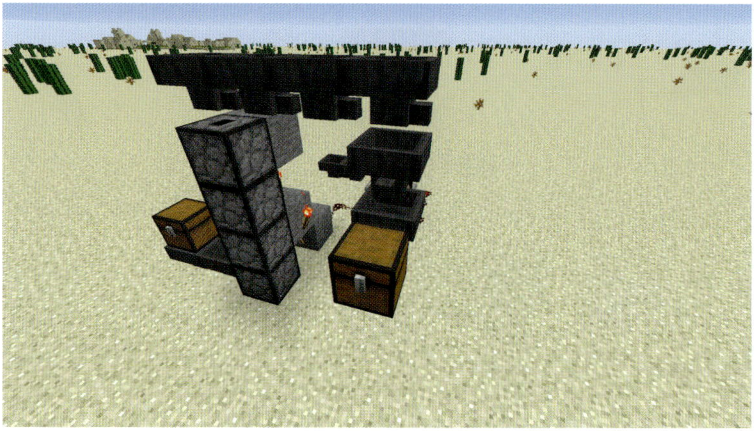

Abbildung 11.16: Platzierung der Kiste

Damit später auch tatsächlich nur Gegenstände der gleichen Sorte in einer Kiste landen, benötigt es noch eine Schaltung an den Trichtern, die in Abbildung 11.17 zu sehen ist.

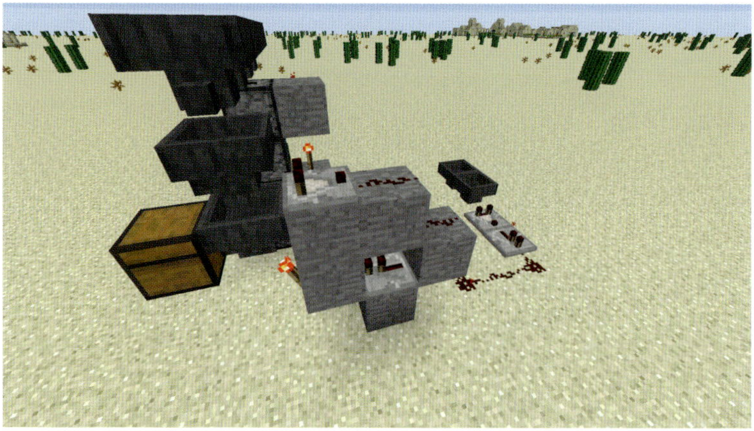

Abbildung 11.17: Redstone-Schaltung zur Sortierung

Außerdem müssen die Trichter exakt nach Vorgabe befüllt werden: Die obere Trichterreihe muss immer leer bleiben. In den mittleren Trichter muss der Gegenstand, der sortiert werden soll, genau 22 Mal platziert werden. Sollen in einer Kiste später zum Beispiel nur Erdblöcke landen, so muss der Trichter, wie in Abbildung 11.18 gezeigt, gefüllt werden.

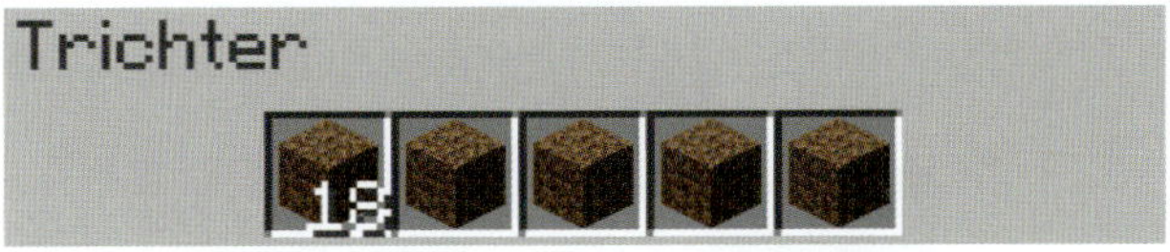

Abbildung 11.18: Inhalt des mittleren Trichters

Da kein Platz mehr im Trichter frei ist, werden dann von der oberen Trichter-Reihe später nur Gegenstände derselben Art an den Trichter weitergegeben. Durch einen zusätzlichen Gegenstand im Trichter verstärkt sich das Signal des angeschlossenen Redstone-Komparators und die Fackel unter dem unteren Trichter erlischt. Dadurch wird ein Gegenstand aus dem mittleren Trichter an den unteren Trichter und von dort an die Truhe weitergegeben. Danach ist das Signal wieder schwächer und die Weitergabe wird durch die Redstone-Fackel wieder gestoppt, bis der nächste passende Gegenstand kommt.

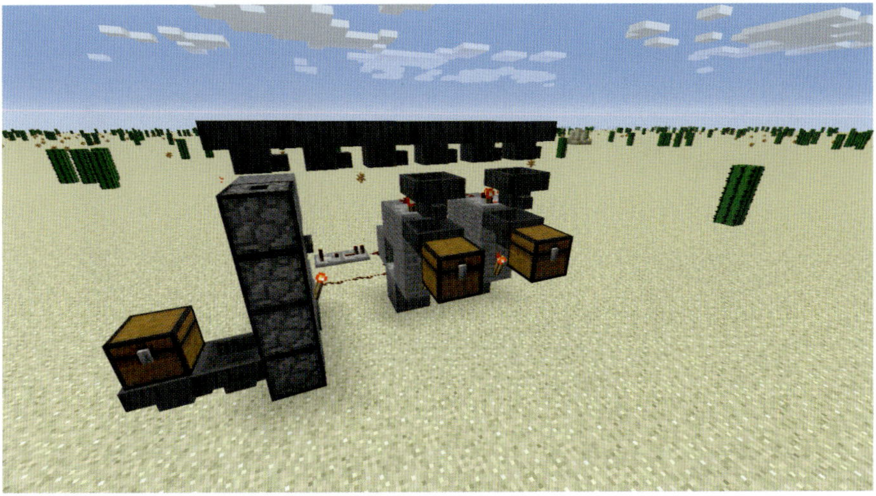

Abbildung 11.19: Weitere Truhe

Auf diese Weise können beliebig viele verschiedene Gegenstände hintereinander sortiert werden. Wie in Abbildung 11.19 zu sehen ist, nehmen zusätzliche Sortierstellen auch vergleichsweise wenig Platz ein.

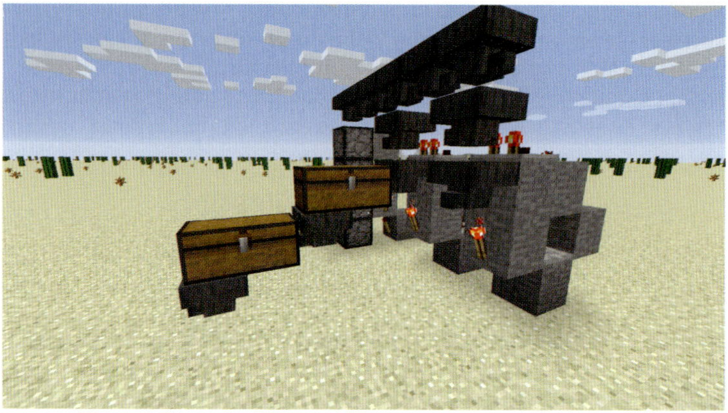

Abbildung 11.20: Vergrößerung der Lagerkapazität

Wer besonders viele Gegenstände einlagern möchte, kann die Lagerkapazität seines Lagerhauses durch eine oder wie in Abbildung 11.20 sogar mehrere Doppeltruhen erhöhen. Wenn du die Gegenstände per Hand wieder aus deinem Lagerhaus entnehmen möchtest, ist es an dieser Stelle bereits fertig. Natürlich kann aber auch die Entnahme noch automatisiert werden.

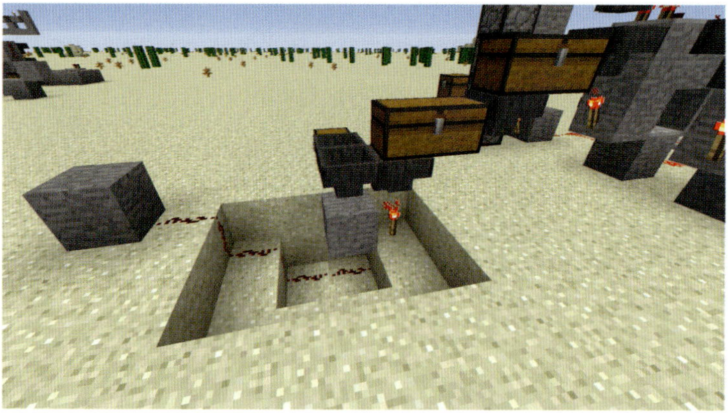

Abbildung 11.21: Schaltung zur automatischen Entnahme von Gegenständen

Dazu benötigst du eine weitere Kette von Trichtern, diesmal am unteren Ende des Lagerhauses und, wie in Abbildung 11.21 gezeigt, eine Schaltung, die steuert, wann Gegenstände entnommen werden sollen.

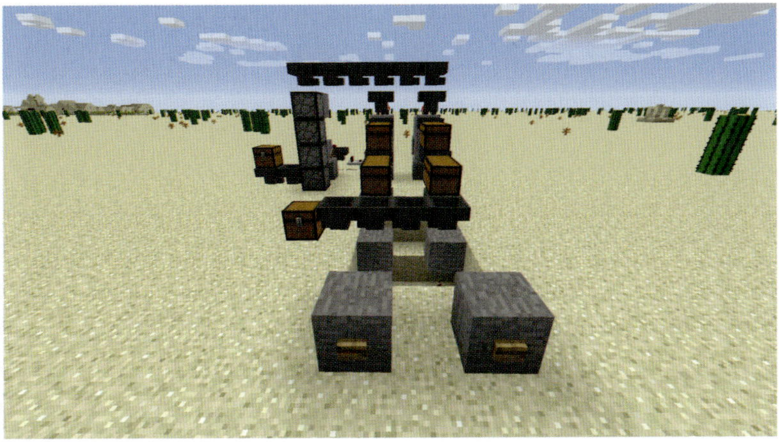

Abbildung 11.22: Entnahme-Knöpfe

Hierzu kann an jeden Trichter unter einer Truhe, wie in Abbildung 11.21 und Abbildung 11.22 gezeigt, einfach ein Knopf angeschlossen werden. Am Ende der unteren Trichter-Kette werden die entnommenen Gegenstände dann in eine Entnahme-Truhe abgelegt.

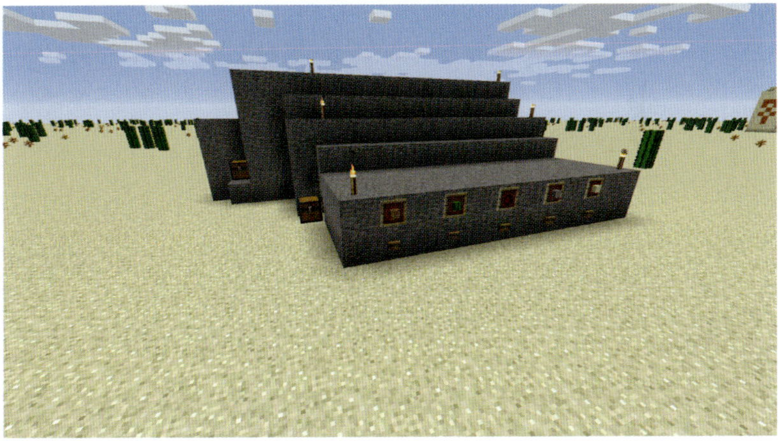

Abbildung 11.23: Fertiges Trichter-Lagerhaus

Auch dieses Lagerhaus kannst du natürlich wieder nach Belieben verkleiden und schmücken. Das fertige Ergebnis ist in Abbildung 11.23 zu sehen. So bringst du ganz einfach Ordnung in deine Lagerbestände.

Kapitel 12

Zahlendisplay

In diesem Kapitel wollen wir uns mit dem Bau eines Displays zum Anzeigen von Zahlen beschäftigen. Das Display selbst ist vergleichsweise schnell gebaut. Abbildung 12.1 zeigt das fertige Display, das sich aus insgesamt 21 Redstone-Lampen zusammensetzt, die über sieben Segmente verteilt sind.

12.1 Das Display

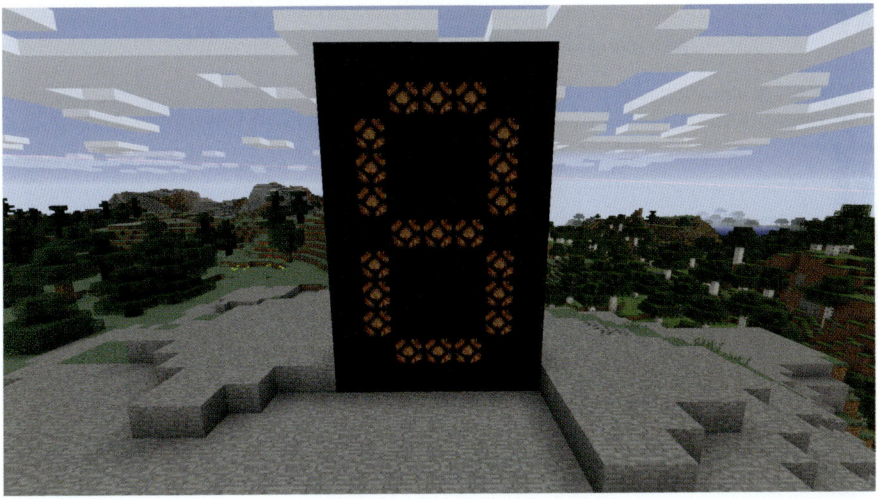

Abbildung 12.1: Zahlendisplay

Die Schwierigkeit beim Bau eines Displays besteht hauptsächlich in der Ansteuerung, also der Schaltung, die dafür sorgt, dass die richtige Zahl auf dem Display angezeigt wird.

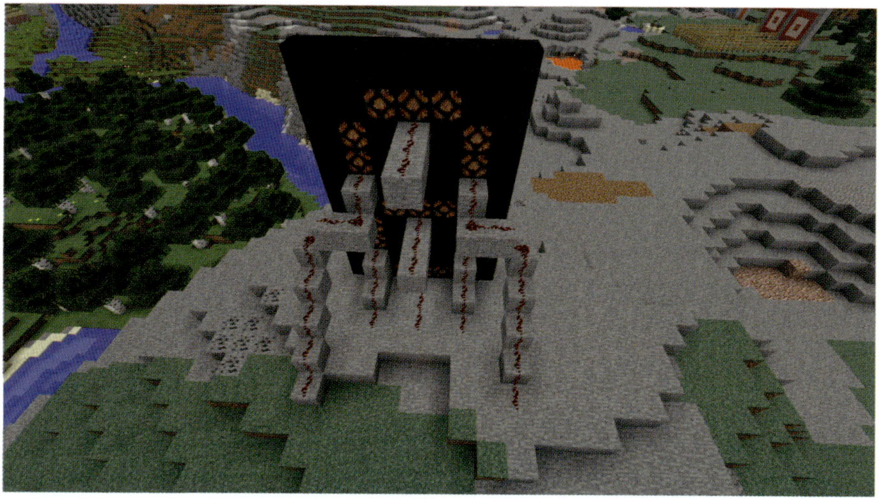

Abbildung 12.2: Verbindung der einzelnen Segmente

Zunächst einmal muss zu jedem der Segmente, wie in Abbildung 12.2 gezeigt, eine Redstone-Leitung gelegt werden. Um bei den vielen verschiedenen Leitungen den Überblick zu behalten, ist es sinnvoll, die Leitungen wie in Abbildung 12.3 parallel zueinander zu verlegen.

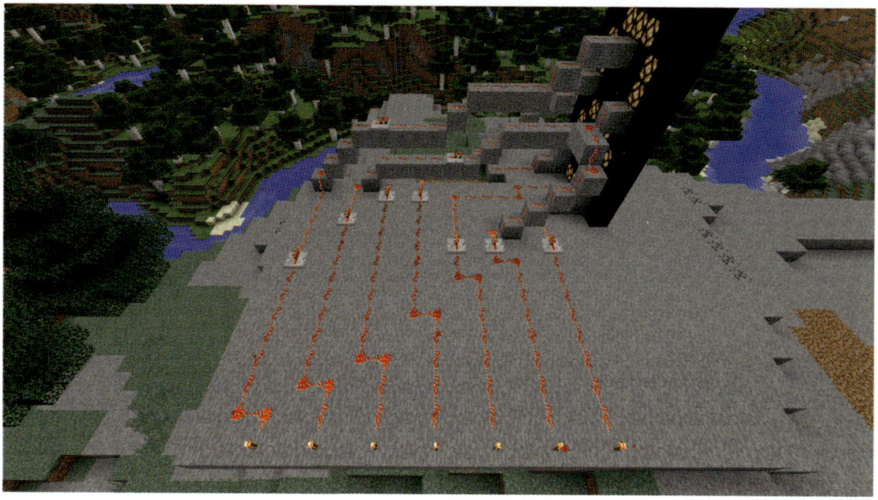

Abbildung 12.3: Verlängerung der Verbindung der Segmente

So kannst du die Leitungen dann ganz einfach von rechts nach links von 1 bis 7 durchnummerieren. In Abbildung 12.4 findest du eine schematische Darstellung des Displays, bei dem die Segmente entsprechend der zugehörigen Redstone-Leitung durchnummeriert wurden. Die Leitung ganz rechts führt also zum Beispiel zum Segment unten links, die Leitung ganz links zum Segment oben in der Mitte und so weiter.

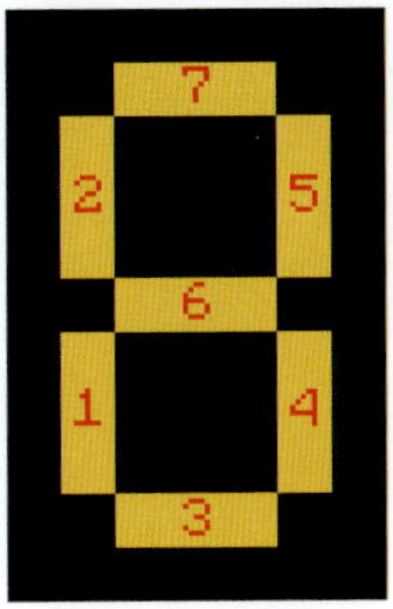

Abbildung 12.4: Nummerierung der Segmente

Je nachdem, welche Zahl auf dem Display angezeigt werden soll, müssen nun die unterschiedlichen Segmente angesteuert werden. Um eine »1« anzuzeigen, müssen zum Beispiel die Segmente 4 und 5 leuchten, für eine »2« die Segmente 1, 3, 5, 6 und 7.

Zahl	Benötigte Segmente
0	1, 2, 3, 4, 5, 7
1	4 ,5
2	1, 3, 5, 6, 7
3	3, 4, 5, 6, 7
4	2, 4, 5, 6
5	2, 3, 4, 6, 7
6	1, 2 ,3, 4, 6, 7
7	4, 5, 7
8	1, 2, 3, 4, 5, 6, 7
9	2, 3, 4, 5, 6, 7

Tabelle 12.1: Benötigte Segmente zum Anzeigen der Zahlen von 0 bis 9

Tabelle 12.1 zeigt dir für alle Zahlen von 0 bis 9, welche Segmente für jede Zahl jeweils aktiviert werden müssen.

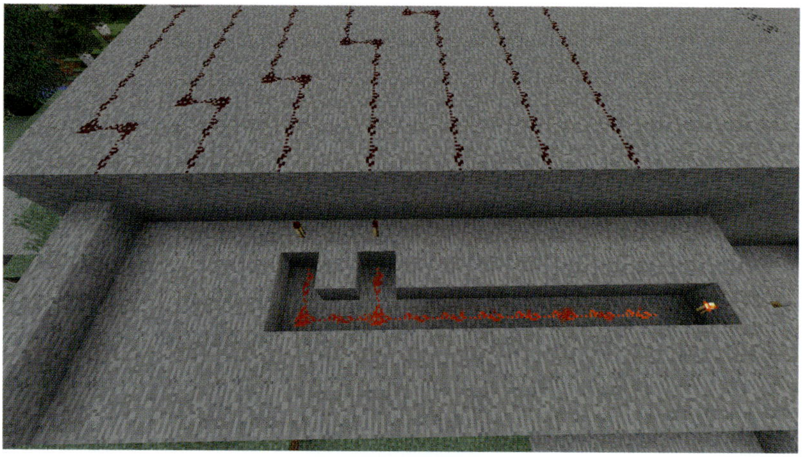

Abbildung 12.5: Ansteuerung für die Ziffer »1«

Wie diese Ansteuerung konkret aussehen kann, ist in Abbildung 12.5 zu sehen. Ein Hebel wird mithilfe einer Nicht-Schaltung mit zwei Redstone-Fackeln verbunden. Sobald der Hebel aktiviert wird, werden auch die beiden Redstone-Fackeln aktiv.

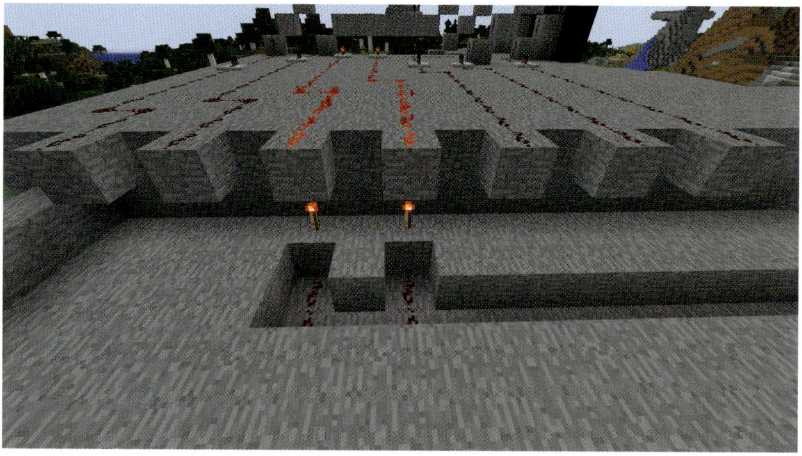

Abbildung 12.6: Verlängerung der Verbindung der Segmente über die Redstone-Fackeln

Werden die Verbindungen zu den Segmenten nun, wie in Abbildung 12.6 gezeigt, über diese Redstone-Fackeln hinweg verlängert, so wird eine »1« auf dem Display angezeigt, sobald der Hebel aktiviert wird, wie in Abbildung 12.7 zu sehen ist.

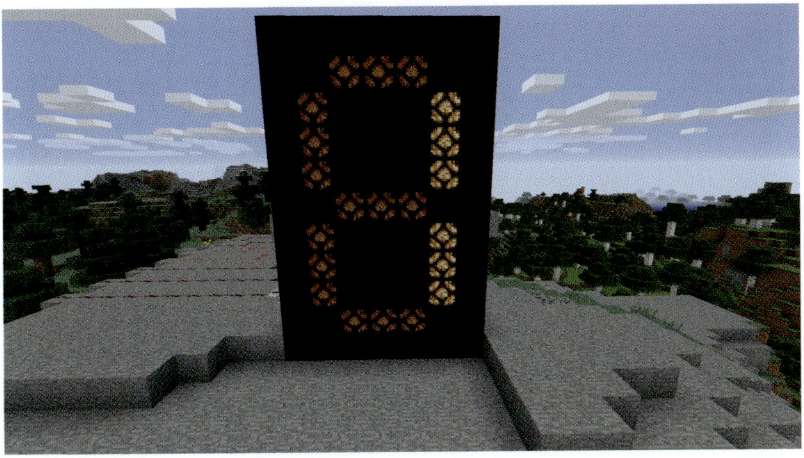

Abbildung 12.7: »1« auf dem Display

Hinter die Schaltung für die Ziffer »1« kann nun wie in Abbildung 12.8 eine weitere Schaltung für die Ziffer »2« gesetzt werden.

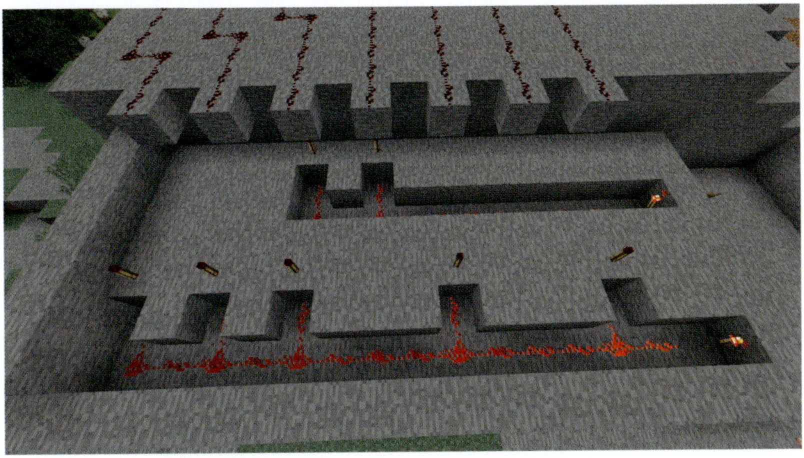

Abbildung 12.8: Ansteuerung für die Ziffer »2«

Danach muss die Anbindung der Segmente abermals, wie in Abbildung 12.9 zu sehen, verlängert werden. Dabei muss auf den Einsatz von ausreichend Redstone-Verstärkern geachtet werden, damit das Signal sein Ziel auch tatsächlich erreicht.

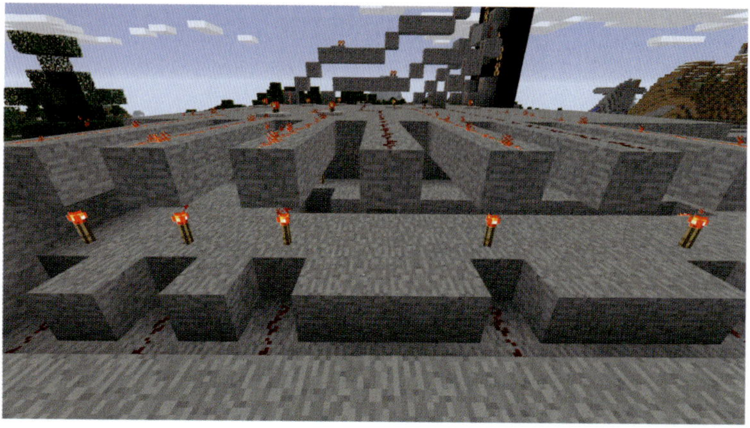

Abbildung 12.9: Weitere Verlängerung der Anbindung der Segmente

So kann nun für jede Ziffer immer wieder eine Schaltung hinzufügt werden, bis du wie in Abbildung 12.10 für jede einzelne Ziffer eine Schaltung mit Hebel hast. Das ist zwar eine einfache und sehr übersichtliche Lösung, allerdings auch nicht gerade eine platzsparende. Über 40 Blöcke ist alleine die Ansteuerung auf diese Weise lang.

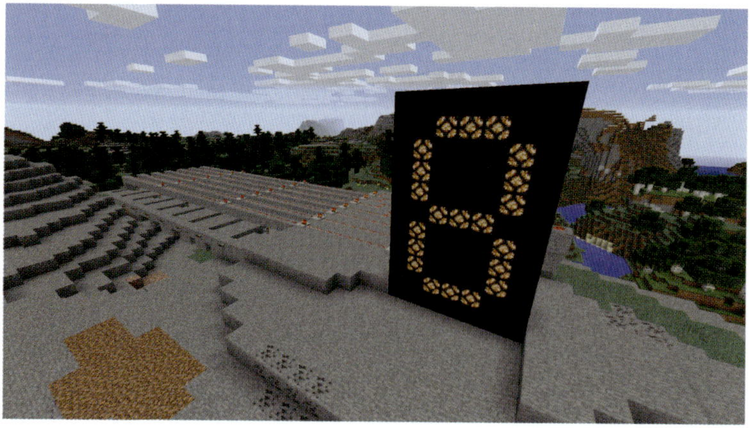

Abbildung 12.10: Display mit fertiger Ansteuerung

Mit einer kleinen Modifikation kann die Länge der Schaltung allerdings halbiert werden. Dafür machen wir uns zunutze, dass Redstone-Signale auch seitlich durch Blöcke hindurch übertragen werden können, wenn vor dem Block ein Verstärker steht. Wie das für die Ziffer »1« konkret aussieht, ist in Abbildung 12.11 zu sehen.

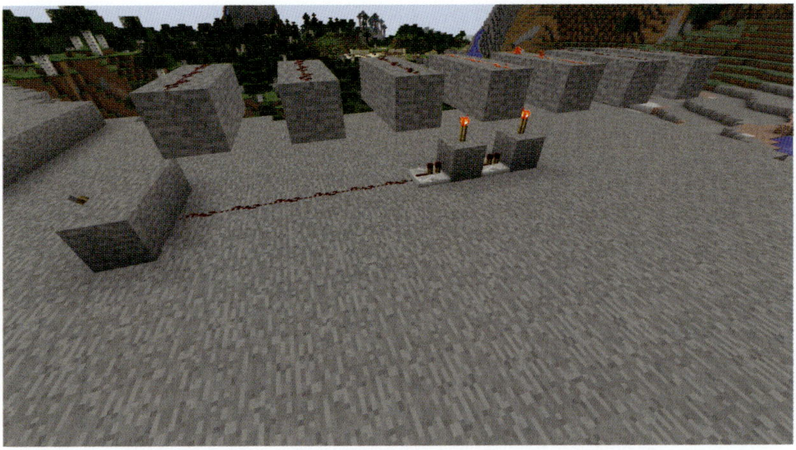

Abbildung 12.11: Kompaktere Ansteuerung für die Ziffer »1«

War die Ansteuerung, die wir vorher verwendet hatten, für eine Zahl noch drei Blöcke breit, plus einen Block Abstand, so ist die neue, kompaktere Ansteuerung nun nur noch einen Block breit, plus einen Block Abstand. Wir können die Länge so also von insgesamt 40 Blöcken auf 20 Blöcke halbieren. Ansonsten funktioniert die Ansteuerung unverändert. Die Schaltungen für die einzelnen Ziffern werden weiter hintereinander platziert, in Abbildung 12.12 ist zum Beispiel die Ansteuerung für die Ziffer »2« zu sehen und die Leitungen zum Display werden entsprechend verlängert.

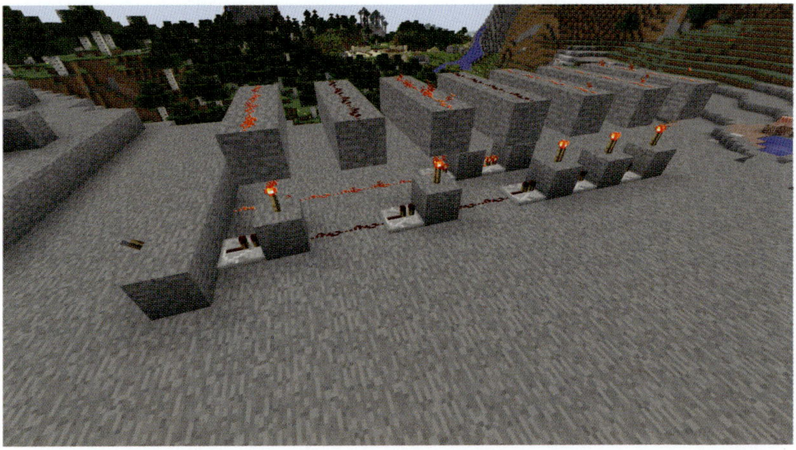

Abbildung 12.12: Kompaktere Ansteuerung für die Ziffer »2«

12.2 Zählmaschine

Da du inzwischen ein echter Redstone-Profi bist, hast du bestimmt schon einige Ideen, wie du das Zahlendisplay einsetzen kannst. Die Zählmaschine, die wir in diesem Abschnitt bauen wollen, ist ein gutes Beispiel für die Verwendung des Displays.

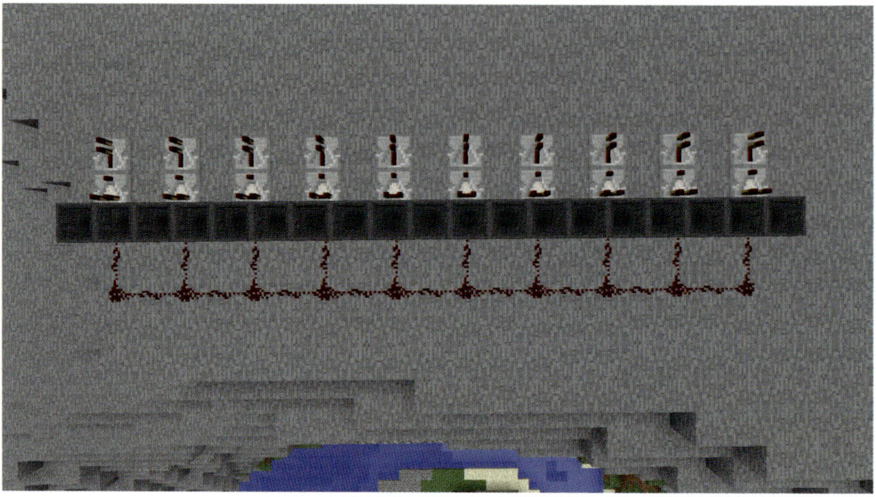

Abbildung 12.13: Schaltung für das Ausgabesignal der Zählmaschine

Die Zählmaschine soll Gegenstände verschiedener Art zählen können, und zwar zunächst bis zu neun Stück, also genau so viele, wie das Display anzeigen kann. Mit der in Abbildung 12.13 gezeigten Schaltung wird die Zählmaschine später ihr Ergebnis an das Display weitergeben. Dazu werden die Anschlüsse des Displays, die wir im letzten Abschnitt noch mit Hebeln gesteuert haben, mit der Schaltung in Abbildung 12.13 verbunden. Von »0« auf der linken Seite bis zu »9« ganz rechts.

Die Redstone-Schaltung, die die eigentliche Zählung durchführt, ist in Abbildung 12.14 gezeigt. Das Herzstück der Zählmaschine ist ein Trichter, der zwischen einem Spender und einer Truhe platziert ist. Die zu zählenden Gegenstände werden in den Spender gelegt. Der Trichter-Taktgeber, links neben dem Spender, sorgt dafür, dass der Spender die Gegenstände einzeln an den Trichter weitergibt. Jedes Mal, wenn so ein Gegenstand in den Trichter gelangt, wird der Redstone-Komparator am Trichter kurz aktiviert, bevor der Gegenstand an die Truhe weitergegeben wird.

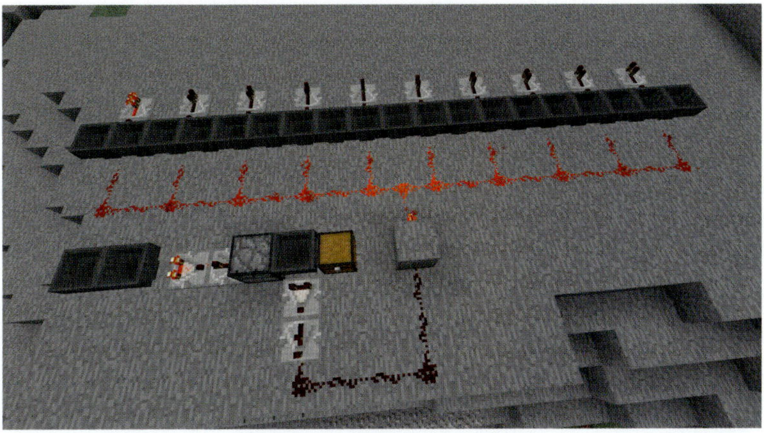

Abbildung 12.14: Zählmaschine

Im linken Trichter der Ausgabe-Schaltung, also im Trichter, der für »0« steht, befindet sich zu Beginn ein Gegenstand. Das Redstone-Signal der Fackel in Abbildung 12.14 verhindert zunächst, dass dieser Gegenstand weitergegeben wird. Jedes Mal, wenn ein Gegenstand gezählt wird, wird dieses Signal allerdings kurz unterbrochen und der Gegenstand in der Ausgabe-Schaltung wird an den nächsten Trichter gegeben, der für »1« steht, an den nächsten, der für »2« steht und so weiter. So kann die Zählmaschine bis zu neun Gegenstände zählen und das Ergebnis mithilfe eines Zahlendisplays anzeigen.

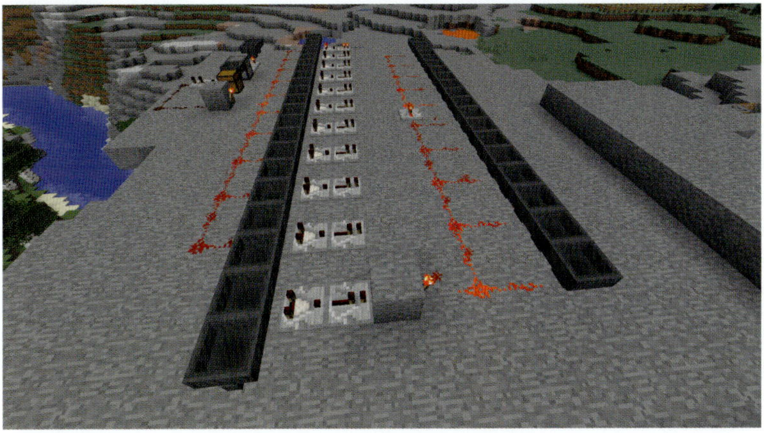

Abbildung 12.15: Zweite Trichterreihe zur Ansteuerung eines zweiten Displays

Mit einem zweiten Display kann die Zählmaschine sogar noch erweitert werden, sodass sie bis zu zehn Gegenstände auf einmal und insgesamt sogar 99 Gegenstände zählen kann. Dazu erweitern wir die erste Reihe an Trichtern zunächst am Ende um einen zusätzlichen Trichter, der für die Zahl »10« steht. Damit die Schaltung später funktioniert, ist es wichtig, dass sich hinter dem Trichter für die »10« noch ein weiterer Trichter befindet, in dem der Gegenstand am Schluss liegen bleibt. Außerdem benötigen wir eine zweite Reihe Trichter, die im Prinzip wie die erste aufgebaut ist, nur in umgekehrter Reihenfolge, der Trichter ganz rechts steht diesmal also für »0« und der Trichter ganz links für »9«.

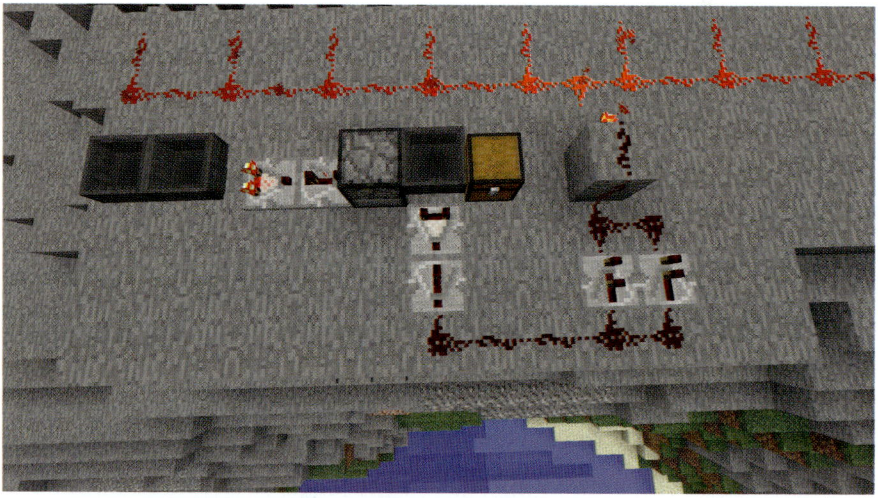

Abbildung 12.16: Zählmaschine mit Verlängerung des Signals

Außerdem muss das von der Zählmaschine ausgehende Signal noch, wie in Abbildung 12.16 gezeigt, verlängert werden. Legst du nun zehn Gegenstände in den Spender, so wird der Gegenstand in der ersten Trichterreihe bis ganz zum Ende weitergegeben. Dabei kommt er auch am Trichter für die Zahl »10« vorbei. Dadurch wird der Redstone-Komparator an diesem Trichter kurz aktiviert und das Signal sorgt dafür, dass der Gegenstand in der zweiten Trichterreihe ebenfalls einen Trichter weitergegeben wird. Wenn du die Schaltungen so an zwei Displays anschließen würdest, würde auf einem Display eine »1« erscheinen und auf dem anderen Display nichts. Korrekterweise sollte auf dem zweiten Display aber eine »0« erscheinen, damit sich die Zahl »10« ergibt.

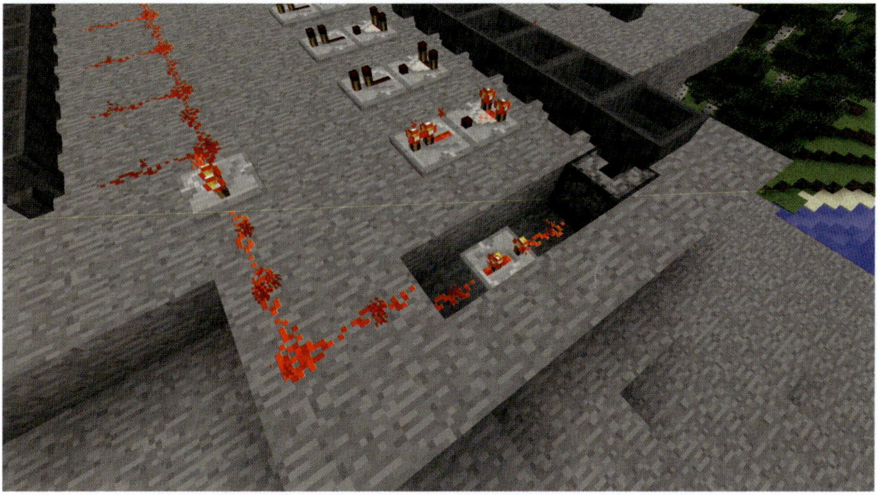

Abbildung 12.17: Spender am Anfang der ersten Trichterreihe

Dazu bauen wir an den Anfang der ersten Trichterreihe, wie in Abbildung 12.17 gezeigt, noch einen Spender, der mit dem Signal für die zweite Trichterreihe verbunden wird. Wird nun ein Gegenstand bis zum Ende durchgegeben, wird der Spender aktiviert. Dieser gibt dann einen Gegenstand an den ersten Trichter in der vorderen Trichterreihe ab, wodurch das zweite Display dann eine »0« anzeigt.

Tipp

Die Zählmaschine funktioniert nur für bis zu maximal zehn Gegenstände auf einmal. Nachdem die ersten zehn Gegenstände gezählt worden sind, kannst du aber problemlos bis zu zehn weitere Gegenstände hineinlegen und immer so weiter. Erst bei 99 Gegenständen ist endgültig Schluss, zumindest solange du deine Zählmaschine nicht um eine weitere Trichterreihe und ein zusätzliches Display erweiterst.

Kapitel 13

Wasserkraft

Beim Bau von Farmen, Fallen und Kanonen hast du Wasser schon in Kombination mit Redstone eingesetzt. In diesem Kapitel steht das blaue Nass nun ganz im Mittelpunkt und du wirst lernen, wie du Wasser in Kombination mit Redstone, oder auch ganz alleine, einsetzen kannst, um raffinierte Mechanismen zu entwickeln.

13.1 Kanal

Wie du bereits aus Kapitel 6 weißt, eignen sich angetriebene Loren, um schnell große Distanzen zu überbrücken. Während du laufend gerade einmal 5,6 Meter pro Sekunde in Minecraft zurücklegen kannst, sind es mit einer Lore in voller Fahrt 8,0 Meter. Für lange Strecken ist der Bau einer solchen Verbindung allerdings auch sehr kostspielig, schließlich benötigst du pro Antriebsschiene einen Goldbarren. Glücklicherweise gibt es noch eine zweite Transportart, die dich genauso schnell an dein Ziel bringt: Ein Boot in ruhigem Wasser kann nämlich ebenfalls 8,0 Meter pro Sekunde zurücklegen.

Wo es bereits einen Fluss oder See gibt, da benötigst du nur noch fünf Holzbretter, um dir, wie in Abbildung 13.1 gezeigt, ein Boot zu bauen. Das kannst du dann sofort auf das Wasser setzen und losfahren.

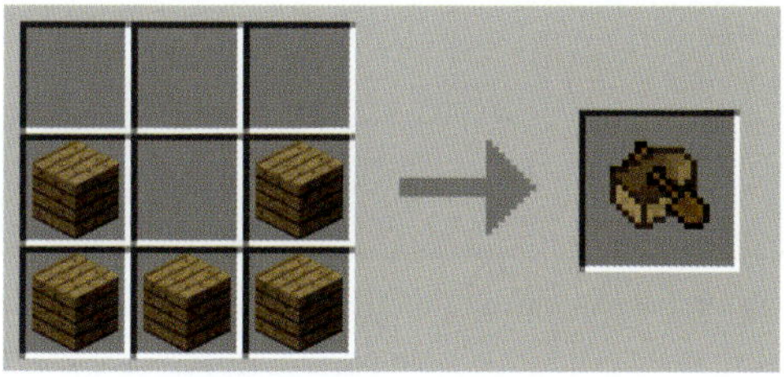

Abbildung 13.1: Boot-Rezept

Auf gefrorenen Wasserflächen bist du mit einem Boot übrigens noch schneller unterwegs. Auf rekordverdächtige 40 Meter pro Sekunde kann ein Boot dort beschleunigen. Das ist sogar schneller als das Fliegen im Kreativmodus, hier bringst du es auf gerade einmal 22 Meter pro Sekunde. Allerdings bleibt Wasser nur in wenigen Biomen, in denen von Natur aus Schnee liegt, dauerhaft gefroren.

Und auch sonst sind die Punkte, zwischen denen du hin- und herreisen willst, wahrscheinlich nur in den seltensten Fällen bereits natürlich durch Wasser verbunden. In solchen Fällen kannst du künstliche Kanäle bauen, auf denen du dich dann fortbewegen kannst. Das erfordert zwar einiges an Arbeit, im Vergleich zum Bau einer Schienenstrecke sparst du aber kostbare Ressourcen. Alles, was du brauchst, ist eine Schaufel und ein Eimer mit Wasser. Um dich mit einem Boot auf einem Kanal bewegen zu können, muss dieser mindestens zwei Blöcke breit sein und vor allem eben.

Das ist der größte Nachteil von Kanälen im Vergleich zu Schienen. Denn während du mit Antriebsschienen auch Steigungen in einer Lore überwinden kannst, kannst du mit einem Boot niemals stromaufwärts paddeln, zumindest nicht ohne aufwendige Hilfskonstruktionen, aber dazu später mehr. Du musst also bei der Planung deiner Strecke Höhenunterschiede berücksichtigen und den Kanal entweder von Beginn an auf Stelzen bauen oder entsprechende Tunnel ausheben.

13.1.1 Ränder

Eine Lösung mit Stelzen kannst du in Abbildung 13.2 sehen. Außerdem fällt dort auf, dass der gesamte Rand des Kanals aus Stufen, also Blöcken mit halber Höhe, besteht. Das Wasser dagegen ist, ganz normal, einen Block hoch und läuft trotzdem nicht aus dem Kanal heraus.

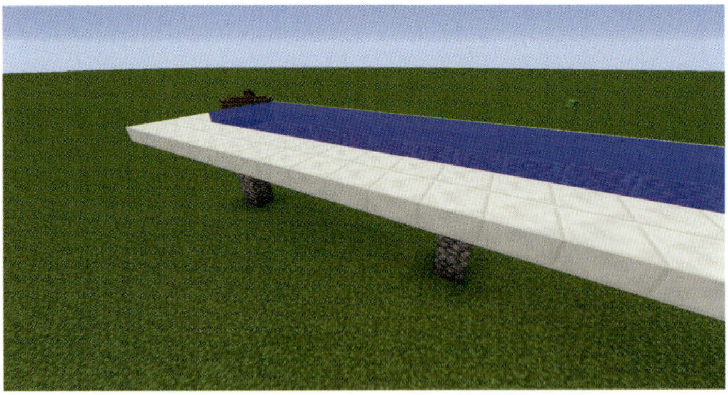

Abbildung 13.2: Kanal mit Stufen (Block mit halber Höhe) als Rand

Diese Bauart hat, neben einem besonderen optischen Effekt, auch ganz praktische Vorteile. Bei einem Rand aus Blöcken mit voller Höhe bleibt das Boot am Ende des Kanals einfach am Rand hängen und kann unter Umständen sogar Schaden nehmen. Blöcke mit halber Höhe erlauben es dir dagegen, mit dem Boot auf den Rand zu fahren und dort ganz bequem auszusteigen. Und auch beim Einsteigen kannst du das Boot einfach auf dem Rand platzieren, ganz bequem im Trockenen einsteigen und dann ins Wasser paddeln. Ist dein Kanal auf der gesamten Strecke mit einem solchen Rand ausgerüstet, so kannst du an jeder beliebigen Stelle einfach und unkompliziert zu- und aussteigen.

13.1.2 Übergänge

Mit einem Boot kannst du dich zwar sehr schnell im Wasser bewegen, ohne wird es aber quälend langsam. Gerade einmal 1,23 Meter pro Sekunde schaffst du, wenn du versuchst, einen Kanal zu Fuß zu überqueren. Je länger deine Kanäle werden, desto wahrscheinlicher ist es aber auch, dass du sie von Zeit zu Zeit auch manchmal zu Fuß überqueren musst. Wenn dein Kanal nicht ohnehin unterirdisch oder auf Stelzen verläuft, kannst du natürlich Brücken über deinen Kanal bauen. Noch eleganter und schneller geht es aber wie in Abbildung 13.3 gezeigt.

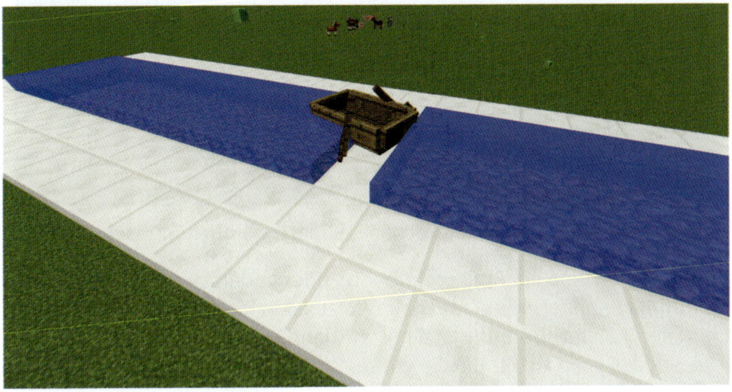

Abbildung 13.3: Kanal-Übergang

Der dort gezeigte Übergang macht sich wieder die Tatsache zunutze, dass sich Stufen mit einem Boot befahren lassen und das, zumindest bei nur einem Block Breite, ohne merklichen Geschwindigkeitsverlust. Trotzdem kannst du deinen Kanal gleichzeitig auch noch trockenen Fußes überqueren.

13.2 Bootshebewerk

Ein Nachteil eines Kanals im Vergleich zu Schienennetzen bleibt aber bestehen: Selbst kleinste Steigungen lassen sich mit einem Boot nicht bewältigen. Es sei denn natürlich, man ist ein echter Redstone-Experte, wie du es mittlerweile bist, dann findet man auch für dieses Problem eine Lösung. Das Prinzip des Aufzugs, den du bereits gebaut hast, lässt sich prinzipiell auch auf Boote übertragen, wenn auch mit einigen Besonderheiten, da diesmal Wasserblöcke angehoben werden sollen.

Die Ausgangssituation, mit der wir uns zunächst beschäftigen wollen, kannst du in Abbildung 13.4 sehen. Dort sind zwei Teilstücke eines Kanals gezeigt, wobei das linke Teilstück einen Block höher ist als das rechte. Nun könnte man einfach versuchen, diese Teilstücke zu verbinden, sodass eine Stufe im Wasser entsteht. Aber selbst wenn der Unterschied nur einen Block beträgt, ist es nicht möglich, diesen Höhenunterschied mit einem Boot zu überwinden.

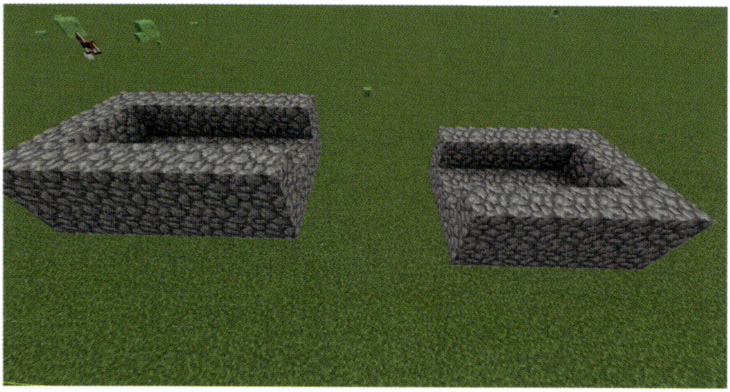

Abbildung 13.4: Unterbrochener Kanal mit Höhenunterschied

Was wir brauchen, ist also ein Aufzug für Boote, oder anders ausgedrückt ein Bootshebewerk. Die Grundlage bildet, wie schon beim Aufzug, ein klebriger Kolben, den du in Abbildung 13.5 sehen kannst. Darauf platzierst du dann vier Schleimblöcke und vier Bruchsteinblöcke, sodass ein 2 x 2 x 2 Blöcke großer Würfel entsteht, der oben aus Schleim und unten aus Bruchstein besteht.

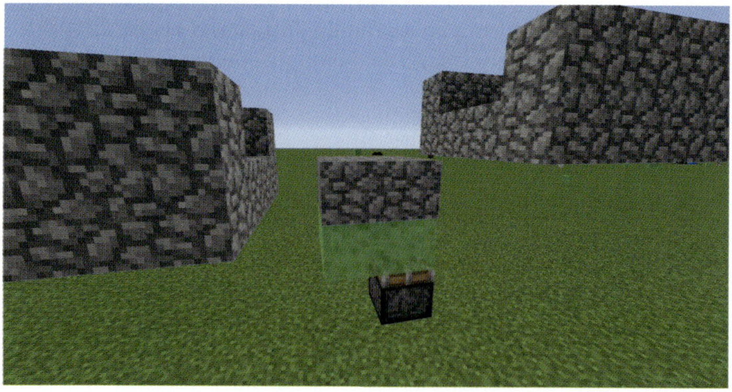

Abbildung 13.5: Hebevorrichtung

Nun kommen wir zu den Besonderheiten des Bootshebewerks. Wie du dich vielleicht erinnerst, bestand der Rand des Aufzugs aus Obsidian-Blöcken, da diese nicht an den Schleimblöcken kleben bleiben. Für unseren Bootsaufzug können wir dieses Problem ohne die schwer beschaffbaren Obsidian-Blöcke lösen. Alles, was du dazu brauchst, sind vier Schilder, die du wie in Abbildung 13.6 gezeigt an den beiden Enden der Kanalhälften anbringst.

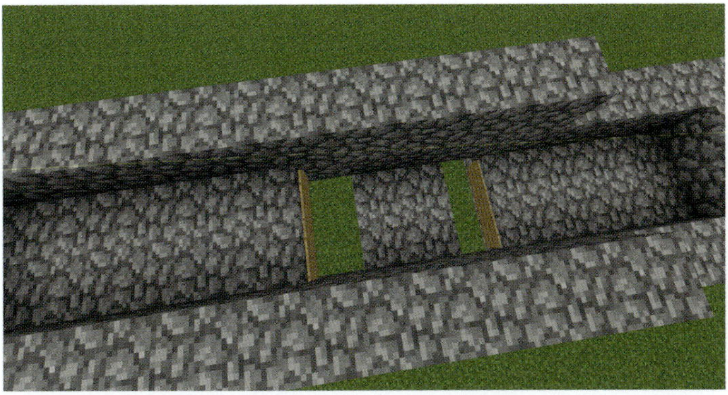

Abbildung 13.6: Schilder als Wasserstopp

Obwohl die Schilder nicht bis zur Hebevorrichtung reichen und deshalb auch nicht vom Schleim angehoben werden, lassen sie trotzdem kein Wasser durch. Das ist wichtig, denn wenn Wasser aus deinem Kanal tropfen würde, würde es die Redstone-Schaltung zerstören, die benötigt wird, um die Hebevorrichtung zu betätigen. Deshalb ist es auch wichtig, dass du die Ränder deines Kanals hoch genug baust, damit kein Wasser über die Seiten entweichen kann. In Abbildung 13.7 kannst du sehen, wie der Kanal aussieht, wenn er mit Wasser gefüllt ist, und wie das Wasser über die Schilder läuft, ohne dabei nach unten zu fließen.

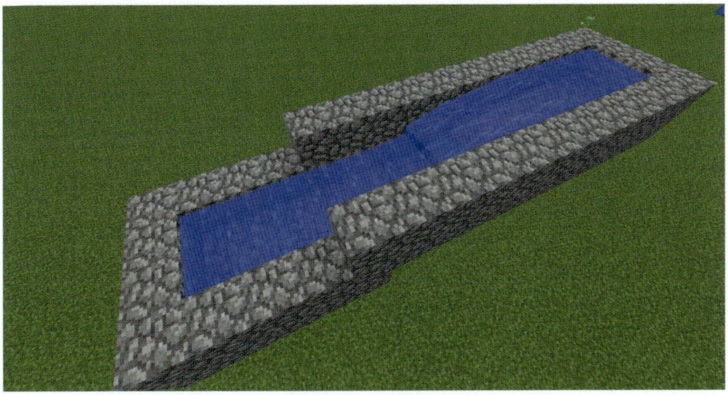

Abbildung 13.7: Gefüllter Kanal mit Hebevorrichtung

Um die Steigung im Kanal nun auch überwindbar zu machen, musst du den klebrigen Kolben am Boden des Kanals noch mit einer Redstone-Quelle, zum Beispiel mit einem Schalter, verbinden. Du solltest den Schalter so anbringen, dass du ihn aus dem Boot heraus erreichen kannst, zum Beispiel wie in Abbildung 13.8 gezeigt. Jetzt musst du mit deinem Boot nur noch auf die Hebevorrichtung fahren, den Hebel betätigen und schon wirst du samt deines Bootes hochgehoben und kannst den oberen Teil des Kanals befahren.

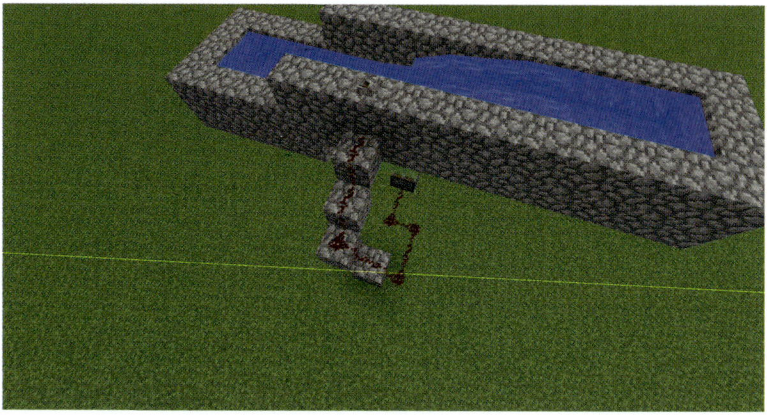

Abbildung 13.8: Schalter zur Betätigung der Hebevorrichtung

Mit Redstone-Verstärkern, die auf Verzögerung eingestellt sind, könntest du auch eine mehrstufige Hebeanlage bauen, um größere Höhenunterschiede zu überwinden. Allerdings wirst du schnell merken, dass nicht nur die Konstruktion einer solchen Anlage recht mühselig wäre, sondern auch ihre Benutzung. Denn durch den Höhenunterschied im Kanal entsteht eine Strömung entgegen deiner Fahrtrichtung, die dafür sorgt, dass dein Boot bei jeder neuen Stufe ausgebremst wird. Glücklicherweise gibt es noch einen Trick, wie du dein Boot auf einen Schlag gleich mehrere Blöcke in die Höhe transportieren kannst.

13.3 Schiffskatapult

Dafür benötigst du ein Schiffskatapult. Dessen Grundgerüst kannst du in Abbildung 13.9 sehen. Auf den ersten Blick gibt es dort zunächst einmal viele Ähnlichkeiten, einen klebrigen Kolben, Schilder am Rand des Kanals und vier Schleimblöcke. Allerdings fehlen bei dieser Konstruktion die Bruchsteinblöcke auf den Schleimblöcken.

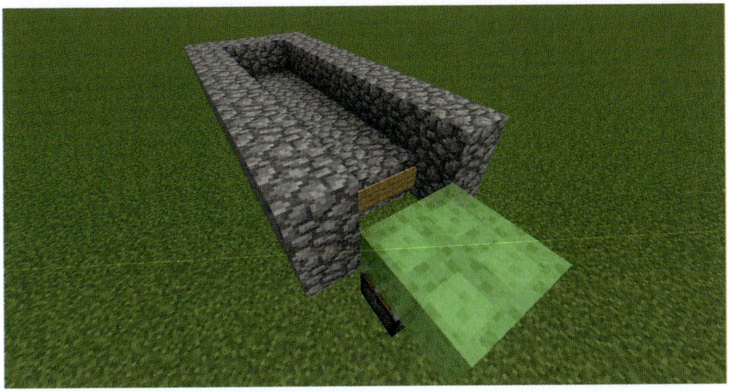

Abbildung 13.9: Grundgerüst für das Schiffskatapult

Auch für das Schiffskatapult muss der Kanal natürlich wieder mit Wasser gefüllt werden. Dieses Mal musst du aber darauf achten, dass der Wasserstrom genau vor den Schleimblöcken endet, die letzte Wasserquelle sollte daher acht Blöcke vor dem Schleim platziert werden, wie in Abbildung 13.10 gezeigt.

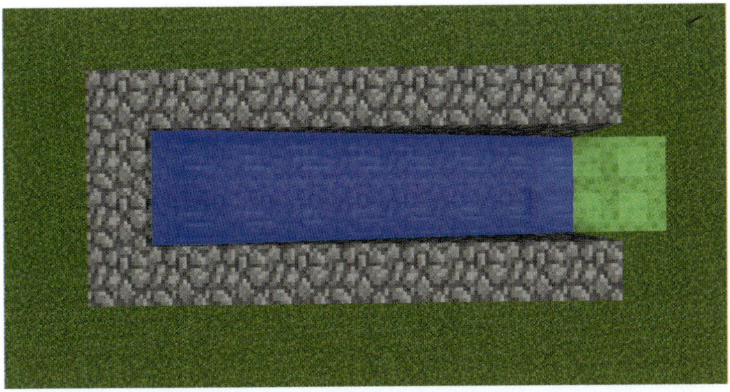

Abbildung 13.10: Schiffskatapult mit Wasser

Theoretisch könntest du den Kolben auch dieses Mal über einen Hebel steuern, es gibt aber noch eine elegantere Alternative, die du in Abbildung 13.11 sehen kannst. Dort wurde mithilfe von zwei Haken und Faden ein Stolperdraht über den Kanal gespannt. Sobald nun ein Schiff durch den Stolperdraht fährt, wird dieser aktiviert und gibt ein Redstone-Signal ab.

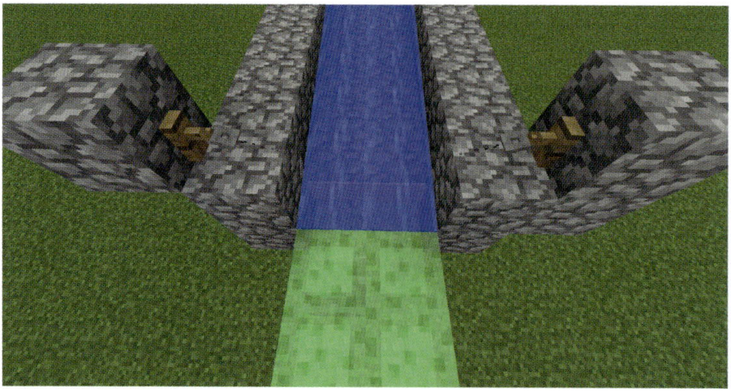

Abbildung 13.11: Stolperdraht über den Kanal gespannt

Da es nach dem Durchqueren des Stolperdrahtes aber noch einen kleinen Moment dauert, bis ein Boot sich tatsächlich auf den Schleimblöcken befindet, solltest du den Stolperdraht nicht direkt an den Kolben anschließen, sondern noch einen Redstone-Verstärker dazwischenschalten, wie in Abbildung 13.12 gezeigt. Um ganz sicherzugehen, kannst du den Verstärker auf die zweithöchste Verzögerung einstellen.

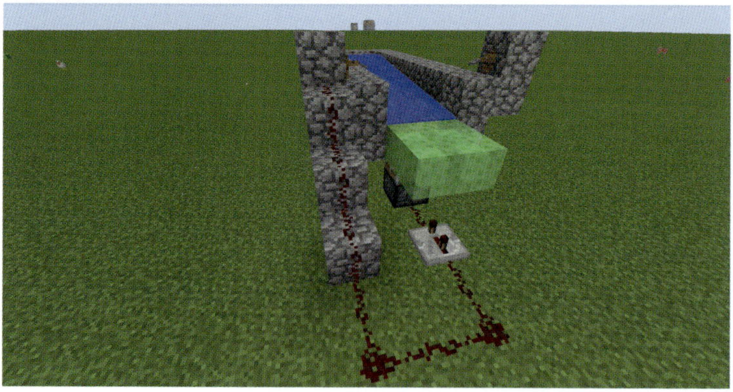

Abbildung 13.12: Verbindung zwischen Stolperdraht und Kolben

Und nun kommt der Trick zum Tragen. Wenn du dich jetzt nämlich in ein Boot setzt und auf das Ende des Kanals zufährst, wird dir auffallen, dass du nicht einfach nur einen Block angehoben wirst, sondern, samt Boot, bis zu zwölf Blöcke in die Höhe geschossen wirst, wie in Abbildung 13.13 gezeigt. Dieser Katapult-Effekt ist eine besondere Eigenschaft von Schleimblöcken, die wir uns an dieser Stelle zunutze machen.

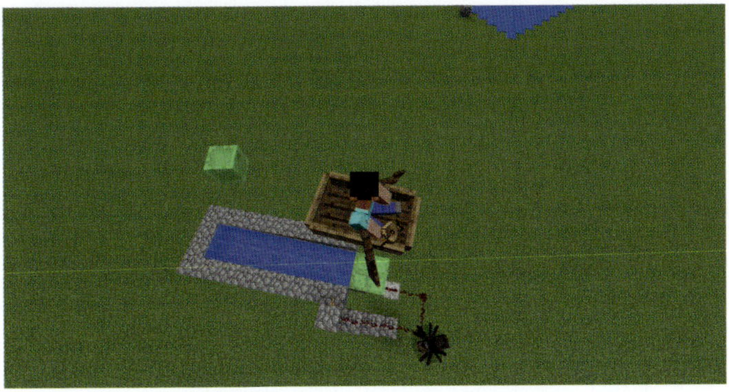

Abbildung 13.13: Katapultiertes Boot

Frei nach dem Motto »Wer hoch fliegt, der fällt auch tief«, ist der Flug aber nicht von langer Dauer und das Boot endet wieder dort, wo es gestartet ist. Da unser Ziel aber ist, dass das Boot auf einer höheren Ebene bleibt und dort weiterfahren kann, brauchen wir noch einen zweiten Trick. Es wird eine Art Fangvorrichtung benötigt, die das Boot zwar nach oben durchlässt, dann aber am Runterfallen hindert. Wie du eine solche Fangvorrichtung bauen kannst, kannst du in Abbildung 13.14 sehen. Zunächst einmal musst du genau über dem Katapult, in der Höhe, in der du das Boot fangen möchtest, also zum Beispiel zehn Blöcke darüber, ein Rechteck bauen.

Das Rechteck sollte innen mindestens 2 x 2 Blöcke groß sein, damit ein Boot überhaupt hindurchpasst. Je größer das Rechteck ist, desto einfacher wird es später von unten zu treffen sein, aus diesem Grund ist das Rechteck in Abbildung 13.14 im Inneren 3 x 3 Blöcke groß. Die Innenseite des Rechtecks wird, wie du ebenfalls in dieser Abbildung sehen kannst, mit Schildern ausgekleidet.

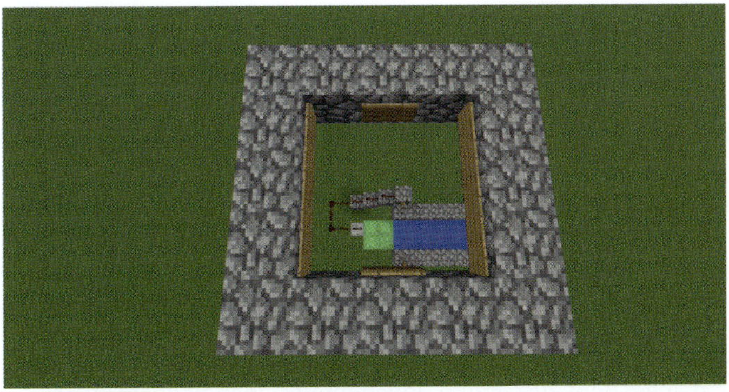

Abbildung 13.14: Grundgerüst der Fangvorrichtung

Spätestens jetzt kannst du dir wahrscheinlich schon denken, dass auch hier wieder Wasser zum Einsatz kommt. Allerdings reicht der schon bekannte Schilder-Trick diesmal nicht aus. Denn genau in der Mitte des Rechtecks gibt es einen Block, an den kein Schild angrenzt. Würdest du jetzt Wasser auf das Rechteck setzen, so würde es durch die Mitte nach unten fließen.

Wir brauchen also einen neuen Trick, einen Block, der zwar ein Boot durchlässt, aber Wasser aufhält. Die Lösung dieses Rätsels kannst du in Abbildung 13.15 sehen. Ein geöffnetes Zauntor in der Mitte des Rechtecks hält Wasser ab, lässt aber Spieler und Boote durch. Die Bruchsteine unter dem Zauntor dienen nur als Aufstellhilfe und müssen, nachdem das Zauntor platziert wurde, wieder entfernt werden. Außerdem ist es wichtig, dass du darauf achtest, das Zauntor zu öffnen. Solltest du eine größere Fangvorrichtung bauen wollen, so kannst du auch problemlos mehrere Zauntore nebeneinander platzieren.

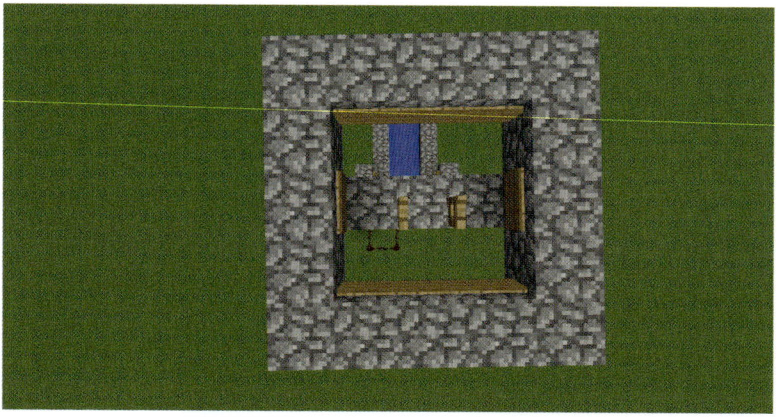

Abbildung 13.15: Zauntor als Wasserstopper

Nun musst du deine Fangvorrichtung nur noch umranden und, wenn du möchtest, an einen Kanal auf selber Höhe anschließen. Wenn du beides dann mit Wasser gefüllt hast, dann sollte das Ergebnis ungefähr wie in Abbildung 13.16 gezeigt aussehen.

Von unten betrachtet sieht die ganze Konstruktion nun, wie du in Abbildung 13.17 sehen kannst, durchaus abenteuerlich aus. Es ist gut zu erkennen, wie an der Unterseite der Fangvorrichtung viel Platz ist, das Wasser aber trotzdem nicht hinunterfließt. Und auch wenn es auf den ersten Blick vielleicht nicht so aussieht, damit ist dein Schiffskatapult fertig gebaut. Wenn du nun unten auf die Schleimblöcke fährst, wirst du am Zauntor vorbei durchs Wasser der Fangvorrichtung nach oben geschossen. Statt danach wieder herunterzufallen, wird dich das Wasser bremsen und du kannst ganz normal mit deinem Boot weiterfahren. So schaffst du es, innerhalb weniger Sekunden und mit nur einem Kolben, mit deinem Boot auch große Höhenunterschiede zu überwinden.

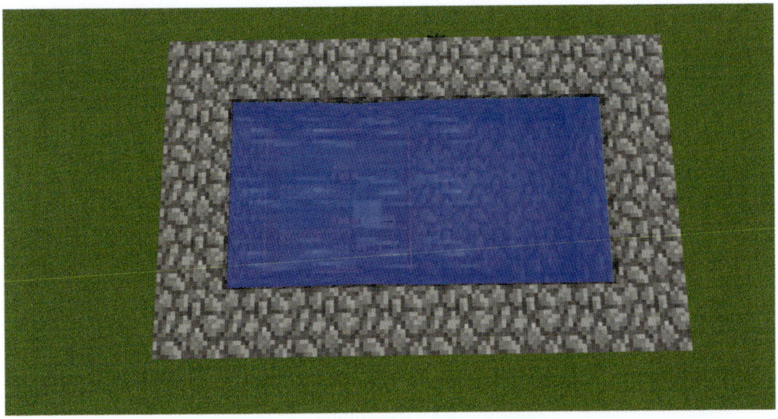

Abbildung 13.16: Fertige Fangvorrichtung mit angeschlossenem Kanal

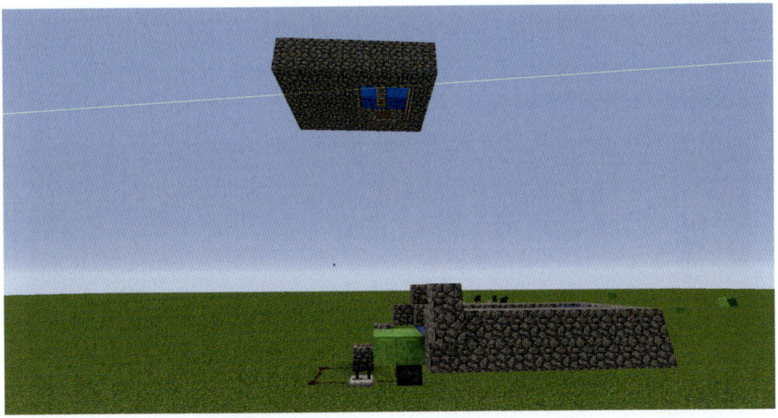

Abbildung 13.17: Fertiges Schiffskatapult

13.4 Schleuse

Nachdem du nun bereits gesehen hast, wie du Kanäle mit unterschiedlicher Höhe bauen kannst, wollen wir uns als Nächstes Kanäle anschauen, die in unterschiedliche Richtung gehen. Dafür kannst du eine einfache Gabelung bauen, wie in Abbildung 13.18 gezeigt. Das Einzige, worauf du achten musst, ist, dass der Kanal an keiner Stelle schmaler als zwei Blöcke ist, damit du mit dem Schiff hindurchkommst.

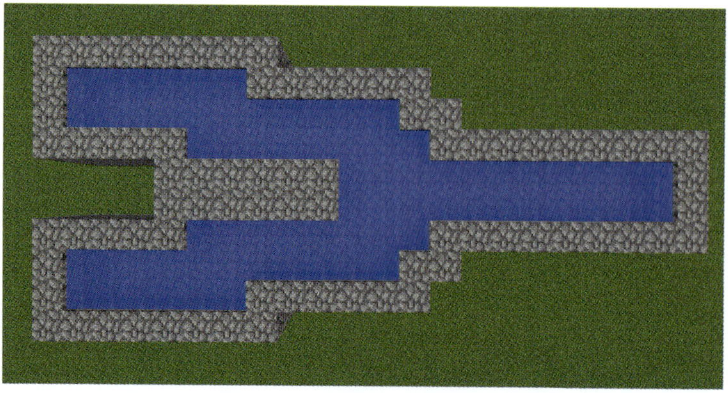

Abbildung 13.18: Kanalgabelung

Für einen echten Profispieler wie dich ist das aber natürlich keine Herausforderung mehr, deshalb wollen wir die Gabelung etwas interessanter gestalten, indem wir sie mit Schleusen ausstatten, damit immer nur eine der Routen befahrbar ist und die andere durch Schleusentore versperrt. Die Tore bilden dabei vier Kolben, die wie in Abbildung 13.19 gezeigt am Beginn der Gabelung platziert werden.

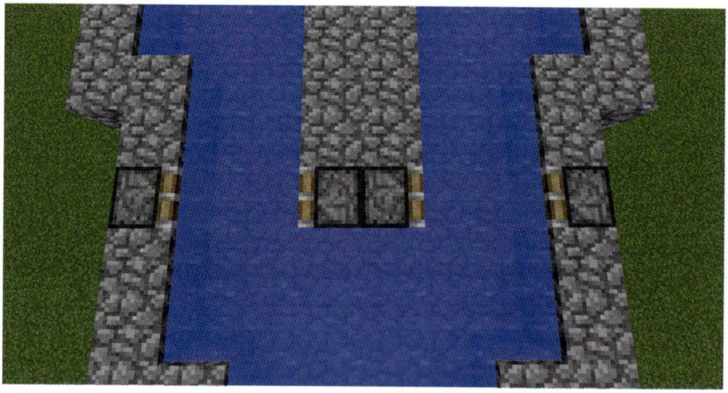

Abbildung 13.19: Kolben als Schleusentore

Gesteuert werden soll die Schleuse später durch einen Hebel am Kanal, den du auf Abbildung 13.20 sehen kannst. Zur besseren Sichtbarkeit wurde der Hebel dort auf einem Block Holzbretter platziert, du kannst dafür aber natürlich auch Bruchstein oder jeden anderen Block verwenden. Das erste äußere Schleusentor kann dann auch, wie ebenfalls in Abbildung 13.20 zu sehen, ganz einfach direkt mit dem Hebel verbunden werden.

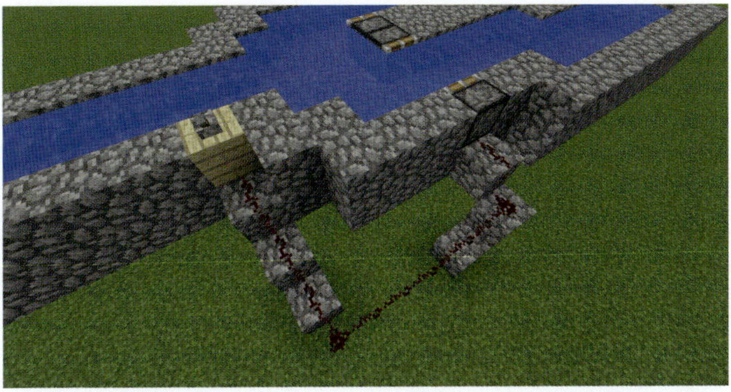

Abbildung 13.20: Hebel zum Betätigen der Schleuse

Das zweite äußere Schleusentor, auf der anderen Seite, wird nicht direkt mit dem Hebel verbunden. Schließlich sollen die Tore immer abwechselnd offen und geschlossen sein. Ist das rechte offen, soll das linke geschlossen sein und umgekehrt. Wie du das erreichen kannst, weißt du natürlich auch schon, das zweite Tor wird einfach mit einer Nicht-Schaltung an den Hebel angeschlossen, wie in Abbildung 13.21 gezeigt.

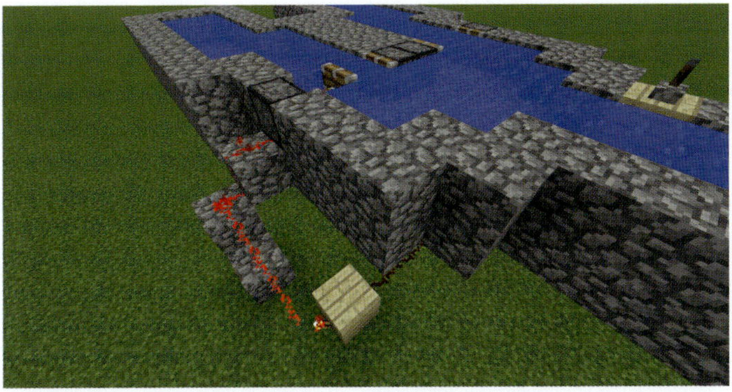

Abbildung 13.21: Verbindung des zweiten äußeren Schleusentors

Nun müssen nur noch die inneren beiden Schleusentore mit dem Hebel verbunden werden. Wie das funktioniert, kannst du in Abbildung 13.22 sehen. Wenn du erst einmal die richtige Position unter dem Kanal gefunden hast, direkt unterhalb der beiden Hebel, ist die Aufgabe schnell erledigt. Zwei Redstone-Fackeln auf einem Block helfen, das Signal nach oben zu den Kolben zu übertragen. Da diese aber auch gleichzeitig das Signal umkehren, also eine Nicht-Schaltung sind, muss diesmal das rechte innere Schleusentor mit einer weiteren Nicht-Schaltung verbunden werden, sodass die beiden Umkehrungen sich aufheben.

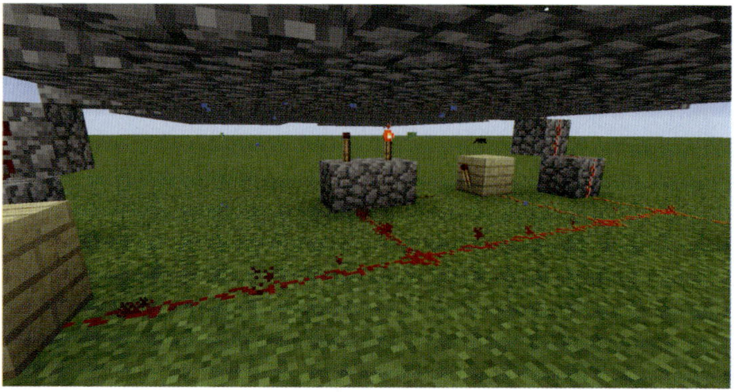

Abbildung 13.22: Anbindung der inneren Schleusentore

Alles, was du jetzt noch tun musst, ist, nach oben zu gehen und dein Werk zu bewundern. Wird der Hebel nun aktiviert, so ist, wie in Abbildung 13.23 gezeigt, das rechte Schleusentor gesperrt und du kannst nur nach links fahren. Wird der Hebel deaktiviert, so schließt die linke Schleuse, gleichzeitig öffnet sich die rechte Seite und gibt den Weg nach rechts frei.

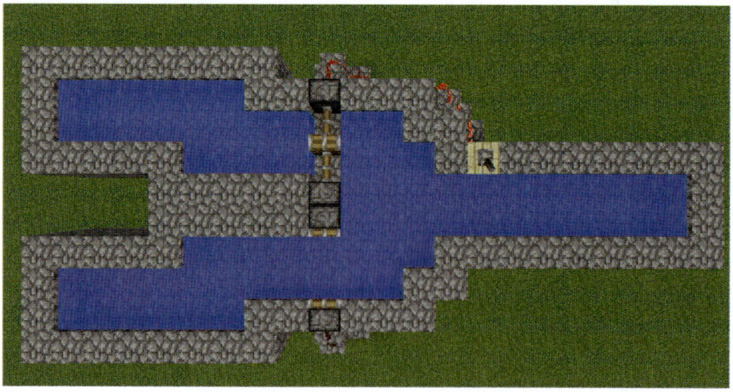

Abbildung 13.23: Fertige Schleuse

13.5 Mülleimer

Zum Abschluss dieses Kapitels wollen wir die Kraft des Wassers noch einmal für einen ganz besonderen Zweck nutzen, und zwar für den Bau eines Mülleimers. Hast du schon einmal versucht, Gegenstände dauerhaft loszuwerden in Minecraft? Natürlich kannst du sie mit der Maus aus deinem Inventar befördern oder mit der [Q]-Taste wegwerfen, dann liegen die Gegenstände aber trotzdem noch am Boden. Der Mülleimer, den wir nun bauen werden, entfernt die Gegenstände dagegen sofort und dauerhaft von der Karte. Grundlage für diesen Mülleimer bildet ein Kaktus, wie du in Abbildung 13.24 sehen kannst.

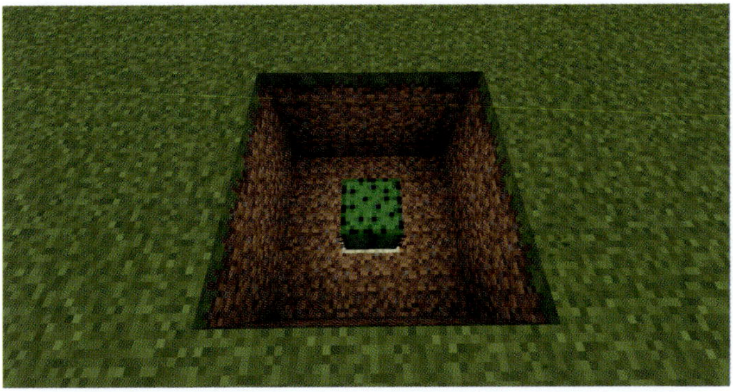

Abbildung 13.24: Kaktus als Grundlage für einen Mülleimer

Dieser befindet sich in einem Loch, das 3 x 3 Blöcke breit und zwei Blöcke tief ist. Da sich Kakteen nur auf Sand platzieren lassen, muss der mittlere Bodenblock aus Sand bestehen. Darauf platzierst du dann den Kaktus.

An der Vorderseite des Mülleimers kannst du dann, wie in Abbildung 13.25, eine Öffnung bauen, durch die der Müll später eingeworfen wird. Darunter muss ein weiterer Block platziert werden und direkt über dem Kaktus dann noch ein Schild. Auch hier benutzen wir das Schild als Trick, um zwar Gegenstände, nicht aber Wasser hindurchzulassen.

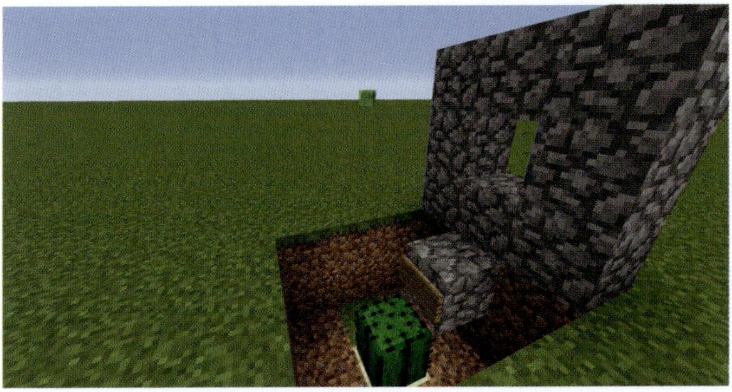

Abbildung 13.25: Einwurf des Mülleimers

Denn direkt hinter die Öffnung für den Einwurf muss nun eine Wasserquelle platziert werden, die wird später dafür sorgen, dass eingeworfene Gegenstände zum Kaktus transportiert werden. Sobald ein Gegenstand nämlich auf den Kaktus trifft, wird er zerstört und verschwindet von der Karte.

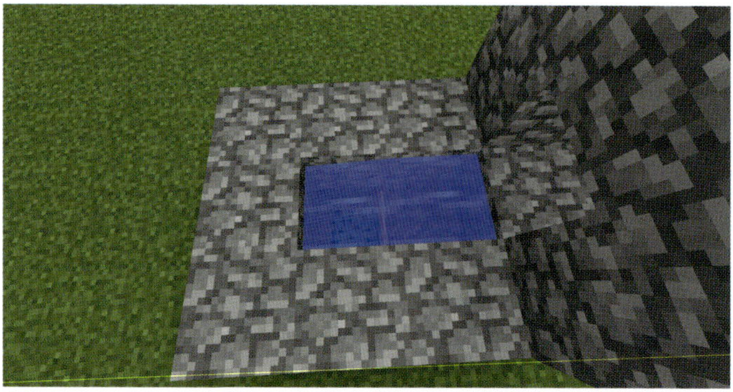

Abbildung 13.26: Mülleimer mit Wasser

Nun kannst du den Rest des Mülleimers noch verschließen und, wenn du möchtest, ein Hinweisschild anbringen, wie in Abbildung 13.27 gezeigt. Damit ist der Mülleimer dann auch schon fertig. Alles, was du jetzt noch tun musst, ist, Gegenstände durch die Öffnung mithilfe der [Q]-Taste zu werfen, und schon verschwinden diese im Müll. Aber Vorsicht, einmal eingeworfene Gegenstände lassen sich nicht mehr zurückholen, deshalb solltest du dir ganz genau überlegen, welche Gegenstände du in den Müll wirfst.

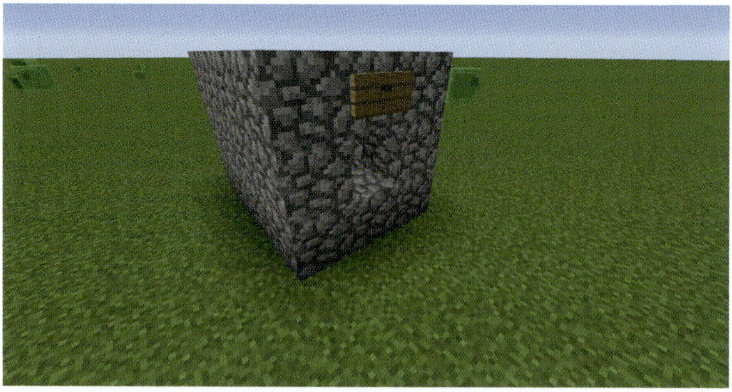

Abbildung 13.27: Fertiger Mülleimer

Kapitel 14

Luftschiffe

Zum Abschluss unseres Ausflugs in die Welt der Redstone-Schaltungen wollen wir uns noch etwas ganz Besonderes anschauen. Dass du dich zu Fuß, auf einem Pferd oder Schwein, im Boot oder in einer Lore durch die Welt von Minecraft bewegen kannst, das weißt du schon lange. Weißt du aber, dass du auch Luftschiffe bauen kannst, die ganz von alleine durch die Luft schweben? Wie das funktioniert, wollen wir uns in diesem letzten Kapitel anschauen.

14.1 Motoren

Angetrieben werden Luftschiffe von einem Motor, der im Wesentlichen aus Kolben und Schleimblöcken besteht. Es gibt unzählige verschiedene Arten, um einen solchen Motor zu bauen. Wir wollen uns an dieser Stelle auf zwei ganz besondere Modelle beschränken, nämlich auf eines, das besonders einfach zu bauen ist, und ein anderes, mit dem man sich besonders schnell fortbewegen kann.

14.1.1 Einfacher Motor

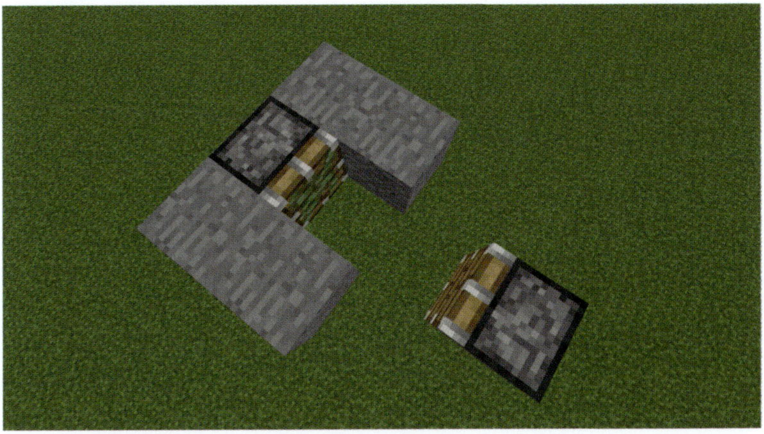

Abbildung 14.1: Grundlage für den Bau eines einfachen Motors

Für den Bau des einfachen Motors werden insgesamt drei Kolben benötigt, wobei es sich bei einem Kolben um einen klebrigen Kolben handeln muss. In Abbildung 14.1 ist die Platzierung der beiden ersten Kolben gezeigt. Die dort ebenfalls sichtbaren Steinblöcke sind optional und können auf Wunsch auch weggelassen werden, ohne dass die Funktion des Motors beeinträchtigt wird.

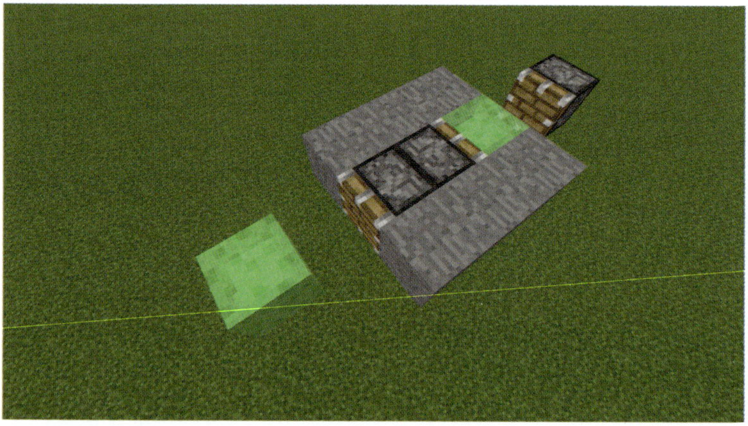

Abbildung 14.2: Platzierung der Schleimblöcke und des dritten Kolbens

Neben dem dritten Kolben, der, wie in Abbildung 14.2 gezeigt, hinter dem klebrigen Kolben platziert wird, benötigt der Motor zum Funktionieren noch zwei Schleimblöcke, die, wie ebenfalls in Abbildung 14.2 gezeigt, platziert werden müssen.

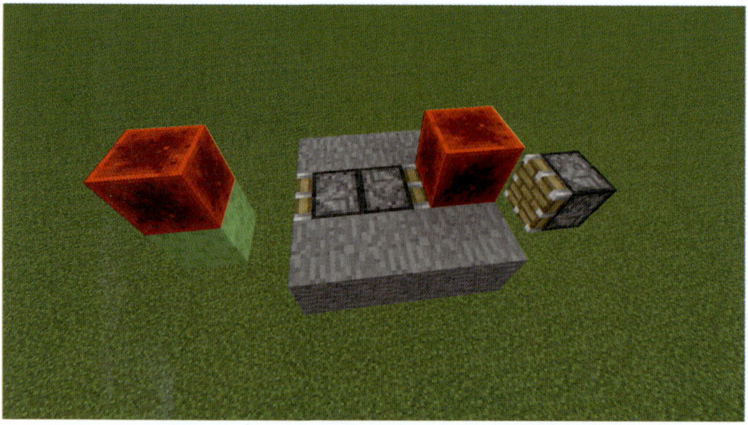

Abbildung 14.3: Platzierung der Redstone-Blöcke

Im letzten Schritt müssen dann nur noch zwei Redstone-Blöcke jeweils über den Schleim-Blöcken platziert werden. Fertig ist der einfache Motor. Zunächst passiert aber noch überhaupt nichts, denn der Motor muss erst aktiviert werden, bevor er zu arbeiten beginnt. Aktiviert werden kann der Motor, indem du den klebrigen Kolben, also den Kolben, der sich in der Mitte befindet, mit einem Feuerzeug anzündest. Alternativ kannst du ihn zum Beispiel auch aktivieren, indem du ein Schild auf ihm platzierst.

Hinweis

Der Motor funktioniert nur in der Luft. Wird er direkt auf den Boden gebaut, so bleiben die Schleim-Blöcke am Boden kleben und der Motor kann sich nicht bewegen.

Ist der Motor erst einmal in Bewegung, ist es gar nicht so einfach, ihn wieder zu stoppen. Hier hilft entweder ein Obsidian-Block, der direkt vor den Motor platziert wird, da er nicht verschoben werden kann, oder ein größeres Hindernis aus mehreren Blöcken, denn natürlich kann der Motor wie jeder andere Kolben auch nur eine begrenzte Anzahl an Blöcken verschieben.

14.1.2 Schneller Motor

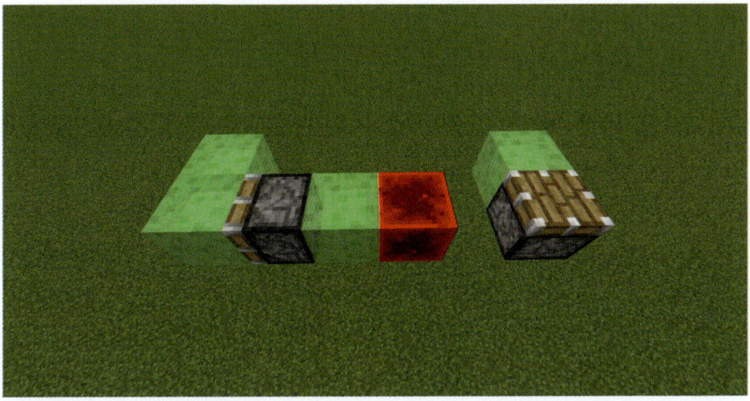

Abbildung 14.4: Untere Ebene des schnellen Motors

Der Aufbau des schnellen Motors ist ein wenig komplizierter, da er aus zwei Ebenen besteht. Beim Aufbau ist es wichtig, die korrekte Reihenfolge der Platzierung der Blöcke zu beachten, damit die Kolben sich nicht schon bewegen, bevor der Motor fertig ist.

Die erste Ebene des schnellen Motors besteht, wie in Abbildung 14.4 gezeigt, aus zwei Kolben, vier Schleim-Blöcken und einem Redstone-Block. Die Baumaterialien sind also identisch zum einfachen Motor, für den schnellen Motor werden lediglich etwas mehr Bauteile benötigt.

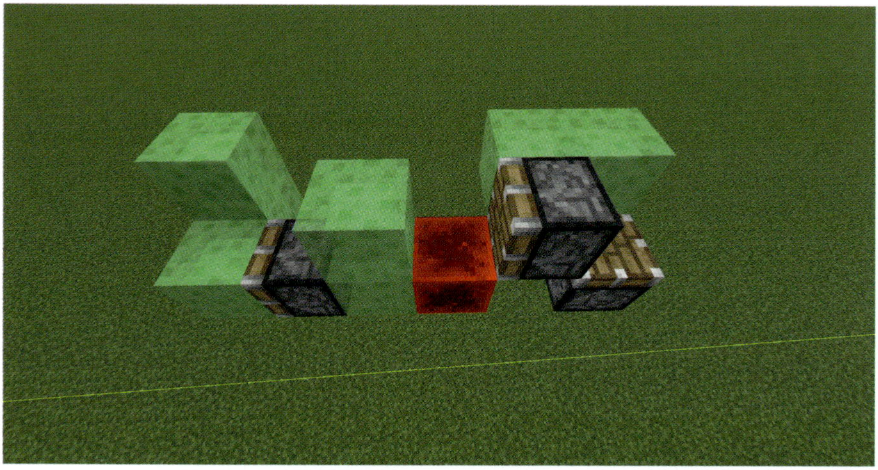

Abbildung 14.5: Zweite Ebene des schnellen Motors

Auch auf der zweiten Ebene werden, wie in Abbildung 14.5 gezeigt, vier Schleim-Blöcke verbaut, außerdem noch ein zusätzlicher Kolben.

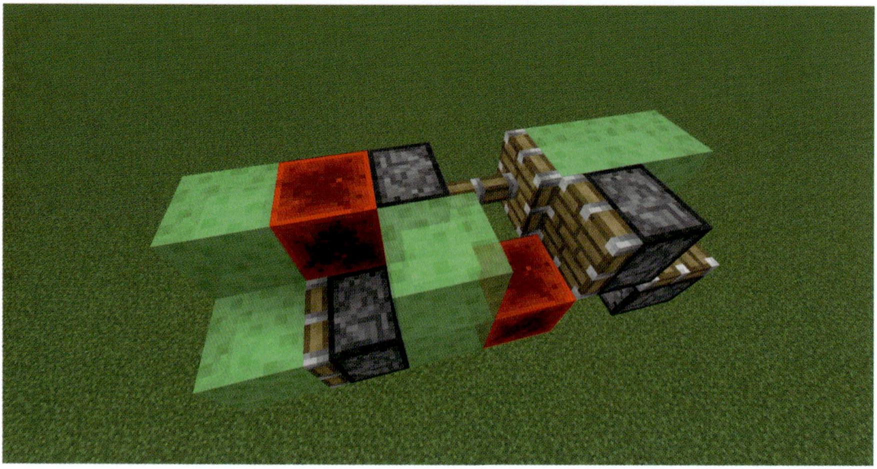

Abbildung 14.6: Platzierung des letzten Kolbens

Erst ganz am Schluss darf der letzte Kolben – hierbei muss es sich um einen klebrigen Kolben handeln – zusammen mit einem weiteren Redstone-Block auf der zweiten Ebene platziert werden. Damit ist der Bau des schnellen Motors abgeschlossen und er kann, genau wie der einfache Motor, zum Beispiel mithilfe eines Feuerzeuges aktiviert werden. Diesmal wird aber nicht der mittlere Kolben, sondern der Kolben ganz links zur Aktivierung verwendet.

14.2 Personenluftschiff

Es macht zwar schon Spaß, den beiden Motoren einfach dabei zuzuschauen, wie sie sich durch die Luft bewegen, besonders nützlich sind sie so aber noch nicht. Denn wenn du versuchst, dich auf einen der Motoren zu stellen und mitzufliegen, wirst du schnell merken, dass du einfach herunterfällst.

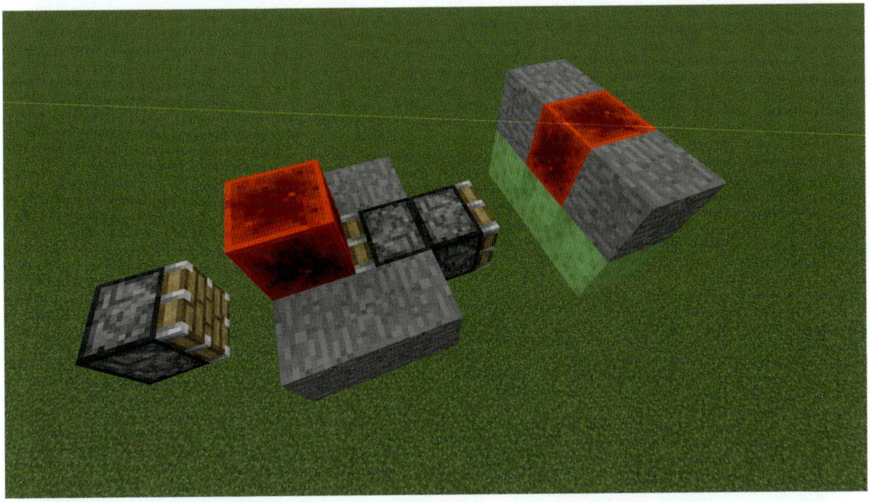

Abbildung 14.7: Abgewandelte Form des einfachen Motors

Natürlich wollen wir den Motoren aber nicht nur zuschauen, wie sie sich bewegen, sondern wir wollen mit ihrer Hilfe auch durch die Luft reisen. Dazu bauen wir ein Luftschiff, das seinen Namen wirklich verdient hat. Der Trick beim Bau ist nämlich die Verwendung eines Bootes. Als Antrieb für unser Personenluftschiff verwenden wir eine leicht abgeänderte Form des einfachen Motors, die in Abbildung 14.7 zu sehen ist. Im Mittelteil wurden zwei Stein-Blöcke entfernt, damit sie später nicht an den vorderen Schleimblöcken hängen bleiben, und der Teil auf der rechten Seite wurde mit zusätzlichen Schleim- und Steinblöcken vergrößert.

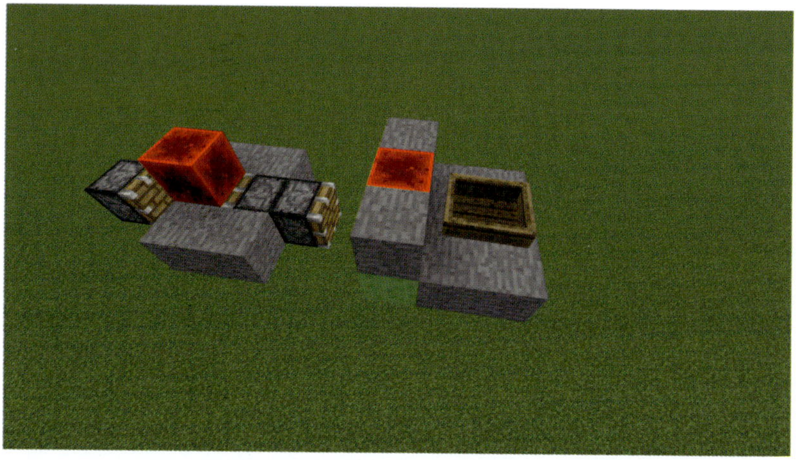

Abbildung 14.8: Fertiges Personenluftschiff

Mit sechs zusätzlichen Steinblöcken bilden wir zunächst, wie in Abbildung 14.8 gezeigt, eine kleine Fläche aus Stein. Würdest du dich einfach auf diese Fläche stellen, würdest du trotz Begrenzung im Rücken immer noch einfach herunterfallen, sobald sich das Luftschiff anfängt zu bewegen. Platzierst du auf dieser Steinfläche allerdings ein Boot und setzt dich hinein, so kannst du einen entspannten Flug genießen, ohne der Gefahr ausgesetzt zu sein, herunterzufallen.

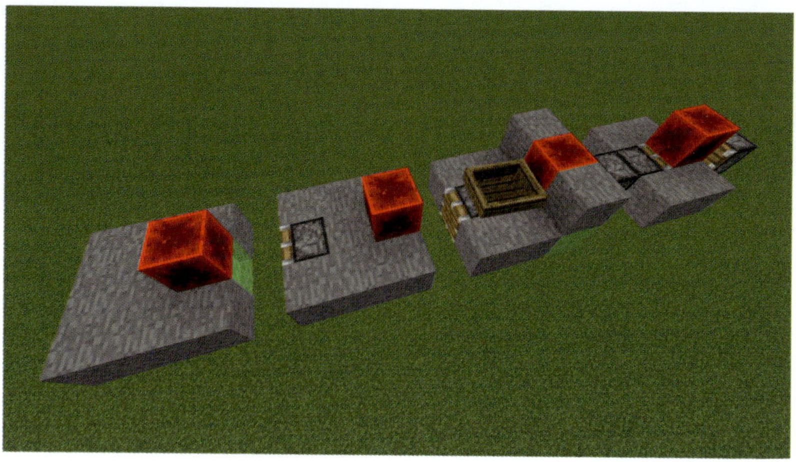

Abbildung 14.9: Längeres Luftschiff

Wenn du mit deinem Luftschiff mehr als eine Person befördern möchtest, brauchst du natürlich mehr Platz. Um das zu erreichen, darfst du die Stein-Plattform aber nicht einfach breiter bauen, denn dann wird sie zu schwer und kann nicht mehr von deinem Motor bewegt werden. Stattdessen kannst du einfach weitere Plattformen bauen, die, wie in Abbildung 14.9 gezeigt, jeweils über einen eigenen Kolben verfügen, um die vor ihm liegende Plattform zu bewegen. Auf diese Weise kannst du beinahe beliebig viele Plattformen aneinanderreihen und so riesige Luftschiffe bauen.

14.3 Bomber

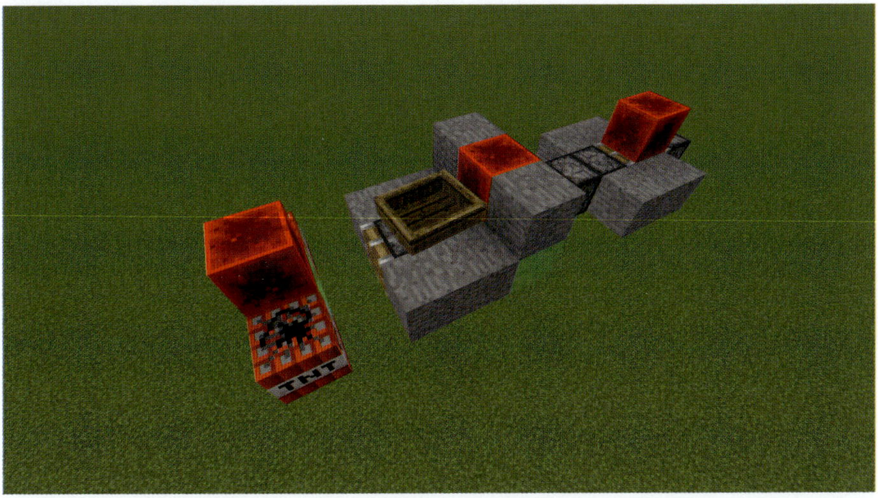

Abbildung 14.10: Mit Bomben ausgestattetes Luftschiff

Da sie sich kaum steuern lassen und auch nicht besonders schnell sind, sind Luftschiffe für ausgedehnte Erkundungstouren eher weniger geeignet, sie lassen sich aber gut als mächtige Waffen einsetzen.

Um ein Luftschiff zu einer gefährlichen Waffe umzurüsten, reicht es, wie in Abbildung 14.10 und Abbildung 14.11 gezeigt, Dynamit an seiner Front anzubringen.

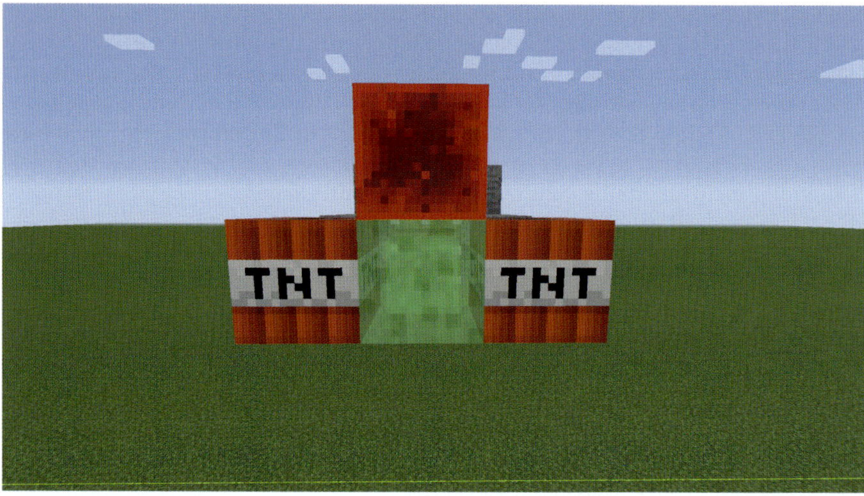

Abbildung 14.11: Bombenladung

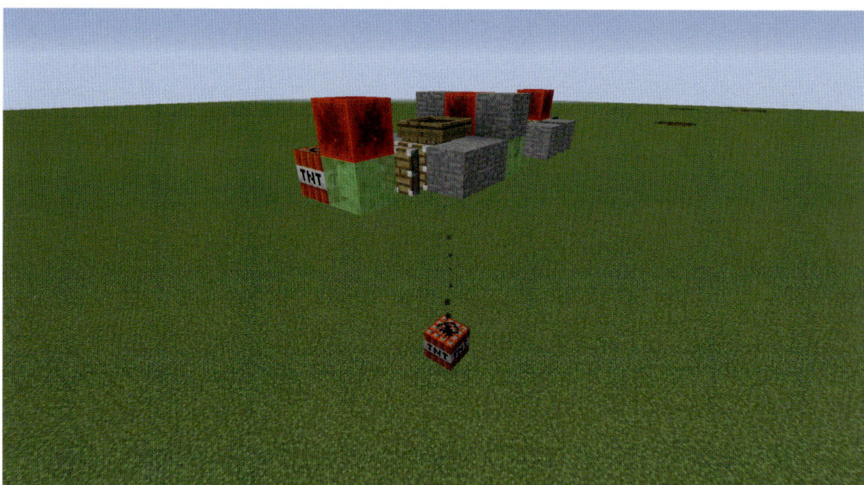

Abbildung 14.12: Abwurf einer TNT-Bombe

Dann musst du nur noch den Motor aktivieren und kannst dich sicher im Boot verstecken. Während das Luftschiff sich dann in Richtung des Ziels bewegt, bist du hoch oben in der Luft vor Schwert-Angriffen geschützt und selbst Pfeil und Bogen stellen dank der umgebenden Steine keine große Gefahr dar. Sobald das Ziel erreicht ist, kann die Bombe mit einem Feuerzeug ganz bequem aus dem Boot gezündet werden. Einfach den TNT-Block anzünden und die Bombe wird, wie in Abbildung 14.12 gezeigt, abgeworfen.

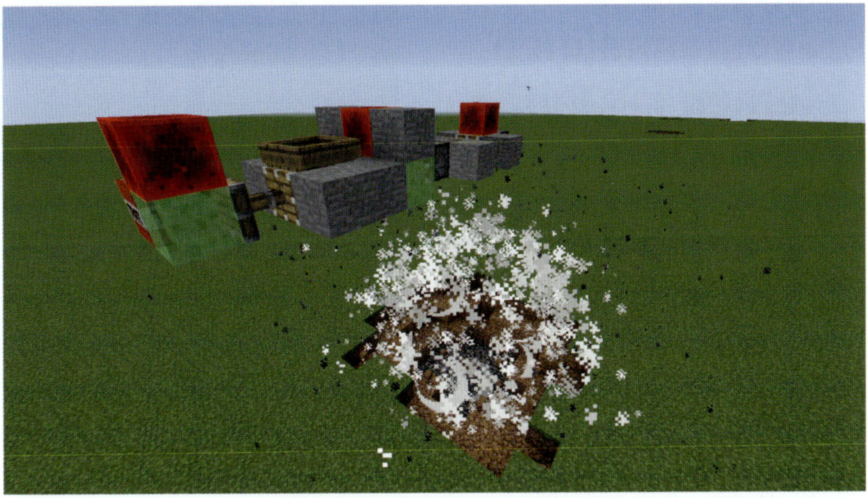

Abbildung 14.13: Explosion der Bombe

Schon eine einzelne Bombe kann, wie du in Abbildung 14.13 sehen kannst, viel Schaden anrichten. Wenn du dein Luftschiff mit mehreren TNT-Blöcken ausrüstest, wird es so zu einer der mächtigsten Waffen im ganzen Spiel.

Inzwischen bist du zu einem echten Redstone-Profi geworden. Und auch wenn dieses Buch hier endet, das Abenteuer Minecraft tut es noch lange nicht. Mit deinem gesammelten Wissen kannst du nun losziehen und bestehende Schaltungen verbessern, oder komplett neue Dinge erfinden, die vielleicht noch nie ein Spieler zuvor gebaut hat.

Index